Editha Wüst – Sabine Schieferle

DAS GROSSE HANDBUCH DER NUMEROLOGIE

Editha Wüst, Sabine Schieferle

Das grosse Handbuch der Numerologie

Mit den Zahlen sich selbst erkennen

Bitte beachten Sie:
Alle Zahlen und Erkenntnisse sind wertfrei zu sehen, denn jede Zahl besitzt ihre Stärken und Schwächen – es gibt kein Gut oder Böse, kein Falsch oder Richtig.

Alle Methoden, Anregungen oder Abläufe, die in diesem Buch beschrieben werden, wurden vielfach erprobt, dennoch erfolgt die Anwendung in Ihrer eigenen Verantwortung. Die Autorinnen und der Verlag übernehmen keine Garantien und schließen Haftungsansprüche in Bezug auf die Inhalte dieses Buches gänzlich aus. Bei ernsthaften gesundheitlichen Beschwerden wenden Sie sich bitte an einen Arzt oder Heilpraktiker.

Numerologische Auswertungen dürfen nur mit Einverständnis der auszutestenden Person gemacht werden, denn diese Art der Energiearbeit greift in die Privatsphäre ein, setzt Schwingungen frei und kann deshalb Veränderungen bringen, für die man bereit und offen sein sollte. Ausnahmen sind hierbei Familienmitglieder, verstorbene Personen oder Personen, die ihre Daten freigegeben haben, wie Politiker, Schauspieler, Musiker usw., aber selbstverständlich ist auch hier Fingerspitzengefühl angebracht.

9. Auflage 2024

Editha Wüst – Sabine Schieferle
Das große Handbuch der Numerologie

Titelseite:
Foto: Iwona Grodzka, Javier Martin/shutterstock
Gestaltung: Dragon Design, GB

Satz und Gestaltung:
Dragon Design, GB
Gesetzt aus der Minion

Gesamtherstellung: Appel & Klinger, Schneckenlohe
Printed in Germany

ISBN 978-3-89060-559-3

IRIS ist ein Imprint bei Neue Erde.

Neue Erde GmbH
Cecilienstr. 29 · 66111 Saarbrücken
Deutschland · Planet Erde
www.neue-erde.de

Inhalt

Vorwort 9
Einleitung 11

TEIL 1: GRUNDLAGEN

Was ist Numerologie und was zeigt sie uns? 14
Die neun göttlichen Zahlen eingebunden in die kosmischen Gesetze 16
Das Gesetz der göttlichen Einheit 17
Das Gesetz der göttlichen Liebe 17
Das Gesetz von Ursache und Wirkung, das Kausalitätsgesetz 17
Das Gesetz des Ausgleichs 18
Das Resonanz- und Schwingungsgesetz 19
Zufall und Schicksal 20
Das Sog-Prinzip 21
Das Spiegelgesetz 21
Das Gesetz der Polarität 22
Das Gesetz von Rhythmen und Zyklen 23
Das Gesetz der Harmonie 24
Begriffserklärungen 24
  Esoterik 24
  Vollkommenheit 25
  Bewusstsein und Wahrnehmung 25
  Erfahrung und Erkenntnis 26
  Versuchen und Tun 27
Symbolik und Zahlen 27
Die Bedeutung der Symbolik der Zahlen von 0 bis 13 29
  Kurzfassung der Zahlensymbolik 48
Zahlencode 50

TEIL 2: BERECHNUNG UND DEUTUNG UNSERER ZAHLEN

Welche persönlichen Zahlen bringe ich mit? 51
  Bildliche Zusammenfassung 54
Welche Erkenntnisse erhalte ich über meine Zahlen? 55
»Die Berechnung ist ein Spiel. Spiele es.« 58

Namenszahl 62
Die Berechnung der Namenszahl 64
Die Bedeutung der Namenszahlen 66
Herzzahl 72
Die Herzzahlen von 1 bis 9 73
Die Bedeutung des ersten Vokals des Vornamens 76
Persönlichkeitszahl 78
Die Bedeutung der Persönlichkeitszahlen 79
Schicksalszahl 83
Schicksalszahlen von 1 bis 9 84
Die Lernaufgaben der doppelten Schicksalszahlen 96
Geburtstagszahl 100
Bedeutung der Geburtstagszahlen 101
Schicksalsweg 108
Lebensziel 113
Bedeutung der Lebenszielzahlen 114
Seelen-Motivation 119
Übersicht über die erfolgte Namensanalyse 125
  Persönliche Bilanz 125
  Allgemein gültiges Fazit 126
  Exkurs Kraftlinien 126
Beispiel einer Gesamtdeutung 127
Verbinden Sie sich mit Ihrem Namen 131
  Namensmeditation 131

Teil 3: Die Bedeutung der Zahlen

Die Bedeutung der Zahlen von 1 bis 9 133
Die Doppelzahlen 142
Von den Doppelzahlen zu den Meisterzahlen 153
Die Bedeutung der Zahlen von 10 bis 52 156
  Andere wichtige Zahlen 166
Die karmischen Zahlen 168
Korrektur des Namens 171
  Korrekturmöglichkeiten 173

Teil 4: Weitere Berechnungsmöglichkeiten

Jahres- und Monatszahlen 177
Berechnung der universellen Jahreszahl 178
Berechnung der persönlichen Jahreszahl 178
Jahreszahlen von 1 bis 9 178
Welche Aufgaben und Entwicklungen erwarten Sie in den Monaten von Januar bis Dezember? 184
Berechnung der persönlichen Monatszahlen 193
Wunscherfüllung durch die Kraft der Gedanken 198
Rhythmusjahre des »Inneren Kindes« 199
Kontakt mit dem »Inneren Kind« 200
Visueller Kontakt mit dem »Inneren Kind« 201
Affirmationen für das »Innere Kind« 203
Heilsteine für das »Innere Kind« 203
Rhythmus- und Wandlungsjahre 204
Buchstaben – Schlüsselthemen und Bedeutung 207
Informationsübertragung auf Wasser 208
Informationsübertragung auf Edelsteine 208
Die Buchstaben von A bis Z 209
Schlüsselthemen unserer Namen 218
Kinder in der Numerologie 220
Namenszahlen für Kinder 221
Ortsnamenszahlen 226
Die Ortszahlen 229
Firmennamenszahlen 231
Namenszahl für Firmen 232
Tiernamenszahlen 234
Zahlen für Tiernamen 235
Hausnummern 237
Hausnummer 1 bis 9 237

Teil 5: Mit Zahlen eine Verbindung eingehen

Das Hexeneinmaleins 240
Ganzheitliche Empfehlungen für Körper, Seele und Geist 242
Gönnen Sie sich jeden Tag eine kleine Auszeit 242
Meditieren Sie 243

Im Jetzt sein, sich wahrnehmen 243
Aktivieren Sie Ihre Sinne 244
Leben Sie Ihre Kreativität 245
Neues Denken 245
Mehr Zeit für sich und das eigene Wohlbefinden 245

Teil 6: Anhang

Wer war Pythagoras? 246
Worte zum Abschluss 248

Quellennachweis- und Literaturempfehlungen 249

Kopiervorlagen:
Namensanalyse 250, 252
Jahreszahl und Monatszahlen 251, 253

Abbildungsverzeichnis 256

Vorwort

Nichts ist so kraftvoll wie eine Idee, deren Zeit gekommen ist.
VICTOR HUGO (FRANZÖSISCHER DICHTER)

Meine Eltern gaben mir den Namen »Edith«. Mit diesem kam ich – bis in die Pubertät – gut zurecht. Dann merkte ich, dass er mir fremd geworden war. Ich konnte mich plötzlich nicht mehr mit meinem Namen identifizieren. Weil ich zu dieser Zeit in eine Klosterschule ging, hängte ich mir als Zweitnamen einfach »Maria« an, in der Hoffnung, dass sich mein Name dann wieder besser anfühlen würde und ich mich auch mehr mit der Klostergemeinschaft (jede zweite Schwester hieß Maria) identifizieren könnte. Von nun an bat ich, nein, ich verlangte geradezu von meinen Eltern und Freundinnen, dass sie mich mit »Edith-Maria« ansprechen sollten. Ich kann mich noch sehr gut erinnern, dass ich voller Stolz jeden Zettel mit Edith-Maria unterschrieb.

Doch in meiner Berufsausbildung und auch in meiner Ehe wurde ich wieder zu »Edith«. Ich bekam zwei Kinder, hatte Ehe-Probleme und war auf der Suche nach neuen Wegen für mich. 1987 begann ich, mich mit alternativen Heilmethoden wie Bach-Blüten-Therapie, gesunder Lebensweise, Anthroposophie und Kindererziehung zu beschäftigen. Nach Scheidung und Berufswechsel reiste ich 1997 nach Manila auf die Philippinen, zu meinem Lehrer *Virgilio Gutierrez.* Dieser erklärte mir während meiner Ausbildung, dass ich mit »Edith Wüst« meinen Lebensauftrag nicht erfüllen könne.

Nach meiner Rückkehr absolvierte ich in der Schweiz bei der Numerologin Silvia Zingg in Adliswil eine Ausbildung. Drei Jahre lang setzte ich mich intensiv mit Zahlen, Namen und Geburtsdaten von mir und meiner Familie auseinander. So spürte ich immer stärker, dass Namen und Geburtstage viel mehr über Menschen aussagen konnten, als ich bisher geahnt hatte. Der Name ist ein Code, der wichtige Informationen über die Bestimmung unserer Seele liefert. Ab dem Jahr 2000 erfolgten die ersten Numerologie-Beratungen, und mir wurde bestätigt, dass außer mir noch viele andere Menschen mit ihren Namen Probleme hatten.

Wie fühlt sich Ihr Vorname an? Mögen Sie ihn? Wurde er verändert? Spricht man Sie mit Ihrem ›richtigen‹ Vornamen an oder werden Sie verniedlicht mit Ihrem Kosenamen gerufen?

Wenn Sie Ihren Namen verkürzen, dann kann es sein, dass Sie Energien und Qualitäten in Ihrem Leben ausschließen (näheres siehe Seite 176). Verlängern Sie ihn, können durch diese »neuen« Buchstaben Stärken und Begabungen aktiviert werden.

Hinter jedem Buchstaben steht eine Zahl. Mit der Numerologie machen wir diesen sichtbar und können so unsere Namenszahl berechnen. Ihr Lebensweg wird einfacher, wenn Ihre Namenszahl zu Ihrer Schicksalszahl, Ihrem Geburtsdatum passt. Unser Geburtsdatum können wir nicht verändern. Es ist schicksalhaft festgelegt. Aber bei unserem Vornamen können wir einen Ausgleich schaffen.

Ein kleines und harmloses »a« brachte mir Schöpferkraft, Energie und Begabung. So wurde aus »Edith« »Editha« und mein Lebensweg geebnet. Ich durfte viele erkenntnisreiche, neue und gute Erfahrungen machen. Ich ging immer mehr an die Öffentlichkeit, besuchte Messen, hielt Vorträge und Seminare. In meiner Lebensberatungspraxis begann ich, die Numerologie mit Blütenessenzen, Edelsteinen, Tierkreiszeichen und ätherischen Ölen zu verbinden.

Etliche Teilnehmer meiner Ausbildungsseminare waren enttäuscht, da es zwar viele Bücher über Numerologie gibt, jedoch für sie die wenigsten verständlich und umfassend genug sind. Meine Schülerin Sabine Schieferle entschloss sich daraufhin, mein praktisches Wissen, welches in vielen Skripten festgehalten ist, zu ordnen, zu überarbeiten, Quellenstudien zu betreiben, diese auszuwerten, einzuarbeiten und letztendlich alles verständlich zusammenzufassen. Nach unzähligen Fragen war Sabines Wissensdrang so weit zufriedengestellt, dass Sie meine Aufzeichnungen eindrucksvoll vervollständigen konnte. Mit unermüdlichem Fleiß und Engagement hat sie das Manuskript zu dem gemacht, was Sie nun, liebe Leser/innen, in Händen halten.

Mit diesem Buch möchten wir ihre Fragen über die Numerologie beantworten: Was ist Numerologie eigentlich? Woher stammt sie? Wie hilft der bewusste Umgang mit Namen, Zahlen und Buchstaben, sein persönliches Schicksal auf einen glücklichen Lebensweg zu führen?

Wir wünschen Ihnen, dass »unsere« Numerologie

- Ihre Neugierde und Ihren Wissensdurst weckt, um Ihren Namen und Ihr Geburtsdatum zu entschlüsseln;
- Ihnen hilft, Ihren individuellen Lebenssinn zu erkennen;
- immer mehr Ihre Intuition stärkt und Sie lernen, ihr zu vertrauen, um so mit Freude Ihre bisher verborgenen Potentiale zum Leben zu erwecken;
- Ihr Bewusstsein erweitert, und Sie mit Leichtigkeit und Gelassenheit Ihren Lebensweg gehen können;
- Erkenntnisse bringt und Sie damit Vollkommenheit und Ihre individuelle Meisterschaft erlangen.

Herzlichst
Editha Wüst und Sabine Schieferle

Einleitung

Menschen,
mögen sie auch noch so verschieden sein,
haben eins gemeinsam:
ein angeborenes Verlangen
nach Sinn, Ziel und Zweck.
Dan Millman (amerikanischer Autor)

In unserer Gesellschaft wird großer Wert auf Bildung, Intelligenz und Äußerlichkeiten gelegt. Das innere Wissen, die Intuition und das Herzensgefühl werden dabei leider oftmals vernachlässigt. Jedoch werden diese Eigenschaften in der heutigen Zeit immer wichtiger. Wir müssen uns wieder selbst entdecken, finden und erkennen.

Eine Möglichkeit, dies zu erreichen, bietet uns die Numerologie. Mit unserem Buch zeigen wir Ihnen die Vielfältigkeit der Zahlen auf. Dabei sollte man sich nicht zu sehr an den genauen Wortlaut klammern, sondern sich von den Erläuterungen der Zahlen anregen lassen, um so zu einer ganz neuen Sichtweise der eigenen Persönlichkeit zu gelangen.

Wir lernen zu erkennen, dass unsere Lebensumstände die Spiegelungen unserer Gedanken, Gefühle und Glaubenssätze sind und können somit eine objektive Bilanz aus unserem Leben ziehen, ohne uns selbst zu kritisieren oder abzuwerten.

In welchen Bereichen möchten wir Veränderungen und Verbesserungen? Unsere Aufgabe ist es, mit Gefühl und Intuition den für uns richtigen Weg zu finden. Wir gehen durch einen Entwicklungsprozess, der seine eigene Zeit benötigt, denn aus Erfahrung folgt Selbsterkenntnis. Sobald wir erkennen, wer wir im Moment sind und wo wir stehen, sind Veränderungen möglich.

Mit diesem Buch begleiten wir diesen Weg der Bewusstseinserweiterung und lenken Energien und Gedanken in die von uns gewünschte Richtung, damit Frieden, Harmonie, Glück, Liebe und Freude unsere Begleiter werden.

In Anlehnung an unser obengenanntes Zitat möchten wir »Sinn, Ziel und Zweck« erläutern, was es mit den sich scheinbar wiederholenden Kapiteln über die Bedeutung der Zahlen auf sich hat.

Die Numerologie führt uns in die Welt der Zahlen und gibt Aufschluss über ihre verborgene Bedeutung. Dieser Bereich ist groß und sehr vielfältig. In vielen Teilen dieses Buches werden die Zahlen von 1 bis 9 immer wieder auf eine neue Art und Weise und in anderen Zusammenhängen beschrieben.

In einem Kapitel lernen wir die Zahlen nach der Bedeutung der Symbolik kennen. Symbole gibt es schon seit Menschengedenken. Die Genesis steht für den Anfang, für die Schöpfung der Welt. Weitere Jahrtausende alte Darstellungen finden sich z. B. in Höhlenmalereien, Hieroglyphen, religiösen und mythologischen Zeichen. Die Mathematiker des Altertums haben Zahlen oft als Symbole universeller Schicksalsfügungen beschrieben und hielten sie deshalb für Sinnbilder der Persönlichkeit. Symbole werden von allen Menschen auf der gesamten Welt verstanden. Sie sind Zeichen, die repräsentativ für Worte oder Gegenstände stehen und im alltäglichen Geschehen immer präsent sind. Sie sind die Sprache der Seele und fungieren als Mittler zwischen Verstand und Geist.

C. G. Jung stellte fest, dass bestimmte Bilder, Motive und Symbole überall auftauchen, ohne dass die unterschiedlichen Kulturen voneinander beeinflusst wurden. Diese Gemeinsamkeiten nannte er Archetypen oder Urbilder. Archetypische Bilder bedienen sich des Unterbewusstseins, wenn es gilt, Reifungs- und Wahrnehmungsprozesse zu durchlaufen. Auch Zahlen sind Symbole, auch sie haben eine symbolische Bedeutung, die von unserem Unterbewusstsein erkannt und vom Verstand »nur« als gegeben betrachtet werden. Das Unbewusste drückt sich deshalb oft in Bildern und Symbolen aus, um vom Menschen wahrgenommen zu werden. Agrippa von Nettesheim (ein Gelehrter des 15. Jahrhunderts) war überzeugt, dass abseits von Verstand und Sinneswahrnehmung ein Reich der Erleuchtung existiert, das für herkömmliches Verstandesdenken unerreichbar sei. Mit Hilfe der Symbole haben wir die Möglichkeit, einen Zugang zu unbewusstem Wissen zu erlangen, um die Dinge vorurteilsfrei betrachten zu können.

In einem anderen Teil des Buches, finden Sie die Zahlen von 1 bis 9 der Numerologie-Lehre nach Pythagoras. Hinter unserem Namen, den wir durch unsere Sippe, unsere Familie erhalten haben, liegt unser irdisches Karma. Mit unserem Geburtsdatum verbindet sich das göttliche Karma. Bereits Hildegard von Bingen hat sich zu ihrer Zeit mit Schriftsymbolen zum Zwecke der Heilung beschäftigt, auch sie erkannte die Bedeutung hinter den Buchstaben. Anhand der Berechnungen können wir das Verborgene sichtbar machen und unser Lebensziel, unser Schicksal und unseren Lebensweg erkennen. Der Namen ist z. B. Träger von Schicksal und Charakter, die Herzzahl offenbart das Innerste, die Persönlichkeit zeigt, wie wir nach außen wirken und die Seelen-Motivation, was wir uns in diesem Leben zu lernen vorgenommen haben. Zu jeder Berechnung finden sich hier die einzelnen und ausführlichen Interpretationen aller Zahlen von 1 bis 9.

In einem weiteren Kapitel erklären wir zusammenfassend die Bedeutung der Zahlen von 1 bis 9. Den Zahlen werden sowohl positive als auch negative Aspekte zugeordnet – wie auch vielen anderen Dingen in unserem Leben. Die Konzentration auf ein Kapitel zu lenken ist hilfreich, wenn wir die allgemeine Bedeutung der einzelnen Zahl nachlesen oder eigene Berechnungen deuten möchten.

Mit dem wiederkehrenden Gebrauch des Buches lernt man die Zahlen immer besser kennen, und es wird einem bewusst, wie vielseitig sie sind. Deshalb haben wir uns entschlossen, diese auch entsprechend vielfältig darzustellen.

Wir empfehlen Ihnen, zuerst die ersten Kapitel zu lesen, um ein Gefühl für die Welt der Zahlen zu bekommen. Bei den Berechnungen angekommen, nehmen Sie sich vom Ende des Buches die Kopiervorlage der Namensanalyse, damit Sie Ihre Vorgaben und Ergebnisse gleich eintragen können. So haben Sie Ihre Zahlen sofort zur Hand, können die verschiedenen Aussagen schnell vergleichen und sind immer auf dem laufenden. Am effektivsten ist es, wenn Sie sich die positiven Schwingungen der Zahlen vorstellen, und lernen, wie diese sich im Herzen anfühlen. Dann erschaffen Sie die vollkommenste Vision, die Sie je von sich hatten – Ihre einzigartige, wahre Identität.

Teil 1: Grundlagen

Was ist Numerologie und was zeigt sie uns?

Die Zahl ist das Wesen aller Dinge.
Pythagoras (griechischer Philosoph)

Die Numerologie gehört zu den ältesten Geheimwissenschaften. Sie kann uns tiefe Einblicke in unseren Charakter, unsere Stärken und Schwächen liefern. Die ersten Zahlensysteme entstanden bereits etwa 9000 Jahre vor Christi Geburt, als Hirten sich zum Zählen ihrer Tiere Kerben in Äste ritzten. Zahlen wurden aber nicht nur zum Zählen und Messen gebraucht, sie wurden auch zu Deutungen des Lebens eingesetzt. Bereits in den ältesten Schriftstücken dieser Erde finden sich Hinweise auf diese uralte Weisheitslehre, sei es nun bei den Babyloniern, Juden, Chaldäern, Ägyptern oder den Essenern. Die Weisen der arabischen Welt gelten als Meister der verborgenen Deutung der Zahlen. Es gibt keinen alten Kulturkreis ohne Zahlenmystik.

Die Mathematiker des Altertums haben Zahlen oft als Symbole allumfassender und göttlicher Schicksalsfügungen beschrieben. Sie hielten sie nicht für Zeichen, sondern für Sinnbilder der Persönlichkeit. Im Alten Testament geben Zahlen und Buchstaben Hinweise auf verschlüsselte Botschaften. Im Mittelalter betrachtete man Zahlen als Gedanken Gottes, und ihr Verständnis führte zum Kennenlernen des Universums.

Bereits in der Antike wurde festgestellt, dass der Name eine psychologische Auswirkung auf den Charakter hat. Man suchte daher nach den Eigenschaften, die in den Buchstaben und Silben verborgen waren. Jeder Zahl wird eine eigene Qualität und Energie zugeordnet und so können wir die Frage »Wer bin ich?« tiefgreifender beantworten.

In der Bibel (Weisheit 11,20) steht: »Doch du hast alles nach Maß, Zahl und Gewicht geordnet.« Und *Pythagoras*, der griechische Mathematiker und Philosoph, hat gesagt:

»Alles im Universum ist nach Zahl und Maß geordnet.« (Mehr zu Pythagoras siehe Seite 246).

»Zahlen«, »zählen« und »erzählen« sind ursprünglich miteinander verknüpft. Die Zahlen wollen uns ihre Weisheit, ihre Lebensgeschichte erzählen. Wir sollten ihnen zuhören.

Also fragen wir uns: Welche Zahlen sind bei mir vertreten, welche nicht? Dabei geht es darum, aus dem Namen und dem Geburtsdatum, die Schicksalszahl und das Lebensziel zu errechnen. So erfahren wir mehr über uns selbst. Die Numerologie erweitert unseren Horizont und lässt uns alles aus einem neuen Blickwinkel betrachten und verstehen. Sie zeigt uns unsere Talente und Neigungen zum Zeitpunkt der Geburt. Auch eine Neugeburt, einen Neubeginn in unserem Leben, etwa eine Heirat oder Geschäftsgründung, der Eintritt in eine Firma oder der Kauf eines Hauses lassen sich mit der Numerologie ganzheitlich betrachten. Wir können den Namen einer Firma, das Gründungsdatum, die Kontonummer, das Autokennzeichen, die Hausnummer oder den Wohnort berechnen und analysieren. Alles, was einen Namen trägt, kann geprüft und erklärt werden. Diese Zahlen zu ermitteln und zu deuten ist die Aufgabe der Numerologie.

Kurz gesagt, über die Numerologie erfahren Sie mehr über

- Ihren Namen, Ihr Geburtsdatum und sich selbst
- Ihre Fähigkeiten, Talente, Lebensaufgabe und Ihr Lebensziel
- Ihre Stärken und Schwächen
- den idealen Beruf
- neue Perspektiven in Ihrem Leben
- den idealen Zeitpunkt für Veränderungen

Mit diesem Buch bekommen Sie Antworten auf Ihre Fragen. Sie erhalten einen leichten und dennoch umfassenden Einstieg in die Numerologie und können schrittweise mehr über sich selbst entdecken. Die Numerologie kann Ihnen auch im Umgang mit anderen Menschen eine Hilfe sein, denn sie fördert durch besseres Verstehen und Einschätzen Ihres Gegenübers Ihre Menschenkenntnis.

Folgen Sie dieser Lehre mit Ihrem Herzen.

Die neun göttlichen Zahlen eingebunden in die kosmischen Gesetze

Wenn auf der Erde die Liebe herrschte,
wären alle Gesetze entbehrlich.
ARISTOTELES (GRIECHISCHER PHILOSOPH)

Das Wort »Kosmos« kommt aus dem Griechischen und bedeutet soviel wie Weltordnung. Wir leben im Kosmos und somit in der (göttlichen) Ordnung. Jede Ordnung hat wiederum ihre Gesetze, denn sonst würde sie im Chaos, in Unordnung, versinken.

Die kosmischen Gesetze gehen auf Hermes Trismegistos bzw. auf Thot, den ägyptischen Gott der Weisheit, und auf den griechischen Gott Hermes zurück. Im Volksglauben wurde Thot bzw. Hermes vermenschlicht zu Hermes Trismegistos, dem »dreimal größten Hermes«.

Er soll diese Gesetze auf der Tabula Smaragdina, der Smaragdtafel, aufgeschrieben haben. Diese Aussagen und Texte bildeten die philosophische Grundlage der Hermetik, einer spätantiken Offenbarungs- und Geheimlehre. Diese Gesetze sind bis heute bekannt und gelten noch immer, im gesamten Universum und auf allen Ebenen. In diesem Kapitel haben wir diese Grundsätze zusammengefasst und erläutert.

Spirituelle Menschen der vergangenen Jahre und Jahrhunderte haben durch Erforschung der kosmischen Gesetze eine große Menge an spirituellen Anlagen für die Nachwelt hinterlassen. Das kosmische Bewusstsein wird uns schon in der Bibel, Erster Brief an die Korinther 2, 9 - 10, offenbart, denn dort steht:

»Was kein Auge sah und was kein Ohr vernahm und was in eines Menschen Herz nicht drang, was Gott denen bereitete, die ihn liebten. Uns aber offenbarte es Gott durch den Geist; denn der Geist ergründet alles, auch die Tiefen Gottes.«

Die neun kosmischen Gesetze sind die geistigen Gesetze, die das Universum regieren. Alle Menschen unterliegen diesen Gesetzen, ganz gleich, ob wir etwas darüber wissen, daran glauben oder nicht. Je besser wir diese Gesetze verstehen, desto mehr wirken sie zusammen als »eins«. Sie bringen inneren Frieden, Ausgeglichenheit und Harmonie.

Das Gesetz der göttlichen Einheit

Alles, jede Existenz, ist ein Teil der allumfassenden Gegenwart Gottes. Jeder Teil wiederum enthält alle Gaben Gottes. Diese Teile beeinflussen sich gegenseitig. Indem wir unser Bewusstsein erhöhen, erhöhen wir alles Leben auf Erden. Alles Positive, das wir hervorbringen, segnet jedes Leben auf Mutter Erde. Das Symbol für die Einheit ist die Ellipse.

Die stehende ovale Form ist das Bild der Aura, die energetische Hülle, die jede Existenz umgibt, ihr Geborgenheit und Schutz spendet. Die Ellipse ist zugleich das Symbol der Zahl 0. Die Zahl 0 beinhaltet nichts und doch alles.

Das Gesetz der göttlichen Liebe

Die göttliche Liebe ist die Kraft des Universums, die alles zusammenhält. Wenn wir etwas mit Liebe und Freude tun, säen wir das Glück in die Herzen. Die Liebe und das Glück, das wir ausstrahlen, segnet alle Menschen.

Die Verbindung der Zahlen 1 und 6 steht für die Verbindung vom Himmel zur Erde. Das Himmelsdreieck ▽

und das Erdendreieck △

verbinden sich zum Hexagramm

dem Symbol der ersten Vollkommenheit, der Zahl 6. Das Licht und die Liebe des Himmels kommen zur Erde, die Erde verbindet sich mit dem Himmel.

Das Gesetz von Ursache und Wirkung, das Kausalitätsgesetz

Alles, was auf dieser Welt geschieht, untersteht dem Kausalitätsgesetz. Wo keine Ursache ist, da ist auch keine Wirkung. Es gibt immer einen Zusammenhang zwischen dem, was war, und dem, was folgen wird. »Von nichts kommt nichts.« Auf einfache Weise wird uns beim Kausalitätsgesetz klargemacht, dass man nur ernten kann, was man gesät hat. Säen wir Positives, erhalten wir Positives zurück. Je mehr wir uns um diese »Saat« kümmern und diese pflegen, desto stärker und widerstandsfähiger wird sie heranwachsen und wir erhalten eine gesunde und beständige »Ernte«.

Auch Zahlen stehen für Ursache und Wirkung, z. B. die karmischen Zahlen 4 und 8. Bei der Zahl 4 säen wir unbewusst, bei der Zahl 8 ernten wir das Ergebnis, den Ertrag, den wir mit der Zahl 4 ausgebracht haben. In allen unangenehmen Lebenslagen sollten wir uns deshalb zunächst einmal die Frage stellen, wo die Ursache liegt. Was haben wir unbewusst gesät und ernten wir nun entsprechend!

Das Gesetz des Ausgleichs

Es ist gewiss, wirklich und wahr:
Was oben ist, ist wie das, was unten ist,
und was unten ist, gleicht dem, was oben ist.
HERMES TRISMEGISTOS (GRIECHISCH-ÄGYPTISCHE GOTTHEIT)

Dieses Gesetz wird auch Karma genannt. Das Wort »Karma« kommt aus dem Sanskrit und bedeutet übersetzt »Handlung«. Es nimmt Bezug auf das Gesetz von Ursache und Wirkung. In jedem Moment unseres Daseins tragen wir mit Gedanken, Worten und Taten zu unserem Karma bei. Klare und vorurteilsfreie Gedanken haben positive Folgen und beeinflussen unser Karma günstig, negative dagegen bereiten uns Schwierigkeiten. Das bezieht sich auch auf unsere vergangenen Leben. Schlechte Taten im vergangenen Leben, falls man an die Reinkarnation – die Wiedergeburt – glaubt, erzeugen Schlechtes im Heute, gute Taten erzeugen Gutes. Dadurch entsteht einerseits eine ausgleichende Gerechtigkeit, andererseits wird »Gleiches durch Gleiches geheilt«. Hat man etwa im Vorleben andere Menschen bestohlen, so wird man womöglich selbst Opfer eines Diebes. Nur so erfahren wir, wie sich die Hilflosigkeit des Bestohlenwerdens anfühlt. Es bedeutet aber auch, dass wir solange mit bestimmten Problemen, Mustern und Begebenheiten konfrontiert werden, bis wir uns diese bewusstgemacht und aufgelöst haben. Auf gute Zeiten folgen schlechte Zeiten. Das kennen wir nicht nur aus einer deutschen Daily-Soap.

Hindernisse auf unserem Lebensweg entstehen meist in den besseren Zeiten unseres Lebens. Warum? Wir lassen es uns gutgehen und werden dabei leichtsinnig und unaufmerksam. Um Verbesserung bemühen wir uns meist nur in schwierigen Lebenssituationen.

Unangenehme Dinge werden oft nicht gelöst, sondern nur beiseitegeschoben. Sieht man genauer hin, stellt man fest, dass man dafür jetzt zwei neue mühevolle

Aufgaben bekommen hat. Erst die Not bringt uns zur Besinnung, erst die Not macht erfinderisch. Wir beginnen damit, die Ursachen unserer Probleme zu erforschen, denken darüber nach, wie wir es besser machen könnten, und verändern unsere Vorgehensweise. Wird uns bewusst, dass wir unser Leben und unsere Erfahrungen durch unsere Gedanken selbst erschaffen, so können wir damit beginnen, diese zu berichtigen und unsere Probleme zu lösen. Das Schicksal hält Lebensaufgaben für uns bereit, an denen wir uns weiterentwickeln können. Bei einer Erkrankung zum Beispiel sollten wir nicht nach dem Warum, sondern nach dem Hintergrund fragen. Eine Krankheit folgt meist der Notwendigkeit, dass man sich mit bisher unbewussten Emotionen auseinandersetzt, sie annimmt, wandelt und dadurch seelisch reift.

Die Numerologie hilft uns dabei, eine neue Einstellung zu unserer Umwelt zu entwickeln, sie zu betrachten und zu verstehen. Auf diese Weise können wir unsere Möglichkeiten erkennen und umsetzen.

Die Zahlen 13/4, 14/5,16/7, 19/10/1 haben einen karmischen Hintergrund. Sie bedeuten intensive Prüfungen, die wir bewusst vor unserer Inkarnation gewählt haben, um vorherrschende Begebenheiten aufzulösen (ausführliche Beschreibung ab Seite 168).

Kein Problem wird gelöst,
wenn wir träge darauf warten,
dass ein Zuständiger sich darum kümmert.

Martin Luther King (amerikanischer Geistlicher und Bürgerrechtler)

Das Resonanz- oder Schwingungsgesetz

Das Wort Resonanz leitet sich vom lateinischen »resonare« ab und bedeutet »Widerhall«. Alles in der Schöpfung unterliegt dem Gesetz der Resonanz. Ein Mensch, der nur im Negativen lebt, kann das Positive nicht empfangen. Er wird Menschen und Begebenheiten anziehen, die ihn in seiner Negativität bestärken. Strahlt aber ein Mensch Positives aus, so erhält er auch Positives zurück. Wir ziehen vor allem Menschen an, mit denen wir vieles gemeinsam haben. Diese Gemeinsamkeiten sind auch die Grundlage für eine länger andauernde Beziehung. Die Partnerschaft festigt und bestätigt sich gegenseitig und wird dadurch stabilisiert.

Jeder Mensch setzt sich aus einem System von Energiefeldern zusammen, die sich gegenseitig beeinflussen und in Wechselbeziehung zu ihrer Umgebung stehen, wobei sich Mensch und Umwelt wechselseitig durchdringen. Jedes Lebewesen, jeder Planet, jeder Stein, jede Blume hat eine eigene Energie. Manche dieser Schwingungen können wir mit unseren fünf Sinnen (Fühlen, Schmecken, Hören,

Sehen, Riechen) wahrnehmen. Manche nehmen wir mit dem 6. Sinn, der Intuition, auf. – Wir »hören das Gras wachsen« oder spüren, »dass etwas in der Luft liegt«...

Auch Symbole, Zahlen, Buchstaben und somit auch Namen haben ihre eigenen Wellen und Schwingungen, die auf ihre ganze Umgebung einwirken. Jedes gesprochene Wort, jeder Name und auch zeremoniell eingesetzte Worte (Segensformeln, Gebete, Mantren, u.ä.) haben eine eigene Schwingung. Sie entfalten ihre Kraft, wenn sie gesprochen oder gesungen werden. Über seinen Namen wird jeder Mensch, jedes Tier und alles, was existiert, angesprochen. Deshalb ist es wichtig, dass der Name stimmt. Wir bejahen damit unser Innerstes, unsere eigene Schwingung. Wir erfassen nur Schwingungen, mit denen wir in Resonanz treten können: Wir nehmen nur das wahr, was wir anziehen möchten. Wie heißt es so schön: »Gleich und gleich gesellt sich gern«, »Auf gleicher Wellenlänge schwingen«, oder »Man sieht nur, was man sehen will«.

Wenn ich mich nicht für andere Menschen öffne, mich nicht mit diesen freuen kann, nur negativ denke und spreche, dann sollte ich mich nicht wundern, dass ich nur Negatives anziehe.

Wenn ich mich aber trotz meines gerade etwas unschönen Lebens für andere freue, aktiv am Leben und an Gesprächen teilnehme, dann ändert sich auch meine Situation. »Unverhofft kommt oft« bzw. »Kommt Zeit, kommt Rat«, denn Lösungen können sich unerwartet im Laufe eines Gesprächs herauskristallisieren.

Zufall und Schicksal

»Das ist jetzt aber ein Zufall.« Wie oft hört oder sagt man diesen Satz. Aber Zufälle gibt es nicht. Wir verstehen darunter Dinge, die einem scheinbar in den Schoß fallen, weil man die wahren Hintergründe und verborgenen Ursachen nicht erkennt. Zufall und Glück sind nur Bezeichnungen für nicht erkannte Zusammenhänge. Diese »Zufälle« helfen uns dabei, unser Schicksal zu erfüllen. Als freie Geistwesen haben wir uns auf der geistigen Ebene – durch unser Geburtsdatum, also durch unsere Schicksalszahl – für dieses Leben, mit und in dieser Familie entschieden; mit allen Freuden, mit allen Anlagen, Talenten, aber auch mit allen Hindernissen. Jede Entscheidung von uns schafft eine Realität in unserem Leben. Es gibt nichts Richtiges und nichts Falsches in unserem Dasein, nur das Ergebnis unseres Tuns. Zum Schicksal wird, was der Mensch denkt und fühlt. Denken wir über Probleme nach, werden immer mehr Probleme entstehen. Denken wir über Lösungen nach, werden wir auch Lösungen finden. Die Folgen unserer Gedanken sollten wir in Ruhe bedenken und vielleicht dann die Richtung ändern.

Das Schicksal können wir auch als eine Art Zwang zur Erfahrung bezeichnen. So gibt es unumgängliche Verbindungen, die auf den ersten Blick unerträglich zu sein scheinen, sich aber im Nachhinein als Geschenk des Lebens herausstellen.

Auch in der Numerologie gibt es eine Schicksalszahl, sie zeigt uns unsere Bestimmung in diesem Leben, unsere Talente und Fähigkeiten, und es gibt den Schicksalsweg, den Weg, den wir suchen und gehen sollten.

Das Sog-Prinzip

Druck erzeugt Gegendruck, das kennen wir schon aus dem Physikunterricht. In der Numerologie finden Sie dieses Prinzip z. B. in den Doppelzahlen. Ein extrem freiheitsliebender Mensch (Zahl 55), dessen Partner z. B. zur Heirat drängt, bekommt Angst. Er fühlt sich unter Druck gesetzt und steht dadurch in negativer Resonanz zu seinem Partner. Wenn dieser doch nachgibt und heiratet, dann meist nur aus Pflichtgefühl oder Unsicherheit. Mangel an Selbstbewusstsein und Selbstsicherheit verleiten den Menschen, anderen Druck zu machen. So entsteht das Sog-Prinzip.

Das Gute der Doppelzahlen zu leben, bedeutet, in positiver Resonanz zu seinen Zahlen zu stehen. Dadurch wird sich unser innigster Wunsch erfüllen können. »Loslassen« ist deshalb die beste Lösung für jeden Wunsch.

Das Spiegelgesetz

Es gibt eine alte Weisheit, die besagt: »Gegensätze ziehen sich an.« Das bedeutet, wir suchen im anderen das, was uns fehlt, was wir aber gerne sein möchten.

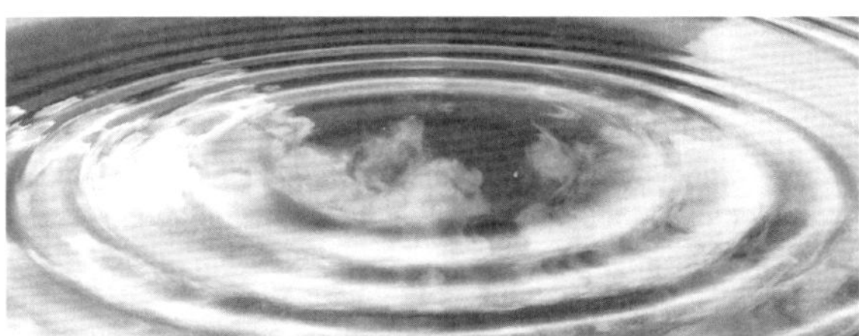

Das heißt, unser Gegenüber spiegelt eine Veranlagung, die wir an uns selbst nicht wahrnehmen. Da wir sie an uns nicht kennen, sie uns unbewusst ist, wird uns diese Eigenschaft von unserem Partner gespiegelt. Dort sehen wir sie dann zwangsläufig und müssen uns mit dieser Schattenseite aussöhnen. Alles, was wir im Außen erleben, egal ob positiv oder negativ, ist der Spiegel für unser Inneres.

»Jemand hält Ihnen einen Spiegel vor.« Das heißt, alle Mitmenschen und Situationen in unserem Leben spiegeln uns unsere eigenen, instinktiven und schwer erkennbaren Prägungen! Es sind alte, unbewusste Muster, die wir seit der Kindheit mit uns tragen. Auch Lehr- und Glaubenssätze, sogenannte Dogmen, die uns auf unserem Weg mitgegeben wurden, behindern uns manchmal in unserer freien Entfaltung. Sei es auch nur in einer ganz einfachen Form, z. B. dass uns immer wieder gesagt wurde: »Iih, Spinnen sind eklig« oder »Du kannst das nicht«. Oder auch: »Du hattest im Zeichnen eine 4 und willst Kunst studieren?« Glaubensmuster sind auch negativ formulierte Affirmationen, wie: »Ich kann das nicht, ich schaffe dies nicht« usw.

Irgendwann haben sich diese Glaubensmuster und Aussagen festgesetzt. Sie wirken wie ein Käfig in unserem Denken. Wir gehen nur den Weg, den wir kennen, öffnen keine neue Tür – weil es einfach so ist und weil es schon immer so war. Bis es uns endlich bewusst wird und wir diese »alten« Glaubenssätze »über Bord werfen« können. Dogmen finden wir in allen Lebensbereichen: in der Kirche, in der Ehe, in der Sexualität, als Frau, als Blondine, als Mutter im Berufsleben, als Mann, der Elternzeit beantragt, usw. Bleiben wir im Stillstand, verhärtet sich unsere Schwingung. Wägen wir ab und verändern wir uns, kommen wir wieder in den Fluss des Lebens. Wir schwingen uns neu ein, und vieles wird leichter werden. Wenn wir anfangen, unser Leben zu verändern, werden wir uns unseres Selbst bewusster. Wollen wir etwas verändern, dann müssen wir unser Spiegelbild wandeln. Indem wir uns selbst verändern, verändern wir nachhaltig auch die anderen.

Nehmen wir als Beispiel eine Scheidung. Zwei Menschen, die sich einmal geliebt haben, trennen sich. Es kommt zu Streitereien, ein wahrer »Rosenkrieg« bricht aus. – Lenkt aber der eine plötzlich ein, denkt nach, verändert, vergibt und verzeiht, wird oft auch der andere folgen.

»Wie Oben – so Unten, wie Innen – so Außen, wie im Mikro- so auch im Makrokosmos.« Diese These war bereits im Altertum in der griechischen Philosophie weit verbreitet. Sie hat bis heute nichts an Gültigkeit verloren.

Auch in der Numerologie gibt es gegensätzliche, also gespiegelte Zahlen, z. B.: Die Zahl 1, das männliche Prinzip und die Zahl 2, das weibliche Prinzip. Oder: Die Zahl 3, die symbolisch für das Mütterliche und die Zahl 9, die für das Väterliche steht.

Das Gesetz der Polarität

Die Polarität verbindet zwei Kräfte, Dinge, Pole usw., die sich gegenüberstehen, sich gegenseitig benötigen und in Wechselwirkung zueinander stehen.

Die ganze Schöpfung ist polar. Es gibt immer ein Gut und Böse, Innen und Außen, Berg und Tal, Plus und Minus, Rechts und Links, Licht und Schatten, Sympathie und Antipathie usw. Dies sind natürliche Polaritäten. Ein Pol benötigt den anderen, denn erst zusammen bilden sie »das Ganze«. Wir brauchen deshalb beide Pole, um Vollkommenheit zu erlangen. Das bekannteste polare Symbol ist das Yin-Yang.

In diesem ist in jedem Pol vom jeweiligen Gegenstück ein kleiner Teil enthalten. Ebenso haben Zahlen positive und negative Aspekte, z.B. die Zahl 7: Einerseits hat sie Urvertrauen ins Leben, anderseits hat sie Angst, zu versagen. Auf der einen Seite ist sie voller Optimismus und Vitalität, auf der anderen Seite traurig und verletzlich. Durch die Polarität kommen diese in Bewegung, in Schwingung. Auch die Bewegung hat einen Gegenpol: die Ruhe. Erst durch beide Pole können die kosmischen Kräfte schöpferisch wirken. Künstliche Polaritäten gibt uns unser Verstand auf Grund von Erfahrungen und Prägungen vor. Hieraus entstehen Urteile und Meinungen. Das Wissen um Einheit und Polarität der Dinge kann uns von Vorurteilen und Illusionen befreien, die uns dazu verführen, einseitig zu reagieren. Es lehrt uns, die Situationen und die Menschen (auch uns selbst) so zu nehmen, wie sie wirklich sind und nicht so, wie wir sie gerne hätten. Die Einsicht, dass alles zwei Seiten hat, kann uns vor dem unnötigen Verbrauch von Energie (auch Gefühle und Gedanken sind Energien) bewahren. Unser Ziel sollten wir darin sehen, Vollkommenheit zu erlangen. Dazu müssen die beiden Polaritäten ins Gleichgewicht gebracht werden. Das Wichtigste dabei ist, auf unsere Intuition und unser Bauchgefühl zu hören, um in Liebe und Freiheit leben zu können. Dies führt zu wahrer Toleranz, durch die wir unsere Mitte finden.

Intuition ist eine rasante Verbindung verschiedenster Wahrnehmungen und Eindrücke, die mit vergangenen Erfahrungen abgeglichen werden. Sie ist die Begabung, auf Anhieb eine gute Entscheidung zu treffen, ohne die zugrundeliegenden Zusammenhänge zu begreifen. Dies ist ein unbewusster Prozess, aus dem Klarheit entsteht, die unser Handeln bestimmt. Wir entscheiden »aus dem Bauch heraus«.

Das Gesetz von Rhythmen und Zyklen

Es bedeutet auch das Gesetz des Lebens und der Wiedergeburt. Das Leben verläuft in ganz eigenen, festgelegten Zyklen. Alles hat seinen Rhythmus: Ein- und Ausatmung, Tag und Nacht, Ebbe und Flut, die Jahreszeiten, (Wieder-)Geburt und Tod.

Auch in der Numerologie finden wir die Rhythmusjahre. Dies sind Jahre, in denen einflussreiche Ereignisse stattfinden. In diesen Wandlungsjahren entscheiden wir uns für eine Richtung auf unserem Lebensweg, dem wir in den nächsten Jahren folgen werden. Die negativen Seiten davon sollten wir akzeptieren und die positiven umsetzen. Wenn wir in Balance mit den beiden Polen der Zahlen sind, dann erfüllen wir den göttlichen Plan unseres Lebens.

Das Gesetz der Harmonie

Durch die innere und äußere Balance in unserem Leben, in unseren Erfahrungen und in unserem Tun, entsteht Harmonie in uns. Durch unsere Ausgeglichenheit strahlen wir Frieden aus und bringen so Harmonie auf die Erde. Wir können dadurch die gottgegebene Kraft erfahren, erfüllen und weitergeben.

Alle Zahlenschwingungen werden tolerant im Leben umgesetzt; wir leben aus der Mitte heraus und sind Meister unseres Lebens.

Begriffserklärungen

In diesem Buch finden sich immer wieder Begriffe, die in unserem spirituellen Leben wichtig sind und immer wichtiger werden. Diese Überzeugungen werden so oder ähnlich in jeder Glaubensrichtung gelehrt.

Ebenso wird des öfteren das Thema »Partnerschaft« erwähnt. Hier geht es nicht nur um Liebesbeziehungen, sondern auch um Geschäftspartner und enge Freundschaften.

In den nachfolgenden Kapiteln und Zahlen-Beschreibungen werden noch weitere Begriffe häufig benutzt. Diese möchten wir im folgenden erläutern.

Esoterik

Zuerst möchten wir erklären, was Esoterik eigentlich bedeutet, da diese häufig falsch interpretiert wird.

Das Wort *Esoterik* stammt aus dem altgriechischen und bedeutet »das Innere«. Die Esoterik wurde Jahrhunderte lang als philosophische Geheimlehre, als geheimes, inneres Wissen bezeichnet und war nur einem begrenzten Personenkreis zugänglich.

Ein Esoteriker denkt inhaltlich und sucht dabei Antworten auf Fragen, wie z. B.: Wer bin ich? Woher komme ich? Was ist meine Lebensaufgabe? In welchem Verhältnis stehe ich zu den Dingen und Menschen in meinem Umfeld?

Esoteriker setzen sich mit den kosmischen Gesetzen auseinander. Sie stehen mit beiden Beinen fest auf dem Boden, stets auf der Suche nach den verborgenen Wahrheiten, die ihnen helfen, ihr wahres Selbst zu ergründen. Sie wissen, dass im Universum nichts »verlorengeht«, dass alles nach den Gesetzmäßigkeiten und einem göttlichem Plan funktioniert.

Vollkommenheit

Der göttliche Wille liegt in der Vollkommenheit von allen Dingen. Die Aufgabe unserer Gegenwart auf Erden liegt darin, unsere Gedanken und Gefühle so zu nutzen, dass dieser Wille mit Freude und Begeisterung ausgedrückt wird. Jede Person, jeder Ort und jeder Gegenstand enthält in sich den Plan der Vollkommenheit. Auch wenn es von außen oft nicht so aussieht, der Kern der Reinheit ist in jedem von uns unzerstörbar.

Paul Ferrini schreibt: »Denn in der Vollkommenheit existieren keine Probleme, Fehler, Ängste, Zweifel und Urteile. Es gibt weder Raum noch Zeit. Einzig Gott ist dort: Die Ewigkeit, die sich an diesem Ort und in diesem Augenblick offenbart. Durch Vergebung gelangen wir von der Polarität zur Einheit.«

In der Numerologie drückt sich dies durch die Abfolge der Zahlen von 1 bis 9 aus. Wer diese kennengelernt hat und positiv leben kann, weiß, was Vollkommenheit ist.

- Vorbild sein, damit sich Bewusstsein entwickeln kann.
- Ein reines Gewissen haben, damit der Mensch ehrlich lieben kann.
- Schöpferisch sein und sich lebendig fühlen.
- Sich auf sich selbst besinnen, damit Hürden erkannt werden.
- Selbstbejahung und Selbstverwirklichung umsetzen, damit wir uns geborgen fühlen und mit dem göttlichen Willen harmonieren.
- Freude und Herzenswärme leben, damit alle Lebewesen im Gleichgewicht sind und den Lebenssinn erfüllen können.
- Selbstbewusst sein, damit der Mensch bescheiden sein kann.
- Vertrauen zu Gott haben.
- Selbstliebe und Selbstvollkommenheit umsetzen, damit jeder reifen und heil werden kann.

Bewusstsein und Wahrnehmung

Bewusstsein ist die Fähigkeit und das Erkennen der eigenen Wahrnehmung. Der Mensch kann nur das wahrnehmen, was er tief in seiner Seele für möglich hält. Die eigene Wahrnehmungsfähigkeit ist Hinweis auf die persönliche Stufe des Bewusstseins. Die Wahrnehmung ist ein Vorgang der bewussten Aufnahme von Informationen über unsere fünf inneren Sinne (Sehen, Hören, Riechen, Schmecken, Tasten). Die Fähigkeiten der Sinneswahrnehmung kann durch Konzentration und Meditationen gesteigert werden. Unsere Individualität entwickelt sich mit unserem Bewusstsein. Unsere Besonderheiten kommen ans Licht, wenn wir unseren Weg kennen und leben, offen sind und in uns hineinspüren, die inneren und äußeren Sinne wahrnehmen, die innere Wahrheit erkennen und leben. Ein Widersacher des wahren Bewusstseins ist der menschliche Verstand. Er erzeugt innere Bilder und verbindet diese mit Urteilen und Schlussfolgerungen. Immanuel Kant sagte: »Der Verstand begrenzt die Sinnlichkeit, ohne darum sein eigenes Feld zu erweitern.« Der Verstand ignoriert und wertet ab, was er nicht kennt. Die Erlösung aus einer Lebenssituation findet dann statt, wenn wir zur vorurteilslosen Wahrheit gelangt sind. Wir sollten deshalb Situationen von verschiedenen Standpunkten aus betrachten und den Sinn dahinter in der ganzen Wirklichkeit erkennen. Manchmal müssen wir etwas erst selbst erleben, um es zu verstehen. Eine indianische Weisheit besagt: »Urteile über keinen Menschen, ehe du nicht eine Meile in seinen Mokassins gegangen bist.«

Erfahrung und Erkenntnis

Wir kamen auf die Welt, um zu lernen, um unser Bewusstsein zu erweitern und um aus der Wahrnehmung und der Erfahrung Weisheit zu gewinnen. Dadurch erhalten wir Erkenntnis und können so Verantwortung übernehmen. Wenn wir als Kind einmal entdeckt haben, dass ein Bügeleisen heiß ist, werden wir sicher nicht ein zweites Mal bewusst hinfassen. Es gibt aber auch hier Ausnahmen von der Regel.

Wir haben den freien Willen, wie wir dieser vorausbestimmten Erfahrung gegenübertreten möchten und wie wir sie bewältigen. Wir haben aber keine Möglichkeit, ihr aus dem Weg zu gehen. Verweigern wir uns diesem Erlebnis, werden wir immer wieder in Situationen kommen, in denen wir ihr gegenüberstehen. Nehmen wir als Beispiel »Partnerschaften«. Wir trennen uns, lernen wieder jemanden kennen, und einige Zeit später erleben wir mit unserem neuen Partner Gegebenheiten, die wir bereits bei unserem letzten Partner als negativ erfahren haben. Kurzum, wir landen immer wieder bei einem Partner mit ähnlichen Eigenarten und zwar so lange, bis wir uns der Spiegelungen und unserer eigenen Probleme bewusst geworden sind.

Unser freier Wille entscheidet darüber, ob wir eine Erfahrung freiwillig (durch die Suche nach dem tieferen Sinn unseres Hierseins) oder unter Zwang, bedingt durch Armut, Krankheit u. ä. machen müssen. Vor dem Eintritt in die materielle Ebene trifft unsere Seele die Entscheidung, welche Erfahrungen für eine Weiterentwicklung nötig sind.

Dieser Entscheidung entspricht dann der Zeitpunkt unserer Geburt, und so kommen wir zu unserem Geburtsdatum, aus dem wir unsere Schicksalszahl errechnen.

Versuchen und Tun

Synonyme für »versuchen« sind experimentieren und ausprobieren. Eigentlich wollen wir etwas gar nicht tun, aber andere ermahnen uns, »unser Bestes zu versuchen«. Wenn es nicht gelingt, was sehr wahrscheinlich ist, dann haben wir zumindest »versucht«, unser Bestes zu geben. Der Versuch enthält gleichzeitig auch schon die Entschuldigung: »Ich habe es ja versucht«.

Setzen wir unsere Wünsche und Pläne lieber in die Tat um. Nur mit dem »Tun« kommen wir auf unserem Weg weiter. Versuchen wir es nicht, tun wir es! Denn was im Leben wirklich zählt, sind die Ergebnisse.

Es ist nicht genug, es zu wissen, man muss es auch anwenden!
Es ist nicht genug, zu wollen, man muss es auch tun!
Johann Wolfgang von Goethe (deutscher Dichter)

Symbolik und Zahlen

Das Buch der Natur ist mit mathematischen Symbolen geschrieben.
Galileo Galilei (Physiker, Astronom)

Die Zahlen gab es schon, bevor es die Welt gab. Gott hat die Welt in sechs Tagen entstehen lassen, weil die 6 die erste vollkommene Zahl ist. Sie ist als einzige Einzelzahl sowohl die Summe als auch das Produkt ihrer Teiler: $1+2+3=6$ und $1 x 2 x 3=6$. Den biblischen Zahlen liegen mystische Bedeutungen mit großem Symbolgehalt zugrunde. Sie dienten dazu, das geheime Wissen Gottes und der Propheten zu verschlüsseln. Die Zahlen in der Bibel sind ein schier unendliches Thema und würden den Rahmen dieses Buches sprengen. Deshalb entnehmen wir der Bibel nur eine ihrer vielfältigen Erzählungen über die Zahlen – die Genesis.

Am 1. Tag schuf Gott das Licht und die Finsternis, den Abend und den Morgen. Am 2. Tag formte Gott die Meere, die Erde und den Himmel. Am 3. Tag bepflanzte er die Erde mit vielerlei Arten von Pflanzen und Bäumen. Am 4. Tag gab Gott der Erde und dem Himmel das große Leuchten. Das große Leuchten sollte den Tag beherrschen, das kleinere und die Sterne die Nacht. Am 5. Tag bevölkerte Gott das Meer, die Erde und die Luft mit wundervollen Lebewesen, den Tieren. Am 6. Tag erschuf Gott den Mann und die Frau nach seinem Ebenbild. Sie sollten herrschen über die Erde. Am 7. Tage ruhte Gott von all seinem Werke, das er vollbrachte, segnete den 7. Tag und heiligte ihn.

Auch *Aurelius Augustinus,* Bischof von Heppo (354 - 430 n.Chr.) war sich sicher: »Zahlen sind eine universelle Sprache, die uns von Gott zur Bestätigung der Wahrheit gegeben wurden.« Das Zahlenmystische hielt so auch in das theologische Gedankengut Einzug und fand auf diese Weise weite Verbreitung. *Aurelius Augustinus* maß den Zahlen in der Bibel große Bedeutung bei, er sagte: »Man muss den geheimen Sinn der Zahlen kennen, um den tieferen Sinn der Bibel zu erfassen.« – Diese Aussage lässt sich problemlos auch auf viele Märchen übertragen: Zahlen wie 3 und 7 oder auch die 6 spielen in der Bibel wie im Märchen eine besondere Rolle. »Jeder Zahl wurde und wird eine bestimmte Bedeutung beigemessen.«

Symbole besaßen für die Menschen in allen Zeiten und Kulturen eine große Faszination – denn sie bringen das Geistige, das Unsichtbare, den »Geist der Dinge« ins Materielle, Sichtbare. Ein Symbol (griech. *symbolon* = Verbindung/ Zusammenballung) ist ein Sinnbild, ein Zeichen das stellvertretend für Worte stehen kann. Bilder werden von jedem Menschen auf der ganzen Welt verstanden. Unzählige Symbole in Mythen und Religionen aus aller Welt beziehen sich auf die Sinnsuche des Menschen und auf die Veränderung von energetischen Schwingungen.

Symbole sind die Sprache der Seele. Sie fungieren als Vermittler zwischen den Welten. Sie wirken, wenn wir sie sehen oder sie uns aufgemalt werden. Körperbemalungen findet man in allen Ländern dieser Erde. Denken wir nur an die Kriegsbemalung oder an Tätowierungen. Das bekannteste Beispiel in unseren Regionen dürfte wohl »Ötzi« sein, eine über 5000 Jahre alte Gletschermumie, die Linien, Streifen, Punkte und Kreuze aus Kohlestaub auf verschiedenen klassischen Akupunkturpunkten eingestochen hatte. Einige Symbole wie das Sinus-Zeichen, die Lebensrune Ypsilon oder das gleichschenklige Kreuz dienen der Heilung oder dem Ausgleich.

Symbole ziehen sich durch die Geschichte des gesamten menschlichen Daseins; Zeichen, die in steinzeitlichen Höhlen gefunden wurden, ägyptische Hieroglyphen, Schriftzeichen der verschiedensten Sprachen und Kulturen, Symbole im Computer, als Firmenlogo, im Straßenverkehr usw. Wenn Sie ein Stop-Schild sehen, wissen Sie sofort, was zu tun ist – ohne große Erklärung. Berufsgruppen benutzen Symbole seit jeher als Widererkennungszeichen: Der Äskulapstab steht für ärztliche und pharmazeutische Berufe, die Waage der Justitia für die Rechtswissenschaft usw. In vielen esoterischen Bereichen werden Symbole eingesetzt, sei es in der Astrologie, mit den Zeichen der Planeten:

♀ Venus, ♂ Mars oder ☿ Merkur oder in den Kartendecks des Tarot.

Nicht nur Bilder, auch Töne und Musik gelten als Klangsymbole, z. B. Mantren mit ihren sich immer wiederholenden Lauten und Worten. Bekannte Mantren sind »Halleluja«, »Kyrie Eleison«, »Om namah Shivaya« oder »Om mani padme hum«. Als Klangsymbole gelten auch Gebete, wie das »Ave Maria« oder das »Vaterunser«. Wort- oder Urlaute entstehen aus der kollektiven menschlichen Erfahrung und verbinden uns mit dem Tiefenbewusstsein.

Auch Tieren wird eine große Symbolkraft zugeschrieben. Der Adler ist Ausdruck für höchstes Wissen, das Geisteskraft bedeutet. Die Eule ist das Sinnbild für Weisheit und Erkenntnis, der Fisch gilt als Symboltier der Fruchtbarkeit. Der Hahn ist Symbol des anbrechendes Tages und Wächter des Übergangs von der Nacht zum Tag, die Katze das Symboltier des Weiblichen, die Kröte ein Symbol für Reichtum. Der Skarabäus symbolisiert Kraft, Lebendigkeit, stärkt die Schöpferkraft und verleiht Mut für einen Neuanfang.

Bestimmte Zeichen bringen wir mit gewissen Dingen in Verbindung, wie das Herz oder die Rose mit der Liebe.

Es war der Schweizer Tiefenpsychologe Carl Gustav Jung, der die Symbolforschung aus der Ecke des Unzeitgemäßen hervorholte und neu belebte. C. G. Jung glaubte in der Neuzeit als einer der ersten, dass eine Zahl sowohl quantitativ als auch qualitativ zu bewerten sei. Wie bei jedem echten Symbol handelt es sich auch hier um eine Bedeutung, die sozusagen »vorgefunden« wird. Sie wird vom Unterbewusstsein erkannt und vom Verstand »nur« als gegeben hingenommen. Diese Erkenntnis zeigt, dass das Unbewusste, das der Mensch in sich trägt, sich in Bildern und Symbolen ausdrückt.

Die Bedeutung der Symbolik der Zahlen von 0 bis 13

Alles, was die Natur selbst anordnet, ist zu irgendeiner Absicht gut. Die ganze Natur überhaupt ist eigentlich nichts anderes als ein Zusammenhang von Erscheinungen nach Regeln, und es gibt überall keine Regellosigkeit.

Immanuel Kant (deutscher Philosoph)

Auch den Zahlen, die ja an sich schon Zeichen sind, werden Symbole zugeordnet. Diese entstanden aus alten, auch heiligen Zeichen und geometrischen Figuren. Die Zahl ist eine Urqualität – eine Wirklichkeit höherer Ordnung. Es zeigt sich in der Betrachtung der Zahlen auch eine Offenbarung der Schöpfung. Hinter dem gegenständlichen Sinn liegt eine nicht sichtbare Bedeutung verborgen. Symbole haben eine sehr hohe Schwingung, durch die wir Zugang zu unserem Höheren Selbst haben und die uns heilwerden lässt. Im Verstehen von Symbolen ist immer der ganze Mensch angesprochen mit seiner Intuition und all seinen Empfindungen, mit seinem Denken und Handeln. Jedes Symbol sollte vorurteilsfrei betrachtet werden. Hören wir dabei auf unsere Sinnesempfindungen. Die überlieferten Bedeutungen, die jedem Symbol zugeordnet sind, können es niemals in seiner ganzen Größe erfassen. Es ist eine Einladung an uns, uns auf die Suche nach unseren eigenen Deutungen zu machen. Lüften wir die Geheimnisse über die Numerologie!

Die Zahl 1

In der Zahlenmystik wird die 1 als Schöpferimpuls gesehen. Sie ist unteilbarer Bestandteil aller Zahlen. Sie gilt als Yang-Zahl, die die männliche Energie als Impuls, Initiative, Aktivität und Bewusstseinskraft symbolisiert. In den drei großen Weltreligionen, im Judentum, im Christentum und im Islam, steht die Zahl 1 für Gott, den Einen, aus dem alles entstanden ist. Darüber hinaus ist die 1 Symbol des aufrecht stehenden Menschen. Jener Augenblick, in dem der Mensch sich erstmals aufrichtete und den Himmel über sich erkannte, symbolisiert in der Entwicklungsgeschichte den Moment seiner Bewusstwerdung. Die Zahl 1 ist ein und alles, sie ist vollkommen, weil sie unteilbar ist. Sie ist Anfang, Mitte, Ende und Mutter aller übrigen Zahlen. Die 1 ist in allen Kulturen dem Geist zugeordnet. In ihr ruhen der schöpferische Impuls und das kollektive Ideenpotential. Die 1. Stufe der Entwicklung ist ein ununterbrochener Prozess, der vom Menschen ausgeht und zum Menschen zurückkehrt. Die Zahl 1 ist unser Wille zum Leben und seine Bejahung.

Symbolik: Die 1 wird durch einen Strich

|

oder einen Punkt symbolisiert. Die erste germanische Rune (Is, ein gerader aufrechter Strich) stand gleichzeitig für Vater (= Gott) und für das Ego, für den Menschen als individuelle Person und unverwechselbare Einheit unter vielen »Ähnlichen«. In der Geometrie wird die 1 ebenfalls durch einen Punkt dargestellt und ist praktisch unangreifbar. Punkte haben keine Länge, Breite oder Höhe, keine Ober- oder Unterseite, sie haben überhaupt keine Ausdehnung. Bringen wir den Kreis, etwa von der Zahl 0, mit dem Punkt zusammen, erhalten wir das Symbol der Sonne:

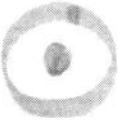

Der Punkt ist der Samen, der sich in der Materie verankert, sich mit Licht füllt und so das Stoffliche auf eine neue Ebene hebt.

Die Zahl 2

Die Zahl 2 ist eine magische Zahl, denn ohne die 2 gäbe es keine Entwicklung. Auf geheimnisvolle Weise symbolisiert sie die Leiter des Lebens, die Doppelspirale, in der die Erbanlagen programmiert sind. Man nimmt an, dass die 2 durch Abspaltung von der Ganzheit der 1 für die negativen Kehrseiten aller Dinge in der Welt verantwortlich ist: Adam und Eva, Gut und Böse, Hell und Dunkel, Richtig und Falsch, usw. Die 2 ist also eine Zahl der Polarität, der Gegensätze, aber auch der Verbindungen und die erste weibliche Zahl.

Symbolik: Zwei Halbkreise

Sie stehen für Zweiheit und Dualität, für Himmel und Erde, Schön und Unschön, Gut und Ungut, Verworren und Einfach, Bedingt und Unbedingt. Dieses gegenseitige Gebrauchtwerden drückt die untrennbare und immer dynamische Verbundenheit allen Lebens aus. Ein weiteres Symbol für die 2 ist die Schlange. Sie steht für Weisheit und ist die Überbringerin der Erkenntnis. Mit dem aufkommenden Christentum wurde die Zahl 2 der Sünde zugeordnet, und die Schlange war ihr Symbol. Nach biblischer Überlieferung ist sie dafür verantwortlich, dass der Mensch sein Leben in Mühsal und Leiden verbringt, sie sei böse, heimtückisch, sündig und verführerisch. Die Schlange aber versinnbildlicht die Ewigkeit, die ewige Wiederkehr. In der indischen Philosophie ist die zusammengerollte Schlange Sinnbild der noch schlafenden Lebenskraft, der Kundalini. Erst wenn der Lernende seine Kraftzentren, die Chakren immer mehr öffnet, d. h. deren Kraft und Energie in Harmonie und positives Wirken bringt, kann sich die Schlange die Wirbelsäule entlang noch oben schlängeln, ungeahntes Potential entfalten und zur Erleuchtung führen.

Die Zahl 3

Die Zahl 3 ist wohl die bedeutendste Glückszahl der Welt. Sie ist die Zahl der Entspannung, der Kreativität, der Fülle und der Lebensfreude. Sie ist eine geistige Zahl und die Zahl des Heilens, entstanden aus der Dualität – der Vereinigung des Männlichen und des Weiblichen. Die göttliche Dreifaltigkeit ist nicht nur im

Christentum, sondern auch in anderen Kulturen bekannt. Das Auge Gottes ist von einem Dreieck umgeben. Auch in anderen Kulturen teilen sich 3 Götter die Herrschaft, ganz gleich, ob im Griechischen (Zeus, Poseidon und Hades) oder im Hinduismus (Brahma, Vishnu und Shiva). Die ursprünglichste Form dieser Symbolik finden wir in der dreifaltigen Mondgöttin: Sie verkörpert die 3 Phasen des zunehmenden, des vollen und des abnehmenden Mondes. Auch die Heilige Jungfrau Maria vereint diese 3 Phasen, als Jungfrau, Mutter und Königin (alte Weise). Diese 3 Phasen stehen für Werden, Sein und Vergehen, also Geburt, Leben und Tod oder Vergangenheit, Gegenwart und Zukunft.

Diese urtypische Symbolik zeigt sich auch bei den Heiligen Drei Königen. Die Bibel spricht von den Weisen aus dem Morgenland, ohne eine Zahl zu nennen. Daraus wurden mit der Zeit ganz selbstverständlich die »Heiligen Drei Könige«. Die 3 ist vor allem auch deshalb göttlich, weil sie das Geheimnis der Lebenskraft in sich birgt. Die Zahlen 1 und 2 symbolisieren die Urpolarität: Männlich und Weiblich, aus deren Vereinigung entsteht die 3. Neues entsteht immer aus der Vereinigung von Gegensätzen, wie z. B. Mutter + Vater = Kind. Daher ist die 3 auch die Zahl der Geburt.

Die 3 spielt auch in der Magie eine große Rolle: Den Urvater der Alchemie und Entdecker des »Steins der Weisen« nennt man Hermes Trismegistos (griechisch für »dreimal größter Hermes«).

Bei Beschwörungen und Bannungen spricht man Formeln oder Wünsche 3 mal aus. 3 mal darf man raten, 3 mal lässt man das Geburtstagskind hochleben, aller guten Dinge sind 3 und in Märchen sind 3 Wünsche frei.

In den urtypischen Bildern, die den Lebensweg beschreiben, ist stets der 3. Schritt der Entscheidende. Am Anfang geht die ursprüngliche Einheit verloren, dadurch gerät der Mensch in die Polarität (Zweifel), bis ihn der 3. Schritt zu etwas Neuem führt, das der Ausgangssituation ähnlich, aber doch anders ist.

Symbolik: Das Dreieck

ist das Symbol der Zahl 3. Es ist ein Grundsymbol bei fast allen Völkern. Im Christentum steht das Dreieck auch für die Dreifaltigkeit Gottes: Gott Vater, Gott Sohn, Gott Heiliger Geist. Die Pythagoräer sahen in dem Dreieck das kosmische Symbol für den »Anfang der Entstehung«. Im Hinduismus wird es der lebensspendenden Göttin Durga zugeordnet. Bei den Freimaurern ist das Dreieck der Grundstein des Freimaurertempels.

Die Zahl 4

Die Zahl 4 ist die erste irdische Zahl; mit ihr entsteht die Materie, der Raum. Der Punkt steht für die 1, die Linie, die zwei Punkte miteinander verbindet, steht für die 2; ergänzt man diese Linie um zwei weitere, entsteht ein 3eck. Aus 4 Dreiecken baut man eine Pyramide und bildet damit einen Raum. Nach alter Überzeugung schuf Gott aus dem Nichts als erstes die 4 Elemente: Feuer, Erde, Wasser und Luft. Aus diesen ließ er dann die gesamte Schöpfung erstehen. Der Kreis steht für die göttliche Hemisphäre, die 4 (z. B. als Kreuz oder Quadrat) steht für das Irdische. Das Zusammentreffen von einem Kreis und der 4 finden wir z. B. im Keltenkreuz.

Symbolik: Die Zahl 4 ist die Zahl der Natur und der Arbeit. Mit der 4 verbinden wir auch das von Menschenhand Erschaffene. Die Natur formt Rundungen, die gerade Linie ist hier eher die Ausnahme. Beim Menschen ist es meist umgekehrt. Wir Menschen bauen vieles 4eckig: Häuser, Zimmer, Fenster, Türen… Sehen Sie sich einmal in Ihrem QUARtier um, sie werden noch viel mehr 4eckiges sehen. Deshalb ist das Zeichen der 4 auch sehr irdisch, denn es handelt sich um ein Quadrat.

Bei zahlreichen Völkern wurde dem Viereck dieselbe Bedeutung zugemessen: Es versinnbildlicht die Erde, die Materie, die 4 Elemente (Feuer, Wasser, Luft und Erde), die 4 Jahreszeiten und die 4 Himmelsrichtungen. Es steht auch für den begrenzten und eingegrenzten menschlich-irdischen Kosmos. Im alten Indien wurde die Erde »vierendig« genannt, in der Bibel ist von den vier Rändern der Erde die Rede. Durch die mathematische Strenge und Unveränderlichkeit ist das Quadrat der Inbegriff der Ordnung. Das Viereck symbolisiert Einteilung und Kultivierung, anderseits auch Begrenzung, Einengung und Gefängnis.

Es ist ein Symbol der Welt, mit einem Kreis umrundet zeigt es das Eine, den Urgrund und die 4 Stationen im Jahreskreislauf – Frühling, Sommer, Herbst und Winter. Auch Kultur, Religion und Mystik haben die heilige 4 für sich gefunden. Die Bibel kennt 4 Evangelisten Matthäus, Markus, Lukas, Johannes. Buddha lehrte die 4 edlen Wahrheiten Dukkha, Samudaya, Nirodha, Magga. Indien kennt die 4 heiligen Veden Rigveda, Samaveda, Yajurveda, Atharveda und der Islam die 4 heiligen Bücher Thora, Psalmen, Evangelium und Koran. Das Leben hat 4 Abschnitte: Kindheit, Jugend, Erwachsensein und das Alter. Es gibt 4 Mondphasen: zunehmender Mond, Vollmond, abnehmender Mond, Neumond. Ein Monat hat 4 Wochen und das Jahr 4 Zeitabschnitte. Der Adventskranz mit seinen 4 Kerzen gilt als vollkommener Kranz. Die 4 gilt auch als Herrscherzahl. Bereits bei den alten Ägyptern gebietet der König über die 4 Himmelsrichtungen. Bei der Thronbesteigung wird traditionell das Schwert in alle 4 Weltecken (Himmelsrichtungen) geschwungen, um damit die Herrschaft über alle Weltenden zu demonstrieren. Das Kreuz hat 4 Enden. Es gibt die 4 Geschmacksrichtungen (süß, sauer, salzig und bitter) und vieles mehr.

Die Zahl 5

Die Zahl 5 symbolisiert den reinen Geist. Sie ist die Zahl der Verbindungen und der Kommunikation (Sprache, aber auch das Schreiben). Die 5 ist die Zahl des Menschen, der wie ein 5strahliger Stern

in der Welt steht. Unsere 4 Gliedmaßen entsprechen den 4 Elementen und der Kopf entspricht dem geheimnisvollen 5. Element, dem Geist oder Äther. Wir haben 5 Finger an jeder Hand, um damit die Wirklichkeit (4) zu erfassen und den Sinn (1) zu begreifen. Mit den 5 Sinnen, der Sicht, dem Gehör, Gefühl, Geruch und Geschmack, erfährt der Mensch seine Umwelt. Da die Sinne unsichtbar sind (sie können nicht erfasst werden), sind sie für viele Menschen nicht wirklich. Die 5 sagt uns auch, dass wir beide Aspekte »ansehen« sollen, das Bewusste und das Unbewusste, Geist und Materie, das Pro und das Contra – beides ist wichtig. Das Unbewusste ist immer unser Ausgleich zum Bewussten – zum ganzheitlichen Leben. Im Mittelalter galt das Einhorn als Christussymbol, das die Welt (4 Beine) zur Einheit (Horn) führt.

In der Geometrie gibt es seit jeher 5 Körper, die als makellos und gleichmäßig gelten, weil sie sich aus gleichseitigen Flächen zusammensetzen. Diese Körper waren bereits den Pythagoräern bekannt. Platon hat sie später ausführlich beschrieben und den Elementen zugeordnet.

Die 5 platonischen Körper:

- Die Pyramide / Tetraeder, bestehend aus Dreiecken und entspricht dem Element Feuer.
- Der Würfel / Hexaeder, der aus Vierecken besteht und die Erde symbolisiert.
- Der Oktaeder, besteht auch aus Dreiecken und steht für das Element Luft.
- Der Dodekaeder besteht aus Fünfecken und steht für den Geist.
- Der Ikosaeder, ebenfalls aus Dreiecken zusammengesetzt und wird dem Wasser zugeordnet.

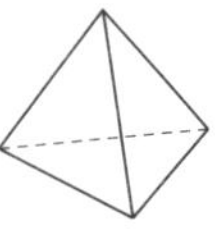

Tetraeder
(Vier Dreiecke)

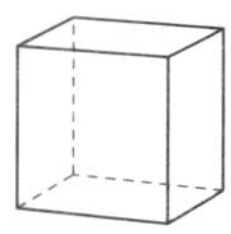
Hexaeder (Würfel)
(Sechs Quadrate)

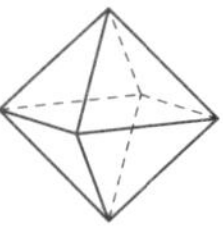
Oktaeder
(Acht Dreiecke)

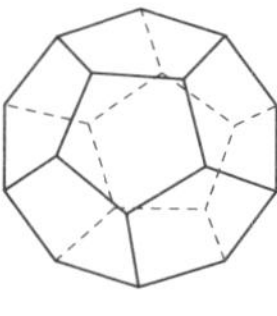
Dodekaeder
(Zwölf Fünfecke)

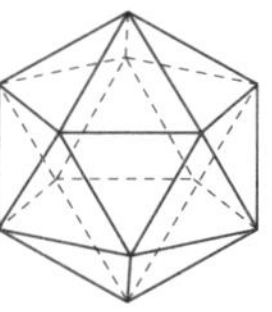
Ikosaeder
(Zwanzig Dreiecke)

Die Fünf symbolisiert die 5 Elemente und entstehen aus den 3 wichtigsten Zahlen: die göttliche 3 (Dreieck), die irdische 4 (Viereck) und die menschliche 5 (Fünfeck).

Symbolik: Das Pentagramm 

ist das reguläre Fünfeck. Es ist ein fünfzackiger Stern, er repräsentiert den Kampf gegen das Böse und die Abwehr negativer Kräfte. Das Pentagramm führt uns in die Einheit, und der Drudenfuß (umgedrehtes Pentagramm, Teufel mit zwei Hörnern) führt uns in die Zerrissenheit.

In der Esoterik ist der Fünfstern ein Symbol für den Mikrokosmos oder das 5. Prinzip – das Denkvermögen. Zu Pythagoras Zeiten galt das Pentagramm als Zeichen für Gesundheit.

Mit dem Pentagramm kann der Magier die Natur beherrschen.

Agrippa von Nettesheim hat dem Pentagramm den menschlichen Körper zugeordnet. Es symbolisiert, dass der Mensch mit beiden Beinen am Boden steht und der Kopf in den Himmel ragt und so Himmel und Erde miteinander verbindet.

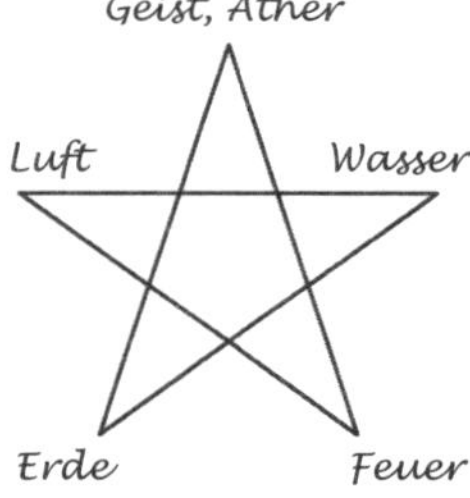

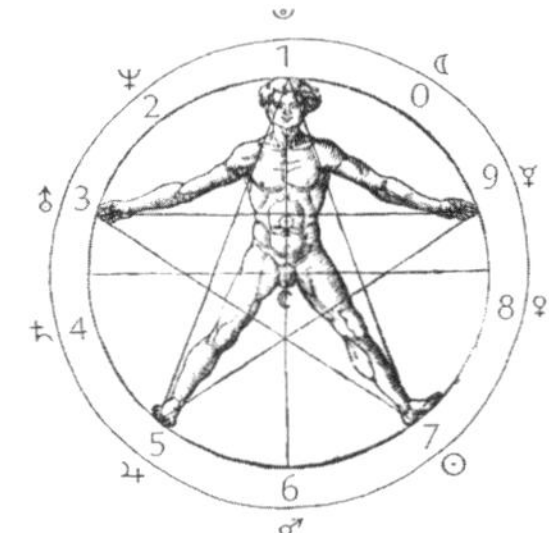

Nicht nur in vergangenen Zeiten, sondern auch heute wird das Pentagramm als Schutzsymbol und für das Gute verwendet.

Einige Christen sahen in ihm auch die Repräsentation der 5 Wunden Christi. Die ersten Hebräer brachten den fünfzackigen Stern mit den ersten 5 Büchern der Bibel in Verbindung.

Im Umlauf der beiden Planeten Erde und Venus um die Sonne ergibt sich ein Muster: Scheinbar zieht die Venus im Laufe von 8 Jahren ein Pentagramm als Schutzschild um unsere Erde. Da die Venus aber keine Schalttage kennt, ist die 5. Verbindung nicht ganz geschlossen. Das Pentagramm ist das ursprüngliche Symbol für die Venus, deshalb sagt man zum Pentagramm auch Venusstern. Die Venus bringt uns Liebe, Heilung und Transformation. Ein Pentagramm wird immer in einem Zug gezeichnet. Beginnend von oben nach links unten. Ein natürliches Pentagramm finden wir z. B. bei einem Seestern oder auch im Querschnitt eines Apfels mit seinem 5-teiligen Kerngehäuse. Biologisch gesehen, gehört der Apfel zu den Rosengewächsen, und auch die Rosen bilden in ihrem Inneren mit ihren Blütenblättern ein Fünfeck. Auch die Rose wird aufgrund ihrer Symbolik (Liebe und Sinnlichkeit) der Venus zugeordnet.

Die Zahl 6

Die 6 ist die Zahl der Zeugungskraft und kann somit der Schöpferkraft eine Gestalt geben. Sie ist die Zahl der weiblichen Liebe, der Mutterliebe. Man ist geboren, um zu trösten, um diplomatisch zu sein und um Unharmonisches zu wandeln. Sie ist die Zahl der Familie sowie der Heilkraft. Der Würfel hat 6 Seiten, der, der Symbolik der Zahl 4 entsprechend, die Welt verkörpert, und klappt man den Würfel auf, ergibt sich ein Kreuz, das der typische Grundriss vieler Kirchen ist. Die Vollkommenheit spiegelt sich auch in der biblischen Schöpfung: Die Erde entstand in 6 Tagen. Am 6. Tag (6 = Zahl der Liebe zur Welt und den Menschen) erschuf Gott sein Abbild.

Die 6 ist die erste vollkommene Zahl, da sich sowohl als Summe als auch als Produkt der ersten drei Zahlen die Zahl 6 ergeben: 1 + 2 + 3 = 6 und 1 x 2 x 3 = 6.

Symbolik: Das Hexagramm

wird auch Sechsstern genannt. In der Magie nennt man es »Schild Davids« oder »Siegel Salomos«, und es ist ein äußerst machtvolles Zeichen. Es heißt, König Salomo habe mit Hilfe dieses Siegels Dämonen gebannt und Engel herbeigerufen. Das Hexagramm kennen wir auch unter dem Namen Davidstern. Der Davidstern wird als symbolische Darstellung der Beziehung zwischen Mensch und Gott interpretiert: Der Mensch hat sein Leben von Gott erhalten (nach unten weisendes Dreieck), und der Mensch wird zu Gott zurückkehren (nach oben weisendes Dreieck).

Das Hexagramm gilt als Symbol der beiderseitigen Durchdringung, das nach gelungener Vereinigung von zwei sich überlappenden gleichseitigen Dreiecken gebildet wird. Die beiden Dreiecke symbolisieren Feuer (Dreieck nach oben, Feuer strebt nach oben) und Wasser (Dreieck nach unten, Wasser strebt nach unten). Dieses sind Kräfte, die innerhalb der vier klassischen Elemente die größten Gegensätze vereinigen.

Das Hexagramm ist eine Verbindung von zwei Gegensätzen: Geist und Materie, Licht und Finsternis, Seele und Körper, Zeit und Raum, Mann und Frau... Wenn der Mensch diese Gegensätze vereint, besitzt er große Heilkraft, da er die Energie aus den hohen Ebenen des Lichts über sich selbst als Kanal erden kann.

Eine weitere Deutung bestärkt die Urkraft des Hexagramms. Es vereint die Wirkung aller sieben Planeten der Astrologie: Saturn, Mars, Venus, Jupiter, Mond und Merkur. Sie sind auf die sechs Eckpunkte verteilt, und die Sonne bildet das Zentrum. Unter anderem ist das Hexagramm auch das Zunftzeichen der Brauer und Mälzer, vielleicht gerade wegen der Vereinigung von Feuer und Wasser.

Die Zahl 7

Die 7 ist eine heilige Zahl, die Zahl der Vollkommenheit im All, die Zahl der Vollendung und der Einheit. Sie ist die Zahl der Seele, der Mystik, des Glaubens und der Lebensfülle. Der 7. Sinn ist die Eingebung, die Verbindung nach oben. Der Glaube ist die Grundlage des Vertrauens und des vorbehaltlosen Einverständnisses gegenüber bestimmten Werten und Zielen. Die Zahl 7 setzt sich aus der Zahl 3, der Zahl des Himmels, der Seele und des Männlichen, und der Zahl 4, der Zahl der Erde, des Menschen und des Weiblichen, zusammen und bringt somit Gott und die Menschen miteinander in Verbindung.

Sie ist deshalb auch die Zahl der seelischen Reife, die Körper und Seele vereint, die Zahl der Ganzheit. Die Zahl 7 zeigt sich sehr häufig in der Bibel: Gott hat in 7 Tagen die Welt erschaffen. Es gibt die 7 Sakramente, die 7 Bitten im Vaterunser (3 auf Gott und 4 auf den Mensch bezogen), das Buch mit den 7 Siegeln, die 7 Gaben des Heiligen Geistes. Besonders im alten Testament wurde die Zahl 7 häufig erwähnt: 7 Tugenden, 7 Todsünden, 7 magere und 7 fette Jahre usw.

Es gibt die 7 Tage der Woche, jede Mondphase dauert 7 Tage, die 7 Hauptplaneten, die 7 Weltwunder, 7 Weltmeere und 7 Hauptchakren. Der Regenbogen mit seinen 7 Farben (gleich den Chakra-Farben) verbindet Himmel und Erde miteinander. Nach antiker Überzeugung ziehen die 7 klassischen Planeten über die 7 Sphären und erzeugen dabei durch ihre Reibung die 7 Töne unserer Tonleiter, die man als Sphärenmusik hören kann – sofern man reinen Herzens ist.

Aus den Märchen kennen wir die 7-Meilen-Stiefel und die 7 Zwerge hinter den 7 Bergen, die 7 Schwaben, 7 Fliegen auf einen Streich erledigte das tapfere Schneiderlein, die 7 Geißlein...

Thomas Ring, einem bedeutenden Astrologen des 20. Jahrhunderts, verdanken wir eine Gliederung des Lebenswegs anhand der 7 klassischen Planeten, die zunächst jeweils einem Lebensjahr entsprechen, und dann geht es jeweils in 7-Jahres Schritten durch das Leben. Auch in der Chakren-Lehre verläuft unser Leben in 7jährigen Zyklen. Jahr für Jahr erwartet uns ein neues Hauptthema, und alle 7 Jahre ein neues Grundthema. Auch wenn diese Grundthemen regelmäßig immer wieder in unserem Leben auftauchen, können wir gewisse Entwicklungen nur in einem bestimmten Lebensabschnitt vollziehen. Auch auf der stofflichen Ebene vollzieht sich ein Wandel. Unser Körper erneuert sich alle 7 Jahre vollständig, alle Körperzellen sind dann durch neue ersetzt worden, und wir sind physisch gesehen ein vollkommen neuer Mensch.

Symbolik: Das Zeichen der Zahl 7 ist der 7-armige Leuchter, die Menora.

Sie ist eines der wichtigsten religiösen Symbole des Judentums und wurde auch in das Wappen des Staates Israel aufgenommen. Die Menora symbolisiert die Erleuchtung, die 7 Säulen der Weisheit. Die 7 Arme des Leuchters zeigen den Standort, die vier Himmelsrichtungen sowie das Oben und Unten. Außerdem spiegelt sich die Zahl 7 samt ihrer Bedeutung darin wieder. Im jüdischen Denken steht die Zahl 7 für die Weisheit Gottes: Gott erschuf in 7 Tagen die Welt. 7 Tage hat die Woche. Der 7. Tag der Woche, der Sabbat, ist für die Juden heilig.

Als geometrische Formen werden der Zahl 7 noch das Heptagramm und der Siebenstern zugewiesen. Aus dem Siebenstern ist die Struktur unserer Woche hervorgegangen. Stellt man zunächst die 7 klassischen Planeten der Astrologie in der Reihenfolge ihrer Geschwindigkeit (Mond, Merkur, Venus, Sonne, Mars, Jupiter und Saturn) an seine Spitzen und folgt dann den Linien des Sterns, so findet man die Planeten in der Reihenfolge, die wir vom Wochenlauf her kennen.

Die Zahl 8

Die 8 ist die Zahl der Gerechtigkeit, des Ausgleichs und der Erfüllung. Bei den Germanen war die 8 als Symbol für die Gerechtigkeit bekannt. Ihr Femegericht bestand aus 8 Richtern, denen man 8ung zollte. Die 8 ist eine karmische Zahl – denn Gott hat am 8. Tag geweissagt. Er hat seine Vision und seine Voraussicht mit dem freien Willen des Menschen verbunden. Der Weihnachtsstern, der Christi Geburt verkündet, ist achtstrahlig. Jesus Christus, dessen Namen im griechischen den Zahlenwert 888 hat, ist Mittler zwischen Himmel und Erde, zwischen Gott und den Menschen. Seine Auferstehung wird als 8. Schöpfungstag gefeiert.

Für die Christen steht die Zahl 8 für die Rettung und die Wiedergeburt, denn 8 Menschen haben die Sintflut in Noahs Arche überlebt. Zur Wiedergeburt bzw. Geburt gehört für Christen die Taufe. Als Verbindung von Himmel und Erde sowie als Zeichen der Auferstehung und des neuen Lebens findet man die 8 auch in vielen Kirchen wieder. Viele bedeutende Taufkirchen der Renaissance sind 8eckig, und an ihrer Decke geht das 8eck in einen goldenen Kreis über, der das himmlische Jerusalem darstellt.

Der 8. Tag eröffnet eine neue Woche, und mit dem 8. Ton vollendet sich die Oktave und führt die Tonleiter wieder an ihren Anfang zurück – die 8 ist sozusagen die Schwelle zum Neubeginn auf höherer Ebene. Sie ist der Übergang vom Alten ins Neue, Bessere und Höhere. In der 8 erwacht unser Bewusstsein und macht sich bereit für die Transformation der Zahl 9. Auf ihrem Weg zur Erlösung muss die Seele durch die 7 Himmel der 7 Planeten, bis sie die 8. Sphäre, den Fixsternhimmel (die Wohnstätte der Götter) erreicht. 8 Speichen hat das Rad des Lebens. In vielen europäischen Sprachen besteht der Unterschied zwischen dem Wort »Nacht« (einem Symbol des Unbewussten) und dem Wort »Acht« darin, dass das »N« entfällt. Mit dem »N« beginnt in diesen Sprachen auch das Wort »Nein« (ebenfalls ein Symbol des Unbewussten):

Deutsch	*Französich*	*Italienisch*	*Spanisch*
Nacht	Nuit	Notte	Noche
Acht	Huit	Otto	Oche

Somit ist die 8 Ausdruck der vom »unbewussten N« befreiten Nacht und verkörpert daher den neuen Tag und das erwachte Bewusstsein.

Symbolik: Die liegende Acht

Die Lemniskate ist das Symbol der Unendlichkeit und Unbegrenztheit.

Die beständige Verbindung zweier Welten wie Himmel und Erde, Zeit und Ewigkeit kommt optisch in der querliegenden 8 zum Ausdruck. Dieses Ewigkeitssymbol veranschaulicht auch den hermetischen Grundsatz: »Wie Oben, so Unten«, der seine christliche Entsprechung im »Wie im Himmel, so auf Erden« hat. Die Aufgabe von Jesus war es, die Liebe zu bringen und die Menschheit auf die Transformation in ein neues Zeitalter vorzubereiten.

Der obere Teil der 8 steht für das Bewusste, der untere Teil steht für das Unbewusste. Als geometrische Symbole werden der Zahl 8 zudem noch der Achtstern und das Oktagramm zugeordnet.

Die Zahl 9

Die Engel fliegen in Spiralen, der Teufel nur geradeaus.
Hildegard von Bingen (deutsche Mystikerin)

Die Zahl 9 ist eine heilige Zahl, sie steht für die Transformation. Als letzte einstellige Zahl symbolisiert die 9 den Übergang in eine neue Ebene, einen höheren Bereich, zu einem höheren Bewusstsein. Sie ist die Zahl der Initiation, also des Aufstiegs in einen anderen Seinszustand, z. B. vom Kind zum Mann, vom Novizen zum Priester, vom Laien zum Schamanen. Im Christentum haben die Taufe, die Kommunion und die Firmung initiativen Charakter – die Errettung der Seele durch die Aufnahme in den Kreis der Gläubigen. Bei Einweihungen spielt die 9 als Zahl der Sammlung und Vorbereitung eine Schlüsselrolle.

Es sind 9 Stunden, 9 Nächte, 9 Tage, 9 Wochen, 9 Monate oder 9 Jahre, die diesem Initiationsschritt vorausgehen. Pythagoras verbrachte 3 x 9 Tage in einer Grotte, um in die Mysterien eingeweiht zu werden. Das eigentliche Ziel der inneren Sammlung vor dem Schritt ins Neue ist die Selbsterkenntnis. Bereits Pythagoras lehrte, dass der Mensch die 9 erreichen sollte: »Ich wachse über mich selbst hinaus.« Sowohl als Symbol der Selbsterkenntnis als auch als Wegweiser für die richtige Schrittfolge zeigt sich die 9 im Enneagramm. Ursprünglich beschrieb es einen 9stufigen Entwicklungsprozess. *Jakob Böhme*, ein bekannter deutscher Mystiker und Philosoph aus dem 16. Jh., schrieb: »9 ist die Zahl der Tinktur; bis in die neunte Zahl sollen wir gehen, weiter nicht; in der neunten Zahl sieht man alle Dinge.«

Das Bagua des Feng Shui zeigt vier Haupt- und vier Zwischenrichtungen an. Die Orientierung erfolgt aus der Mitte, dem Sitz der 9, diese symbolisiert das Zentrum, den Ort der Gesundheit. Als Potenzierung der göttlichen 3 (3 x 3) hat die 9 eine starke, religiöse Bedeutung. Im Christentum gibt es die Vorstellung von 9 himmlischen Engelschören und einem 9-stufigen Himmel, und in der Bergpredigt sind es 9 Seligpreisungen. Der 9. Tag ist der Tag der Stille, des Lichts, der absoluten Göttlichkeit. Christus starb zur 9. Stunde, die Odyssee dauerte 9 Jahre, ein Kind wird nach 9 Monaten geboren.

Die beiden Worte »neu« und »neun« sind in vielen Sprachen miteinander verwandt bzw. sich sehr ähnlich:

Deutsch	*Italienisch*	*Französisch*	*Spanisch*
Neu	Nuovo	Neuf, neuve	Nuevo
Neun	Nove	Neuf	Nueve

Obwohl die meisten Menschen den Schriftzug anders herum machen, ist auch das Schriftzeichen 9 ein Symbol für den Weg von außen nach innen, ihr Kehrbild, die Zahl 6 gilt als fruchtbar und geht aus sich heraus.

Die 9 steht für physikalische Kräfte, Materialismus und Transformation. Ihr Vielfaches lässt sich am Ende immer wieder auf die 9 zurückführen, z. B. 3 x 9 = 27, Quersumme 2 + 7 = 9. Das bedeutet, dass diese Zahl immer erhalten und immer sie selbst bleibt. Somit bekommt sie eine Beziehung zum göttlichen Urgrund, der war, der ist und der sein wird, gleichgültig, welche Formen er annimmt.

Symbolik: Das Zeichen der 9 ist die Spirale

Sie gilt als eines der ältesten Sinnbilder überhaupt und erschien schon auf Felszeichnungen, im alten Ägypten oder in keltischen Ornamenten. Auf vielen alten Schmuckstücken findet sich dieses Symbol. Als rechtsdrehende Spirale bedeutet es Schöpfung. Von einem Punkt verbreitet sich alles nach außen. Die linksdrehende Spirale ist ein Zeichen der Rückkehr zur Einheit. Es ist ein Weg der Verinnerlichung, denn von außen nach innen kehren wir zurück in die Mitte, zu uns selbst, zu Gott. Die Spirale ist ein Symbol für die Einheit von Körper, Geist und Seele. In der Natur können wir immer wieder Spiralformen entdecken, z. B. bei Schneckenhäusern oder im Fruchtstand von Pflanzen, bei Sonnenblumen und Zapfen von Nadelbäumen. Auch eine Spinne spinnt ihr Netz meist spiralförmig. Das wohl wichtigste Beispiel ist aber sicherlich die DNS-Spirale.

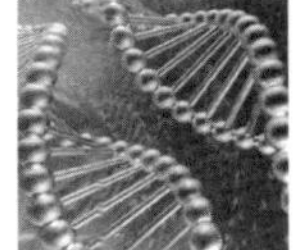

Die Zahl 10

Die 10 ist die Zahl der göttlichen Ordnung, der Vollkommenheit, der Vollendung. Sie beschließt die Zahlenreihe der Einer und beginnt die Reihe der Zehner. Sie besteht aus 1 und 0, hier verbindet sich der Anbeginn, die Zahl 1, mit dem Nichts, der Zahl 0. Auch bei den Pythagoräern war die 10 eine heilige Zahl, denn sie bildet die Summe aus den ersten vier Grundzahlen: 1 + 2 + 3 + 4 = 10. Das Ergebnis aus den 4 Elementen ist die gesamte Schöpfung.

10 Finger haben unsere Hände, zusammengelegt, als betende Hände, begeben wir uns in die göttliche Ordnung. Im Christentum und im Judentum sind uns vor allem die 10 Gebote bekannt. Hier zeigt sich einmal mehr die Zahlenmystik. Die 10 Gebote setzen sich aus 3 Geboten für den Umgang mit Gott + 7 Geboten für den Umgang der Menschen untereinander zusammen. Auch im Buddhismus gibt es 10 Gebote, 5 für den Laien und 5 für den Mönch. Reinigungen und Fastenrituale dauerten 10 Tage. Der kabbalistische Sephirothbaum mit seinen 10 Energiezentren ist ein Sinnbild der ganzen Schöpfung. Die römische X für 10 wurde vielfach mit dem Kreuz assoziiert.

Symbolik: Die Verkörperung der 4 Elemente bzw. der 4 ersten Zahlen – 1+2+3+4 – veranschaulichten die Pythagoreer in dem für sie heiligen Symbol der Vierheit, die Tetraktys.

Dieses Sinnbild hat nach alter Überzeugung genau das, was die Qualität des Heiligen ausmacht. Es ist mehr als die Summe seiner Bestandteile. Die 10 Punkte, aus denen dieses Zeichen besteht, formen gleichzeitig ein göttliches Dreieck, das wiederum für Vollkommenheit und das Gleichgewicht der Polaritäten steht.

Die Zahl 11

Die 11 ist eine Meisterzahl, aber auch eine Märtyrer- und Prophetenzahl. Die 11, also 10 + 1, ist der Neubeginn auf einer höheren Stufe. Hier ist die Kraft der 1 um das Bewusstsein der vorangegangenen Zahlen erhöht. Die 11 ist auch als Zahl der Sünde bekannt, denn sie ist 1 mehr als die 10 Gebote und versinnbildlicht so die Überschreitung der göttlichen Ordnung. Sie ist 1 weniger als die vollkommene 12 und damit das Sinnbild der Unvollkommenheit. Daran erinnern auch gotische Kirchenlabyrinthe, wie z. B. jenes im Boden des Eingangsbereichs der Kathedrale von Chartres, die 11 Umgänge haben. Der Gläubige betritt dieses Symbol der Verwirrungen von Westen, vom Ort des Sonnenuntergangs (= Weltuntergang, Weltgericht) und wird sich auf der Suche nach der (seiner) Mitte in 11 Umgängen seiner Unvollkommenheit und Schuld bewusst.

Im Sephirothbaum mit seinen 10 Energiezentren gibt es noch eine 11. Sephira. Sie heißt Daath und gilt als Symbol der verbotenen Frucht, von der Adam und Eva im Paradies gegessen haben. Die 11 ist aber auch die Differenz zwischen den 365 Tagen unseres Kalenders und den 354 Tagen des Mondkalenders. Die 11 steht somit für die Zeit zwischen den Jahren; eine aus dem Rahmen fallende Zeit, wie sie die meisten Kulturen kennen. Eine verkehrte Zeit, in der die normalen Verhältnisse Kopf stehen. In dieser Zeit zwischen den Zeiten herrscht eine Art »rituelle Anarchie«, in der sich der zivilisierte Mensch vergessen darf. Er wird wieder eins mit den altertümlichen Kräften. Dazu gehören die Rauhnachtsbräuche und andere tolle Tage, wie z. B. unser Karneval oder Fasching, der am 11.11. um 11 Uhr 11 beginnt und von einem 11köpfigen Präsidium geleitet wird. Der Wassermann, das 11. Tierkreiszeichen, spiegelt diese Themen wider. Mit der 11 hat die letzte Stunde begonnen.

Symbolik: Das Labyrinth

symbolisiert die Zahl 11. Es hat in seinem Ursprung nichts mit einem Irrgarten zu tun, in dem aus verschiedenen Möglichkeiten der richtige Weg zur Mitte gesucht werden muss. Das ursprüngliche Labyrinth wird in seiner Grundform immer gleich dargestellt. Ein verschlungener Weg führt zur Mitte des Labyrinths. Der Weg hat weder Abzweigungen noch Sackgassen. In der Mitte angekommen, führt der Pfad auf gleichem Wege wieder hinaus. Man wird wie von einer unsichtbaren Hand (Gottes Hand?) geleitet.

In einem Labyrinth steckt reichlich Symbolik, eine Vielzahl an Deutungen und Bedeutungen. Es verbindet das Quadrat und den Kreis zu einer Figur. Das Quadrat ergibt sich, indem man in die Mitte des Labyrinths, um das Kreuz herum, die Eckpunkte der Wegbegrenzungen verbindet. Der Kreis findet sich in den Wegen des Labyrinths um die Mitte herum. Kreis und Quadrat sind die Symbole für Himmel und Erde, Geist und Körper und somit zusammen Symbole für die Welt und das Leben – die Ganzheit. Die Erde ist mit ihren 4 Himmelsrichtungen vom Kreis des Himmels umschlossen.

Wer ein Labyrinth betritt, hat das Ziel bereits vor Augen. Die Distanz scheint nur kurz zu sein. Doch der Weg führt um die Mitte herum und dann wieder weiter weg. Das Labyrinth ist ein Symbol für den komplexen Lebensweg des Menschen. Auf der Suche nach sich selbst liegt ein langer, unbekannter Weg mit überraschenden Wendungen. Das Labyrinth hat zwei Wege, einer führt hinein und der andere heraus aus der Mitte. Der Weg hinein ist voller unbekannter Dinge. Um den Weg hinausgehen zu können, ist eine Kehrtwendung unerlässlich. In der Umkehr liegt der Schritt in die Freiheit, ein Gedanke der Auferstehung und des Neubeginns. Der Weg heraus ist ein stiller, demütiger Weg, der zur Liebe führt.

Die Zahl 12

Die 12 ist ebenso eine heilige wie vollkommene Zahl, denn auch sie ergibt sich aus der göttlichen 3 und der irdischen 4: 3 x 4 = 12. Wir kennen 12 Tierkreiszeichen, 12 Monate vollenden das Jahr. Die Zahl 12 steht für zyklisch wiederkehrende Erfahrungen, aus denen wir lernen und Erkenntnisse gewinnen. Als Doppelung, als 2 x 12, kennen wir sie als Stunden des Tages und als Tage des Advents. Anschließend, nach der Adventszeit, ab dem 25.12. folgen die 12 Rauhnächte. Das gute alte Dutzend (lat. duodecim = zwölf) war früher eine gängige Maßeinheit. Man muss bis 12 zählen, um das Ganze zu erfassen. Das zeigt sich im Deutschen und im Englischen auch in der Eigenart, dass bis 12 jede Zahl einen eigenen

Namen hat. Aus der Bibel kennen wir die zwölf Stämme Israels, das 12-Prophetenbuch des Alten Testaments, die 12 Jünger und die 12 Apostel. Das letzte Buch der Bibel, die Offenbarung des Johannes, ist ganz und gar von Zahlensymbolik durchdrungen. Dort ist die 12 die Maßzahl für das neue Jerusalem, den Ort der Erlösung. Diese Stadt Gottes ist auf 12 Edelstein-Fundamenten gebaut mit 12 Toren aus 12 Perlen, die den Namen der 12 Stämme Israels tragen und von 12 Engeln bewacht werden. Darin kommt nicht nur die Heiligkeit der 12 zum Ausdruck, sondern auch die Idee des Ziels. Mit der 12 schließt sich der Kreis, und sie symbolisiert damit auch das glückliche Ende der langen Reise, das erreichte Ziel. In der Vision des Johannes ist es 12 mal 12000 Auserwählten beschieden, am Ende der Zeiten in dieser himmlischen Stadt zu leben.

In Märchen und Mythen kommt die 12 ebenfalls häufig vor. Es sind z. B. 12 Jäger, 12 Prinzessinnen, 12 gute Feen oder eben 1 Dutzend Soldaten. Auf dem Ziffernblatt der Uhr zählen wir die 12, dann ist der Kreis vollendet. Solange das höchste aller Ziele jedoch noch nicht erreicht ist, besagt das Ende eines Zyklus stets, dass ein neuer Zyklus mit eins beginnen muss, da es andernfalls 13 schlägt. Es geht um die Bereitschaft, das eigene Ich zu opfern. Solange die 1 und die 2 nebeneinander stehen und keine Vereinigung zur 3 stattfindet, kann nichts Neues entstehen. Wir pendeln zwischen der Polarität von 1 und 2. Diese können wir als quälend empfinden, da wir zwei Sachen gleichzeitig wollen, die sich aber anscheinend gegenseitig ausschließen, z. B. wenn wir uns zwischen Familie und Beruf, spiritueller Suche und materiellen Notwendigkeiten, Freiheit und Geborgenheit, Vernunft und Instinkt entscheiden sollen. Die Lösung liegt darin, nicht zwischen den beiden Extremen (1 oder 2) hin und her zu pendeln, sondern die goldene Mitte, die 3, zu finden und Verbindungen zu schaffen.

Symbolik: Das geometrische Symbol der Dodekaeder, der Zwölfflächner

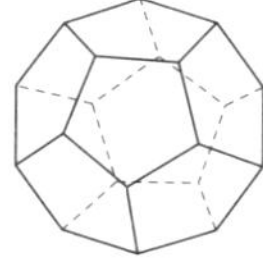

symbolisiert die Zahl 12. Er besteht aus 12 Fünfecken. Dieser Kombination liegt eine tiefe Symbolik zugrunde. Sie verbindet den Menschen (5) mit dem göttlichen Raum (12). Die Zahl 1 steht für das Männliche und die Zahl 2 für das Weibliche, zusammen ergeben sie die Vollkommenheit.

Die Zahl 13

Die Zahl 13 ist eine bemerkenswerte Kraftzahl, welche die Strukturen der Zahl 12 soweit auflöst, dass ein Übergang in eine neue Ebene möglich wird. Die Zahl 13 gilt gemeinhin als Unglückszahl, vor allem, wenn der 13. eines Monats auf einen Freitag fällt. Über den Ursprung dieses Aberglaubens herrscht leider keine Einigkeit. Die Zahl 12 ist, wie bereits erwähnt, eine vollkommene Zahl, sie ist der Abschluss eines Zyklus, mit ihr schließt sich der Kreis.

Die Zahl 13 wiederum ist die Nabe, die Mitte in diesem Kreis. Jesus befindet sich mitten unter seinen Jüngern, er ist der vereinigende Punkt. Die Mitte symbolisiert die Transformationskraft, die durch das Opfer des Einen und die Erlösung des Ganzen entsteht. Dazu ist aber auch der Blick in die Mitte und die Auseinandersetzung mit dem Ende erforderlich. Besonders in den letzten Jahrzehnten ist dies in unserer Kultur nicht mehr üblich; man blickt weg, der Tod wird verdrängt, wir wenden uns ab und verlieren die Mitte, die Transformation aus den Augen, dadurch verliert die Zahl 13 ihre erlösende Kraft. Die Zahl 13 löscht sämtliche Informationen, die mit Schuld und Karma zu tun haben.

Der Freitag ist Freya gewidmet, der nordgermanischen Göttin der Liebe, und damit auch ihrem römischen Gegenstück, der Venus. Wo wir dann auch wieder bei der Zahl 13, der Venuszahl angekommen sind. Man kann davon ausgehen, dass es sich beim Freitag in früheren Zeiten um einen Freuden- und Festtag gehandelt hat, der erst später zu einem Unglückstag umgedeutet wurde, weil das Patriarchat die weibliche Kraft nicht anerkannte. Man denke an die zahlreichen Hexenverbrennungen im Mittelalter und die weit bis ins 20. Jahrhundert hineinreichende Unterdrückung der Frauen.

Die Zahl 13 entdecken wir auch in den Zyklen des Mondes wieder. Es gibt in manchen Jahren 13 Vollmonde. Viele religiöse Feste der großen Religionen werden auch heute noch nach Mondkalendern berechnet. In der Esoterik, der Numerologie und auch in der Wissenschaft spielt die 13 eine wichtige Schlüsselrolle. Die Venus zieht im Laufe von 8 Jahren ein Pentagramm (siehe Symbolik Zahl 5) um die Erde. Die Venus umrundet in dieser Zeit 13mal die Sonne. Es vergehen also 8 Erdenjahre und 13 Venusjahre, währenddessen ein 5-Stern, ein Pentagramm, um die Erde entsteht. Bei der Venus treffen wir auf die Abfolge der Zahlen 5, 8, 13, welche nebeneinander liegende Zahlen in der berühmten Fibonacci-Reihe sind, die den mathematischen Code für den Goldenen Schnitt beinhaltet. (Hierbei wird immer die Summe der beiden vorhergehenden Zahlen mit der vorhergehenden Zahl addiert, also 1+2=3, 2+3=5, 3+5=8,5+8=13 usw.)

Die 13 finden wir auch physiologisch an einer äußerst bedeutsamen Stelle, nämlich bei der Entstehung des menschlichen Körpers. Am 13. Tag nach der Befruchtung bildet der Embryo die Nabelschnur aus und verankert sich dadurch erstmals wirklich in dieser Inkarnation. Mit dem Ausbilden der Nabelschnur haben wir uns an den Blutkreislauf unserer Mutter angeschlossen. Unsere leibliche Mutter ist die menschliche Vertreterin der Mutter Erde. So hat diese Begebenheit eine ebenso wichtige Bedeutung wie die Befruchtung der Eizelle und die Geburt selbst. Nach diesem Ereignis, dem Anschluss an den Blutkreislauf der Mutter, vergehen in der Regel noch 20 mal 13 Tage bis zur tatsächlichen Geburt.

Symbolik: Als Symbol für die Zahl 13 haben wir die Venusblume nach Werner Neuner gewählt. Die 13 ist die Zahl der Weiblichkeit, der weisen Frauen, der neuen Göttinnen und deshalb eine Venuszahl. Sie bringt eine große Kraft bedingungsloser Liebe mit. Die Venusblume ist ein Mandala in fünffacher Fünferstruktur. Sie besteht aus fünf (nicht sichtbaren) Kreisen, die sich nach den Regeln der »Heiligen Geometrie« im Verhältnis des Goldenen Schnitts vergrößern. Auf jedem dieser fünf Kreise liegen fünf Punkte. Verbindet man diese Punkte durch fließende Linien, so entsteht die Venusblume. Mit der Venusblume laden wir die hilfreichen Kräfte der Venus ein, im Einklang mit Mutter Erde ins Bewusstseinsfeld einzustrahlen, um sich von dort aus im gesamten Menschheitsbewusstsein auszubreiten.

Die Zahl 0

Die Zahl 0 als Zeichen ist erst etwa 1000 Jahre alt und stammt aus Indien. Die 0 ist in der Mathematik sehr spannend. Sie lässt die Zahlen wachsen: Aus einer 1 macht sie ganz schnell eine 10. Die 0 kann aber auch andere Zahlen verschwinden lassen: 1 x 0 = 0. Alles was mit 0 multipliziert wird, wird zum Nichts. Die 0 steht für die Kraft und die Energie, die noch nicht da ist, aber noch entstehen kann.

Symbolik: Auch wenn diese Zahl noch relativ jung ist, gehört ihr Zeichen, der Kreis,

zu den ältesten Zeichen der Menschheit. Er ist das Sinnbild des Vollkommenen. Als Ehering, der die Verbindung mit dem Partner symbolisiert, oder als Kranz, den wir auf ein Grab legen. Dort zeigt er, neben unsere Verbundenheit mit dem Verstorbenen, auch, dass Leben und Tod zusammengehören und ein Ganzes bilden. Der Kreis findet sich in vielen Kulturen, Religionen und Mythologien wieder. Er symbolisiert das weibliche Prinzip, das Runde der Erde, die Einheit, Ganzheit und Harmonie. Der Kreis ist eine Linie, die in sich selbst zurückführt. In ihm gibt es weder eine bestimmte Richtung noch einen Anfang oder ein Ende. Der Kreis bleibt in seiner Geschlossenheit immer gleich. Diese geometrischen Beschreibungen eignen sich, um uns dem Begriff des Göttlichen zu nähern. Auch das Göttliche bleibt sich immer gleich, ist unveränderlich, es hat weder Anfang noch Ende und ist in seinem Wirken absolut und ewig.

Ein weiteres Symbol für die Zahl 0 ist der »Ouroboros« – die Schlange, die sich selbst in den Schwanz beißt. Sie gehört zu den ältesten Bildern der Menschheit. In der Alchemie ist sie Sinnbild für den Urstoff, aus dem alles hervorgeht. Da in der Gestalt des Ouroboros Anfang und Ende, Kopf und Schwanz miteinander verbunden sind und sich die Enden noch nicht gelöst haben, wird er als Symbol dafür gesehen, was nach menschlicher Vorstellung vor aller Schöpfung war. Himmel und Erde, Licht und Finsternis, Gut und Böse, Mann und Frau waren im Göttlichen vereint. Daher ist der Ouroboros ein Sinnbild für die Einheit der Gegensätze. Erst wenn sich der Biss gelockert und gelöst hat, wird aus der Einheit die Zweiheit, die Pole trennen sich voneinander. Der Ouroboros symbolisiert die Ewigkeit und die Unendlichkeit.

Das dritte Symbol, das wir der Zahl 0 zuordnen können, ist die Ellipse. Sie schenkt Geborgenheit und Schutz – wie die Aura, die unseren Körper wie eine Hülle umgibt. Die Ellipse ist die Urform aller planetaren Frequenzen, denn die Bahn der Planeten verläuft ellipsenförmig auf ihrem Weg »rund« um die Sonne.

Kurzfassung der Zahlensymbolik

Verbindung zum Kosmos

1 Einheit – Erkenntnis

\+ Selbstvertrauen, Selbstbewusstsein, Inspiration, Weisheit, Mut, Stärke

– Schüchternheit, Ego, Kopflastigkeit

Zweiheit, Dualität

2 Unterscheidungen – Polarität

\+ Sensitivität, Intuition, Traumbewusstsein, außersinnliche Wahrnehmung, Hilfsbereitschaft, Anpassungsfähigkeit

– Zweifel, Wankelmut, Sucht

Dreiheit

3 Kreativität – Lebensfreude

\+ Initiative, Selbstausdruck, Heilung

– Eitelkeit, Geltungsdrang

Welt, Materie

4 Stabilität – Realisierung

\+ Liebe zur Natur, Ausdauer, Disziplin und Konzentration bei der Arbeit

– Sicherheitsdenken, Starrheit

Pentagramm

5 Freiheit – Kommunikation

\+ Urvertrauen ins Gefühl, Expansion, Reisen, Abenteuer, Neues

– Ängstlich, rastlos, nervös

Davidsstern, Hexagramm

6 Lebenskraft – Durchsetzung

\+ Harmonie und Frieden, Liebe, Familie, Entschlossenheit, Heilkraft

– Besitzergreifend, verurteilend, macht sich unnötig Sorgen

7-armiger Leuchter

7 Mystik – Lebensfülle

\+ Urvertrauen ins Leben, Intuition, Intelligenz, Vitalität, Spiritualität, Fülle im »All-Eins-Sein«

– Einsam, verletzlich, Illusionen

Das Herz öffnen

8 Gerechtigkeit – Ausgleich

\+ Harmonie, Lebensfreude, Mut, Stärke, Geschäft, Vervollkommnung

– Beziehungsschwierigkeiten, Kontrolle, Bequemlichkeit

Vollendung des Zyklus, Spirale

9 Universale Liebe – Mitgefühl

\+ Selbstliebe, Dynamik, Vermittlung, Idealismus, Transformation

– Mitleid und Selbstmitleid, Ungeduld, Rastlosigkeit

Ohne Anfang und Ende

0 Wandlung – Neubeginn

\+ Geistiges Wachstum, Herausforderungen, gutes Gedächtnis, Vorstellungskraft

– Empfindlichkeit, unruhig, abhängig, aufopfernd

Zahlencode

Das schönste, was wir erleben können, ist das Geheimnisvolle.
Albert Einstein (deutscher Physiker)

Und Geheimnisvolles können Sie auch mit Symbolen erleben. Sie können mit den vorgestellten Symbolen einen Zahlencode erstellen.

Ein Code ist ein Zeichensystem als Grundlage für die Kommunikation und die Übermittlung von (geheimen) Nachrichten. Sie können auf diese Weise Eingeweihten kleine Nachrichten zukommen lassen, Telefonnummern, PIN oder Passwörter verschlüsseln. Ihrer Kreativität sind hierbei keine Grenzen gesetzt.

0 =	10 =	20 =	30 =
1 =	11 =	21 =	31 =
2 =	12 =	22 =	
3 =	13 =	23 =	
4 =	14 =	24 =	
5 =	15 =	25 =	
6 =	16 =	26 =	
7 =	17 =	27 =	
8 =	18 =	28 =	
9 =	19 =	29 =	

Zum Üben können Sie sich zum Beispiel gleich an Ihren Geburtsdaten versuchen. So sieht mein Geburtsdatum als Zahlencode aus:

16.09.1975 =

Oder verschlüsseln Sie Ihre Telefonnummer. Hier ein fiktives Beispiel:

0821 - 12 34 56 =

usw.

Teil 2: Berechnung und Deutung unserer Zahlen

Welche persönlichen Zahlen bringe ich mit?

Gib dem Ding einen Namen, und es wird sein.
Pythagoras (griechischer Philosoph und Mathematiker)

Von unseren Eltern haben wir einen Namen erhalten, und durch die Geburt auch ein Geburtsdatum. Diese Zahlen sagen vieles über unseren Weg, unser Lebensziel und über die Hindernisse, die wir überwinden müssen. Wenn wir unsere Zahlen kennen, wissen wir auch, welche Aufgaben und Möglichkeiten wir haben und welche Änderungen wir in unserem Leben erwarten.

»Ist die Sippe in Ordnung, so kommen die ganzen Gesellschaftsbeziehungen der Menschheit in Ordnung. Die Sippe ist die Keimzelle des Gesellschaft, der Naturboden, auf dem die Ausübung der moralischen Pflichten durch natürliche Zuneigung erleichtert wird, so dass im engen Kreis die Grundlage geschaffen wird, von der sie dann auf die menschlichen Beziehungen im allgemeinen übertragen werden.« (*I GING – Buch der Wandlungen* von Richard Wilhelm)

Durch den Namen, den wir von unserer Sippe bekommen, bringen wir unser *irdisches Karma und unseren »freien Willen«* mit. Mit dem »freien Willen« gesteht uns die Göttlichkeit zu, in Freiheit zu leben. Von unseren Eltern bekamen wir für unser irdisches Leben ihre Gene mit, und von unserer Sippschaft »erhielten« wir Prägungen, Dogmata, Emotionen, Erfahrungen und Traditionen – im Guten, wie im Schlechten. Diese Meinungen und Dinge übernimmt der Mensch unbewusst. So sind manche Überzeugungen in erster Linie Standpunkte von anderen.

Entdecken wir unsere eigene Wahrheit! Wir sind für unser Leben verantwortlich. Besonders unseren Kindern sollten wir die Möglichkeit geben, sich frei zu entfalten. Das heißt aber nicht, dass sie sich nicht an Regeln halten müssten, denn Disziplin im Leben muss auch geübt werden und ist für das spätere Leben sehr wichtig. Wir als Erwachsene haben die Möglichkeiten, ihnen Werte vorzuleben, ohne sie in ihrer eigenen Entfaltung zu hindern. Dass dies nicht leicht ist, versteht sich fast von selbst. Bereits *Dr. Edward Bach* sagte: »Es sei daran erinnert, dass das Kind, dessen zeitweiliger Beschützer wir sind, eine viel ältere und größere Seele sein kann als wir selbst, dass es spirituell vielleicht sogar über uns steht, so dass Kontrolle auf die Bedürfnisse der jungen Persönlichkeit begrenzt werden sollte.« Den Kindern sollten wir aber – selbstverständlich – Schutz geben, wenn es nötig wird.

Von den Kindern

Khalil Gibran, aus »Der Prophet«

Und eine Frau, die einen Säugling an ihre Brust drückte, sagte: Sprich zu uns von den Kindern, Meister.

Und er sagte: Eure Kinder sind nicht eure Kinder. Sie sind die Söhne und die Töchter der Sehnsucht des Lebens nach sich selbst. Sie kommen durch euch, doch nicht aus euch, und sind sie auch bei euch, gehören sie euch doch nicht.

Ihr dürft ihnen eure Liebe geben, doch nicht eure Gedanken, denn sie haben ihre eigenen Gedanken.

Ihren Körpern dürft ihr eine Wohnstatt bereiten, doch nicht ihren Seelen, denn ihre Seelen wohnen im Haus der Zukunft, und das bleibt euch verschlossen, selbst in euren Träumen.

Ihr dürft danach streben, ihnen ähnlich zu werden, doch versucht nicht, sie euch ähnlich zu machen.

Denn das Leben schreitet nicht zurück, noch verweilt es beim Gestern.

Ihr seid die Bogen, von denen eure Kinder als lebendige Pfeile abgeschnellt werden. Der Schütze sieht die Zielscheibe auf dem Pfad des Unendlichen, und Er beugt euch mit Macht, damit Seine Pfeile um so geschwinder und weiter fliegen.

Jedes Kind sucht sich seine Eltern selbst aus, da es mit und von diesen am meisten lernen kann. Unsere Anlagen und Fähigkeiten müssen so eingesetzt werden, dass wir auf den für uns relevanten Lebensgebieten Erfolg ernten. Diese Aussage steht jedoch im Widerspruch zu der Erziehung, die wir erhalten haben. Meist sind wir dazu erzogen worden, brav und anständig zu sein, uns zurückzunehmen und uns anzupassen. Anlagen wie Durchsetzungsfähigkeit, selbstständiges Handeln, eigene Erfahrungen machen zu dürfen und ein eigenes Vorstellungsvermögen auszubilden, steht den Kindern oft nicht zu. Viele haben zu Hause Aggressionen und Wut, Süchte und Abhängigkeiten, Lieblosigkeit und Tränen, Neid und Missgunst usw. erlebt. Eltern und Großeltern können und konnten uns in Bereichen wie z. B. Liebe, Harmonie, Kommunikation, Selbstverwirklichung und Freiheit nicht immer als Vorbilder dienen. Bedenken Sie, dass Eltern und Großeltern zu einer ganz anderen Zeit aufgewachsenen sind. Teilweise haben sie einen oder sogar beide Weltkriege miterlebt. In den vorangegangen Generationen waren ganz andere Werte und Dinge wichtig. Ebenso hindern Ängste, Geld- und Beziehungsprobleme Eltern an der freien Erziehung ihrer Kinder. Deshalb ist es unsere Aufgabe, genau hinzusehen, um unsere nicht ausgebildeten Talente und Begabungen zu erkennen und zu entwickeln.

Es ist einfach, von unseren Eltern die religiösen, politischen oder sonstigen Überzeugungen und ihr Modell einer Partnerschaft zu übernehmen oder auch das krasse Gegenteil zu leben. Schwieriger ist, unsere eigenen Überzeugungen und unsere eigenen Wahrheiten zu finden und uns etwas Eigenes aufzubauen. Sehen Sie dies als kreativen Teil auf Ihrem Schicksalsweg!

Die Numerologie zeigt uns unsere Fähigkeiten und Schwächen auf. Daraus können wir ableiten, an welchen Themen wir »arbeiten« müssen, um alles ins Lot zu bringen. Das irdische Karma schließt Belehrungen und Anweisungen für bestimmte Verhaltensweisen und sogar Warnungen mit ein. Dies ist aus gutem Grund so. Wir sind hier, um zu lernen und um uns geistig ständig weiterzuentwickeln. Die Hinweise, die wir erhalten, sind Wegweiser, die uns den Weg zur Erfüllung unseres kosmischen Karmas anzeigen.

Die Persönlichkeit entwickelt sich im Laufe des Lebens
aus schwer oder gar undeutbaren Keimanlagen,
und erst durch unsere Tat wird es offenbar, wer wir sind.
C. G. Jung

An unserem GeburtsTAG wird uns das *kosmische Karma, der »göttliche Wille«* mit auf den Weg gegeben.

Der »göttliche Wille« führt uns zu unserem Lebensziel und dazu, unseren Seelenauftrag zu erfüllen. Im Geburtsdatum wurde das Wachstum, das unser Seelenbewusstsein dafür benötigt, codiert hinterlegt. Dies wurde bereits in der geistigen Welt – also vor unserer tatsächlichen Geburt – mit uns zusammen in einer Art Vertrag festgelegt. Wir werden an einem bestimmten Datum und zu einer ganz bestimmten Uhrzeit geboren. Selbst wenn zur Zeit der Geburt »manipuliert« wird, sei es durch Kaiserschnitt oder durch eine künstliche Einleitung, alles hat seinen Grund, denn auch den Geburtsweg sucht sich die Seele selbst aus.

Bildliche Zusammenfassung

Aus dem Geist bist du entstanden,
mit einer Lebensaufgabe und einer karmischen Bestimmung…
QUELLE UNBEKANNT

Ihr Name bringt das *irdische Karma* mit, das heißt, *einen freien Willen* zu haben.

Gene aus der Familie führen zu:

- Prägungen
- Emotionen
- Gesundheit
- Erfahrungen
- Traditionen

Daraus wird berechnet:

- Namenszahl
- Herzzahl
- Persönlichkeitszahl
- Schicksalsweg
- Lebensziel
- Seelen-Motivation

Ihr Geburtsdatum bringt das *kosmische Karma* mit, das heißt, den *göttlichen Willen* wahrzunehmen.

Welche Erfahrungen braucht die Seele?
Was müssen wir in diesem Leben lernen?
Was haben wir uns vorgenommen?
= »Vertrag«

Daraus wird berechnet:

- Schicksalszahl
- Geburtstagszahl

Welche Erkenntnisse erhalte ich über meine Zahlen?

Alles Wissen besteht in einer sicheren und klaren Erkenntnis.
René Descartes (französischer Schriftsteller und Philosoph)

Aus dem Namen und dem Geburtsdatum können wir die nachfolgend genannten Zahlen berechnen und sie anschließend erforschen. Durch eine Heirat ändern sich die Zahlen in unserer Namensanalyse. Es kommen nun auch die Schwingungen unserer »neuen« Familie hinzu.

Dem irdischen Karma entnehmen wir:
- Namenszahl
- Herzzahl
- Persönlichkeitszahl
- Schicksalsweg
- Seelenmotivation

Das ***Lebensziel*** entsteht aus der Verbindung des irdischen und des kosmischen Karmas.

Dem kosmischen Karma ordnen wir zu:
- Schicksalszahl
- Geburtstagszahl

Eine Hochzeit, eine Unternehmensgründung, der erste Tag an einer neuen Arbeitsstelle usw., auch sie geschehen an einem bestimmten Tag, es wird etwas Neues »geboren« (eine Ehe, ein Unternehmen usw.), deshalb kann man über die Geburtstagszahl ihren Charakter berechnen.

Um ein umfassenderes Bild von den eigenen Wurzeln zu erhalten, können wir die Namen und Geburtsdaten der Familienmitglieder analysieren. So verstehen wir im Nachhinein manche Familiensituation oder Konflikte besser. Allerdings bitten wir darum, mit den Informationen, die sich durch eine Analyse ergeben, sensibel umzugehen und einige Regeln einzuhalten:
- Analysen dürfen, außerhalb der Familie, nur mit Einverständnis oder auf Anfrage erstellt werden.
- Von bereits verstorbenen Menschen darf eine Auswertung angefertigt werden.

- Bevor Sie die erhaltenen Ergebnisse weitergeben, lassen sie diese in Ruhe auf sich wirken.
- Wir urteilen und verurteilen nicht.
- Selbstverständlich wird nicht mit Dritten über das Resultat der Analyse gesprochen.

Jede Namensanalyse ist Energiearbeit, dadurch können Veränderungen eintreten, die selbstverständlich auch Auswirkungen haben. Denken wir an das Gesetz von Ursache und Wirkung, denn wir müssen auch hier die Verantwortung übernehmen, selbst wenn wir anderen helfen möchten.

Namenszahl (NZ)

Ergibt sich aus der Quersumme aller Buchstabenwerte des Namens

Sie zeigt uns unser irdisches Karma und ist damit Träger von Schicksal und Charakter aus unserer Familie. Sie enthält unsere Persönlichkeit und die Art und Weise, wie wir unseren Lebensweg meistern.

Herzzahl (HZ)

Ergibt sich aus der Quersumme der Zahlenwerte der Selbstlaute (Vokale) des Namens

Die Herzzahl offenbart uns unsere Persönlichkeit, unser Innerstes, unsere Gefühle gegenüber unseren Mitmenschen und unserer Umwelt.

Persönlichkeitszahl (PZ)

Ergibt sich aus der Quersumme der Zahlenwerte der Mitlaute (Konsonanten) des Namens

Diese Zahl zeigt wie wir nach außen wirken und wie andere uns sehen oder was andere von uns – aufgrund des Bildes, das sie von uns haben – erwarten.

Schicksalszahl (SZ)

Ergibt sich aus der Quersumme des Geburtsdatums

Diese Zahl zeigt unser Schicksal, die menschliche Bestimmung auf Erden, und sie zeigt uns unsere Talente und Fähigkeiten, die wir uns erarbeiten oder ablegen sollten.

Geburtstagszahl (GZ)

Ergibt sich aus der Quersumme des Geburtstages

Die Geburtstagszahl zeigt uns unsere Vergangenheit, das seelisch-geistige Erbe, die Essenz des letzten Lebens. Es sind Geschenke, die wir positiv umsetzen sollten. Wir bekommen wichtige Zusatzinformationen zu unserer Schicksalszahl.

Schicksalsweg (SW)

Ergibt sich aus der Quersumme von Herzzahl und Persönlichkeitszahl und ist gleich der Namenszahl

Der Schicksalsweg zeigt uns den Weg, den wir finden und gehen sollten.

Lebensziel (LZ)

Ergibt sich aus der Quersumme von Namenszahl und Schicksalszahl

Das Lebensziel zeigt uns vor allem, was in unserer zweiten Lebenshälfte (ab dem 35. Lebensjahr) wichtig ist bzw. sein wird, sowie unsere Wirkungsmöglichkeiten und die Früchte unserer Arbeit.

Warum ausgerechnet das 35. Lebensjahr?

Mit 5* x 7** Jahren sind wir in der Mitte des Lebens angelangt. Die Kindheit und die Jugend liegen hinter uns. Beruflich stehen wir inzwischen meist auf eigenen Füßen, und wir haben eine eigene Familie. Jeder Mensch steht also stabil im Leben und kann mit seinen Tugenden, Talenten und positiven Schwingungen sein Leben selbst bestimmen und erwartungsvoll in die Zukunft blicken. Erich Bischoff schreibt in seinem Buch »Mystik und Magie der Zahlen«: »Zwischen 35 und 42 Jahren liegt bei geistig erweckten Personen der Zeitraum des frischesten und erfolgreichsten geistigen Strebens und Wirkens; spätere oder wenigstens erst später sichtbare Erfolge sind lediglich die Früchte dieser fruchtbarsten Tätigkeitsspanne.«

* Die 5 ist die Zahl der Mitte. Sie ist die Mitte der 9 Grundzahlen und kann in beide Richtungen blicken, nach vorne in die Zukunft und zurück in die Vergangenheit.

** Zahlreiche Geistesrichtungen gehen davon aus, dass das menschliche Leben in 7jährigen Zyklen verläuft. Dieser Rhythmus lässt uns die anstehenden Herausforderungen erahnen, die uns auf unserem Lebensweg begegnen.

Seelenmotivation (SM)

Ergibt sich aus der Quersumme der Zahlenwerte der Anfangsbuchstaben

Diese Zahl zeigt uns, warum wir auf der Welt sind, was wir lernen wollen und sollten. Die Seelenmotivation ist also so etwas wie der Türöffner zum Schicksalsweg.

Welche Erkenntnisse wir durch unsere Zahlen erhalten, haben wir in diesem Kapitel erläutert. In den nachfolgenden Kapiteln erklären wir nun ausführlich die Berechnung und die Bedeutung der jeweiligen Zahlen.

 ! (= Viel Spaß!)

»Die Berechnung ist ein Spiel. Spiele es.«

Das Leben ist ein Spiel.
Spiele es.
SATHYA SAI BABA (INDISCHER WEISHEITSLEHRER)

Vom Beginn unseres Lebens an sind wir mit unseren persönlichen Geburts- und Namenszahlen ausgestattet. Sie geben uns Aufschluss über die Lektionen, die wir im Leben zu lernen haben, über unser spirituelles Wachstum und die Entwicklung, zu der wir fähig sind. Aber nicht nur unsere Geburtszahlen können berechnet werden, wir können alles berechnen, was einen Namen hat: Menschen, Tiere, Pflanzen... Viele Menschen haben ähnliche oder sogar gleiche Zahlen, aber durch die uns gegebenen Lebensumstände lebt jeder sein eigenes Leben und seine Zahlen anders als seine »Zahlenkollegen«. Die jeweilige Kultur und das Umfeld nehmen Einfluss auf unseren Lebensweg. Die Gene und Prägungen, die uns mitgegeben wurden, formen uns. Unsere Interessen, Überzeugungen und Wertvorstellungen machen uns zu individuellen Menschen.

In diesem Kapitel zeigen wir wie die Berechnung funktioniert. Wir verwenden die Zahlen 1 bis 9 und die Doppel- bzw. Leitzahlen 11, 22, 33 und 44. Die Zahlen 1, 2, 3 und 4 waren für Pythagoras heilige Zahlen. Sie symbolisierten die gesamte Schöpfung. Die Summe dieser vier Zahlen ergibt die »vollkommene« Zahl 10. In dieser beginnt der Kreislauf in der höheren Bewusstseinsebene des Lebens wieder von vorne.

Zuordnungstabelle nach Pythagoras:
Den Buchstaben des Alphabets werden fortlaufend die Zahlen 1 bis 9 zugeordnet. Deutsche Umlaute und ß werden wie üblich umgewandelt:

Ä = AE, Ö = OE, Ü = UE und ß = SS

1	**2**	**3**	**4**	**5**	**6**	**7**	**8**	**9**
A	B	C	D	E	F	G	H	I
J	K	L	M	N	O	P	Q	R
S	T	U	V	W	X	Y	Z	

Diese Tabelle findet sich noch einmal im Kapitel »Namenszahl«, auf den Umschlagklappen und in den Kopiervorlagen am Ende dieses Buches. Je häufiger man mit der Tabelle arbeitet, desto leichter wird der Umgang mit ihr.

Mit Hilfe der o. g. Tabelle können wir jedem Buchstaben einen Wert und eine Schwingung zuordnen.

Unter das Wort oder den Namen, den wir berechnen wollen, schreiben wir den zugehörigen Zahlenwert. Dann müssen alle Zahlen zusammengerechnet und über die Quersumme auf eine einstellige Zahl reduziert werden.

Die Doppelzahlen 11, 22, 33 und 44 bleiben bestehen. Deutungen für alle Doppelzahlen finden sich im Teil 3, ab Seite 142.

Beispiel:

M	U	T	T	E	R
4	3	2	2	5	9

1. Schritt: 4 + 3 + 2 + 2 + 5 + 9 = 25
2. Schritt: 2 + 5 = 7

Zählen wir die einzelnen Werte, 4 + 3 + 2 + 2 + 5 + 9, zusammen, erhalten wir eine Quersumme, in unserem Fall die 25. Diese Quersumme reduzieren wir, bis wir eine Einzelzahl erhalten. Also: 2 + 5 ergibt die Summe 7. Wir haben als Ergebnis die Zahl 7 erhalten.

Die Zahl 7 vermittelt Urvertrauen ins Leben, sie weckt die Kreativität, schenkt Intelligenz und Vitalität. Die 7 lehrt uns materielle und immaterielle Werte, verbindet praktisches Tun mit Fröhlichkeit und Optimismus. Sie schafft und formt, und das Neue trägt ihre Wärme, ihre Kraft und ihre Liebe.

oder:

V	A	T	E	R
4	1	2	5	9

1. Schritt: 4 + 1 + 2 + 5 + 9 = 21
2. Schritt: 2 + 1 = 3

Zählen wir die einzelnen Werte, 4 + 1 + 2 + 5 + 9, zusammen, erhalten wir eine Quersumme, in unserem Fall die 21. Diese Quersumme reduzieren wir, bis wir eine Einzelzahl erhalten. Also: 2 + 1 ergibt die Summe 3. Als Ergebnis haben wir die Zahl 3 erhalten.

Die Zahl 3 steht für Tat- und Entschlusskraft, für Initiative, Kreativität und Lebensfreude. 3er sind fröhlich, großzügig und erfolgreich. Sie unterstützen ihre Mitmenschen und bringen Glück in den Alltag.

oder:

K	I	N	D
2	9	5	4

1. Schritt: 2 + 9 + 5 + 4 = 20
2. Schritt: 2 + 0 = 2

Zählen wir die einzelnen Werte, 2 + 9 + 5 + 4, zusammen, erhalten wir eine Quersumme, in unserem Fall die 20. Diese Quersumme reduzieren wir, bis wir eine Einzelzahl erhalten. Also: 2 + 0 ergibt die Summe 2. Als Ergebnis haben wir die Zahl 2 erhalten.

Die Zahl 2 steht für Sensitivität, Ängstlichkeit und Unsicherheit. Die 2 benötigt Führung durch einen Partner, so wie ein Kind Eltern braucht, die ihm auf liebevolle Art den Weg weisen.

Mit Ausnahme der Doppelzahlen 11, 22, 33 und 44 werden alle Zahlen auf eine einstellige Zahl reduziert. Wenn man die Doppelzahlen als Ergebnis erhält, bleiben sie aufgrund ihrer besonderen Bedeutung unverändert. Diese Zahlen bieten mehr Ausdrucksmöglichkeiten und erfordern auch mehr Anstrengungen von der Person oder der Sache, um die es geht. Sie erfordern das höchste Leistungsniveau und bieten im Gegenzug die größten Gewinnmöglichkeiten.

Beispiel:

E	L	T	E	R	N
5	3	2	5	9	5

1. Schritt: 5 + 3 + 2 + 5 + 9 + 5 = 29
2. Schritt: 2 + 9 = 11

Unser Endwert ist die Zahl 11.

Die Zahl 11 steht für Weisheit, Willenskraft und Ideen. Dadurch erlangen wir Selbstvertrauen und Stärke. Dies alles sind Aspekte, die man als Eltern mitbringen sollte.

Die Doppel- und Meisterzahlen werden in zwei eigenständigen Kapiteln (ab Seite 142 bzw. 153) erklärt.

Nun kennen wir den Rechenweg für jeden Namen und jedes Wort. Auf den folgenden Seiten zeigen wir, wie man seine persönlichen Zahlen finden kann, und erklären, was sie bedeuten. Einiges mag überraschen, vieles wird sich bestätigen und manches wartet noch darauf, anerkannt, entfaltet und umgesetzt zu werden. Die praktische Umsetzung der Zahlenerkenntnis besteht darin, die positiven Eigenschaften zu leben und die negativen abzulegen. Hier liegt die Herausforderung in der Bemühung um Selbsterkenntnis und persönlichen Fortschritt. Alle unsere Aufgaben und Ziele wollen umgesetzt werden. Mit jedem Wunsch, jedem Gedanken und jeder Aufmerksamkeit, die wir unseren Bestimmungen schenken, nähren wir deren Entfaltung und Entstehung. Je öfter wir uns mit der Kraft der Gedanken für eine Lösung unserer Aufgaben einsetzen, desto stärker wird diese Kraft werden.

Nun wünschen wir viel Spaß und Freude bei der Entdeckung Ihrer Stärken und Schwächen, Ihres vielleicht noch ungeahnten Potentials, der Wiederentdeckung Ihrer Intuition und dazu etwas kindliche Unbefangenheit.

Etwas Wichtiges zum Schluss:
Prüfen und rechnen Sie Ihre Zahlen aus der Tabelle und die Rechenschritte immer nach, denn es kann sich schnell einmal ein Fehler einschleichen.

Namenszahl

Auf Grund des Glaubens an seinen Namen hat diesem hier, den ihr seht und kennt, sein Name Kraft geschenkt.
APOSTELGESCHICHTE 3,16

Irgendwann im Leben tauchen die Fragen auf: Wer bin ich? Woher komme ich? Wohin führt mein Weg? Ein guter Ansatzpunkt, diese Fragen zu beantworten, ist, mit dem eigenen Namen zu beginnen. Denn wir sind uns kaum bewusst, wie groß die Wirkung eines Namens ist. Nicht nur bei uns Menschen, sondern auch bei Städten, Straßen, Firmen, Tieren usw. Namen haben eine Bedeutung. Der Name eines Menschen ist niemals zufällig gewählt, sondern entspricht dem Auftrag und Anliegen seiner Seele.

Unser Name soll uns dabei helfen, unsere Lebensaufgabe zu erfüllen. Diesen Namen erhielten wir über die Intuition unserer Eltern.

Für ein Kind sollte ein Vorname gewählt werden, der gut zum Nachnamen und zum Geburtsdatum passt. Je einfacher und klarer ein Name ist, um so natürlicher ist der Namensträger. Bei zwei und mehr Vornamen ist der Mensch zwar vielseitig begabt, aber weiß oft wenig damit anzufangen. Der Vorname sollte, zusammen mit dem Nachnamen, einen schönen Klang haben. Das gibt dem Träger ein inneres Gleichgewicht und bringt Harmonie. Namen, die einen unangenehmen Beigeschmack haben, wie z. B. Claire Grube, schwer auszusprechen oder zu lang sind, bringen den Namensträger aus seiner inneren Balance und lassen ihn seelisch stolpern.

Über unsere Namenszahl erhalten wir Hinweise und eine Art »Gebrauchsanweisung« für bestimmte Verhaltensweisen. Wir sind inkarniert, um unsere Berufung zu finden und sie umzusetzen, zu lernen und uns weiterzuentwickeln. Die Namenszahl beinhaltet auch einen Rat. Unser Name enthält das irdische Karma, und damit bestimmt es unser Schicksal mit. Er enthält unsere Persönlichkeit und die Art und Weise, wie wir unseren Lebensweg meistern. Die Namenszahl zeigt uns, was wir können (sollten) und wie wir es tun. Der praktische Nutzen aus der Namensdeutung ist umfangreich und in allen Situationen des täglichen Lebens anwendbar.

Jeder Name hat von sich aus einen Ursprung und verbirgt einen Hinweis. Dazu als Beispiel die Vornamen der Autorinnen dieses Buches:

Der Name »Sabine« stammt von dem Stamm der Sabiner ab. Das wusste ich schon lange, aber was genau dahintersteckt, interessierte mich bisher eigentlich nicht. Erst jetzt, mit Entstehung dieses Buches, machte auch ich mich auf die Suche nach dem Wert und der Bedeutung meines Namens. Ich fand die Geschichte zu dem Stamm der Sabiner: Die ledigen Sabinerinnen wurden von den Römern kurz nach Gründung der Stadt Rom geraubt, da es einen Männerüberschuss gab. Daraufhin kam es fast zu einem Kriegsausbruch, den die Sabinerinnen mit Verhandlungsgeschick und Verständnis verhinderten. Für mich steht deshalb mein Vorname, der im übrigen die Namenszahl 5 hat, für Kommunikation, Verhandlungsgeschick und Frieden.

Der Name »Editha« ist die lateinische Form von Edith. Edith wiederum kommt aus dem Angelsächsischen und bedeutet »Kämpferin um Besitz und Erbgut«.

Edith hat die Namenszahl 1 und weist auf männliche Eigenschaften hin. Hier lernte ich über den Verstand die Welt kennen. Editha hat die Namenszahl 2 und weist auf weibliche Qualitäten hin. Sensitivität und mediale Begabungen unterstützen hierbei meinen Weg.

Wenn der Name unserem Auftrag auf dieser Erde entspricht, warum »muss« man ihn dann unter Umständen ändern? Wir inkarnieren in eine bestimmte Familie, in der für uns wichtige Verbindungen vorhanden sind. In ihr können wir etwas gutmachen, Angelegenheiten ausgleichen und in unserem Leben wichtige Dinge lernen. Die eigene Familie bietet uns die besten Möglichkeiten, unseren Seelenauftrag zu erfüllen, ob wir nun gute oder schlechte Erfahrungen machen.

Im Erwachsenenalter wird uns evtl. bewusst, dass wir mit unserem Namen nicht mehr weiterkommen, er gefällt uns nicht mehr, und wir ändern ihn deshalb, gegebenenfalls nach einer numerologischen Beratung, ab.

Oder wir nehmen, z. B. durch Heirat, aus beruflichen Gründen (Künstlernamen), nach einem Eintritt ins Kloster, einen neuen Namen, eine neue Herausforderung an.

Der Vorname steht für unsere Persönlichkeit und unsere Wirkung innerhalb der Familie und bei Freunden. Er zeigt unsere Talente, unseren Charakter und bietet uns einen Einblick in unsere Lernaufgaben und Ziele. Der Vorname bleibt auch bei einer Heirat erhalten. Er zieht sich deshalb wie ein roter Faden durch unser Leben.

Der Nachname gehört zu einer ganzen Familie, zu einer ganzen Sippschaft. Er präsentiert die Wirkung, die Ansprüche und den Charakter einer Familie. Der Nachname ist das Bindeglied unserer gemeinsamen Wünsche und Ziele.

Menschen mit den gleichen Vor- und / oder Nachnamen haben die gleichen Anlagen. Namensgleichheiten weisen nur darauf hin, dass es sich um »Mitschüler« mit den gleichen »Wahlfächern« handelt. Allerdings werden ihre Lebenspläne, bedingt durch andere Lebensumstände, unterschiedlich ausgelebt. Menschen, die in Armut aufwachsen, haben andere Lernprozesse zu durchlaufen als Personen, die in Fülle und in Reichtum groß werden. Der eine muss dieses lernen, der andere jenes, und jeder hat die Wahl, das Beste daraus zu machen.

Die Berechnung der Namenszahl

Jeder Name hat eine ganz charakteristische Schwingung. Jeder Buchstabe ist mit einer Zahl verknüpft, jede Zahl hat ihre Bedeutung. Diese Bedeutung verleiht jedem Namen seine individuelle Schwingung. Diese Schwingung tritt mit uns und unseren Mitmenschen in Verbindung, in Resonanz.

Zur Berechnung wird der Name genommen, der im Pass eingetragen ist bzw. zur Zeit verwendet wird, denn dieser hat gegenwärtig die stärkste Schwingung. Dies gilt besonders bei verheirateten Frauen (oder auch Männern), die den Namen des Partners angenommen haben.

Vornamen mit Bindestrich oder Doppelnamen werden als ein Name angesehen. Anna-Lena wird zu AnnaLena oder Maier-Huber zu MaierHuber. Regelmäßig benützte zweite Vornamen oder deren Anfangsbuchstaben werden auch gerechnet. Wenn die errechnete Namenszahl nicht so gut mit der Schicksalszahl harmoniert, können Sie weitere Vornamen oder Abkürzungen berechnen. (Siehe auch »Korrektur des Namens«).

Der Taufname bleibt als »roter Faden« und wichtige Grundbotschaft immer bestehen. Für verheiratete Frauen ist die Errechnung des Geburtsnamens als kleine Chronik interessant, um zu erkennen, welche Lebensthemen bis zur Heirat anstanden.

Namenszusätze wie »von« und Titel wie Professor, Doktor oder Ingenieur werden (abgekürzt) mitberechnet. Der »Dr.« bringt eine 4 mit; die Zahl für disziplinierte und konzentrierte Arbeit auf der körperlichen Ebene. Als »Dr.« ist man pflichtbewusst und trägt Verantwortung. Der »Prof.« bringt eine 1 mit; die Zahl für Zielstrebigkeit, Ausdauer und Willenskraft. Ein »Prof.« agiert als Vorbild und weist Führungsqualitäten auf. Der »Ing.« wiederum bringt eine 3 mit; die Zahl der Kreativität, des Selbstausdrucks und der Tat- und Entschlusskraft.

Menschen mit diesen Titeln bringen die Talente und Fähigkeiten mit, um überhaupt Professor, Doktor usw. zu werden.

Namen einer anderen Sprache und Kultur sollten in ihrer Originalform bzw. Sprache berechnet werden.

Doppelbuchstaben im Namen zeigen uns Energieblockaden. Die doppelten Schriftzeichen ähneln zwei gleichen Polen, die sich abstoßen. Diese Blockierung bringt oft Gemütsschwankungen, eine innere Spannung und Unzufriedenheit mit. Sobald jedoch das Lernziel der betroffenen Doppelzahl erreicht ist und die Energie fließt, wird sie zur entsprechenden Meisterzahl.

Anhand einer persönlichen Berechnung, die sich als Beispiel durch die nächsten Kapitel zieht, möchten wir die Vorgehensweise plastisch darstellen.

Als erstes müssen wir die Buchstaben durch Zahlen ersetzen. Deutsche Umlaute und ß werden wie üblich umgewandelt: Ä = AE, Ö= OE, Ü = UE und ß = SS.

1	2	3	4	5	6	7	8	9
A	B	C	D	E	F	G	H	I
J	K	L	M	N	O	P	Q	R
S	T	U	V	W	X	Y	Z	

S A B I N E S C H I E F E R L E
1 1 2 9 5 5 1 3 8 9 5 6 5 9 3 5

Danach ziehen wir die Quersumme aus der o. g. Zahlenreihe.

In diesem Fall ist es die Zahl 77, und diese reduzieren wir bis sie zur Einzelzahl wird.

1. Schritt: 1 + 1 + 2 + 9 + 5 + 5 + 1 + 3 + 8 + 9 + 5 + 6 + 5 + 9 + 3 + 5 = 77
2. Schritt: 7 + 7 = 14
3. Schritt: 1 +4 = 5

Die Namenszahl von Sabine Schieferle ist also eine 5.

Sich selbst zu beurteilen, ist schwierig, da man sich selbst gegenüber kaum objektiv genug ist. Folgen wir also unserer Intuition und lassen wir uns leiten. Betrachten wir offen unsere Schwächen und wandeln wir diese in Stärken um. Ehrlich zu sich selbst zu sein, ist wichtig.

Jede Zahl hat positive (+) und negative (–) Schwingungen. Wir müssen uns bewusstmachen, auf welcher Seite wir stehen wollen.

Affirmationen

Im folgenden Kapitel haben wir jeder Namenszahl Affirmationen zugeordnet. Affirmationen sind positiv formulierte Sätze, die uns helfen, unsere Glaubenssätze zu transformieren und unsere Aufmerksamkeit auf unsere Ziele zu lenken.

Es wäre bereichernd, seine Affirmationen auf farbiges Papier, z. B. rosa, für die Farbe des Herzens, zu schreiben. 21 Tage lang sollten die Affirmationen möglichst zweimal am Tag laut gelesen werden. Nach diesem Zeitraum haben sich unsere Wünsche in unserer Gedankenstruktur stabil verankert.

Affirmationen kann man verstärken, indem man ein großes gleichschenkliges Ypsilon auf das Blatt malt. Das Y ist ein aufbauend wirkendes Zeichen und kann jede positive Affirmation verstärken.

Die Bedeutung der Namenszahlen

Die dynamische 1

+ 1er sind selbstbewusst, unabhängig, entschlossen und willenstark. Sie besitzen meist ein gutes Gedächtnis und sind Neuem und Modernem gegenüber aufgeschlossen. 1er verfügen über Organisationstalent, arbeiten hart und besitzen Führungsqualitäten. Ihre Zielstrebigkeit, Energie und Zuverlässigkeit führen zu Erfolg. 1er sind fleißig, erfinderisch und ausdauernd. Ihnen steht Schöpferkraft zur Verfügung, dies bedeutet, dass sie ein großes Potential haben, Neues zu beginnen. Sie helfen gerne, ermutigen ihre Mitmenschen, treiben an und stehen mit Rat und Tat zur Seite.

– 1er sind stur, voreingenommen und lehnen jeden guten Rat ab. Menschen mit der Zahl 1 dulden oft keinen Widerspruch und tun sich mit dem Verzeihen schwer. 1er sind ichbezogen, herrschsüchtig, intolerant, stur und von sich und ihrer Meinung überzeugt. Sie neigen dazu, faul und ungeduldig zu sein.

Affirmation: Ich bin mutig, aktiv und habe Erfolg. Ich lasse die Vergangenheit los.

Die feinfühlige 2

+ 2er sind sehr sanft, ruhig, sensibel, rücksichtsvoll. Gefühle sind ein großes Thema. Meist sind sie diplomatisch, liebevoll und freundlich. 2er sind ordentlich, sparsam, taktvoll und warmherzig. Sie suchen die Harmonie und wünschen sich eine dauerhaft gute Beziehung. 2er fühlen sich unter Menschen wohl, sowohl in der Familie als auch im Berufsleben. Sie arbeiten gerne in 2er-Teams und können sich dort gut einbringen. Die 2 denkt im »Wir« und nicht im »Ich«. Sie kann gut mit Menschen umgehen und hat ein gutes Einfühlungsvermögen.

– 2er sind launisch, empfindlich und reagieren emotional, speziell wenn es um Liebe und Freundschaften geht. 2er warten gerne, bis sich Dinge von selbst erledigen. Meist handelt es sich dabei um ängstliche Personen, die Schwierigkeiten nicht wahrhaben wollen und nicht hinsehen, wenn Konflikte anstehen. 2er verspüren eine große Sehnsucht nach dem »richtigen Leben« – ohne Konventionen und Moralvorstellungen. Sie können mit ihrer Wut über das Leben schlecht umgehen und äußern sich auch verbal nur sehr zögerlich. Bei 2ern besteht eine erhöhte Gefahr der Abhängigkeit, sei es von Menschen, Traditionen und Materiellem. Da ihre innere Stärke schwach ausgeprägt ist, werden Situationen »unter den Teppich gekehrt« und besonders gerne mit Alkohol überdeckt.

Affirmation: Ich bin im Frieden mit mir selbst. Ich bin im Gleichgewicht.

Die kreative 3

+ 3er sehen den Tatsachen ins Auge, packen fleißig, tatkräftig und engagiert mit an. Sie sind hilfsbereit und großzügig. 3er sind intelligent, witzig, lebhaft und liebenswürdig und deshalb, auch beim anderen Geschlecht, sehr beliebt. Der Optimismus ist den 3ern angeboren. Wissenshunger, Neugierde und Kreativität sind die Antriebsmotoren der 3. Erfahrungsgemäß verfügen sie über eine vielseitige Begabung und eine kreative Ader. 3er unterhalten gerne, sie spielen Theater, singen, tanzen und lieben das gesellschaftliche Parkett. Meist gehen sie sorglos durchs Leben.

– 3er sind andererseits oft ruhelose, quirlige, launische und eigensinnige Menschen. Sie neigen dazu, sarkastisch zu sein. 3er haben Angst vor dem Versagen, sie müssen gewinnen und erscheinen deshalb oft überheblich und arrogant. Sie suchen Liebe und Anerkennung. Aus diesem Grund sind sie bereit, viel dafür zu geben, oft mehr als gut für sie ist. 3er lassen sich schnell begeistern, fangen viel an, beenden wenig.

Affirmation: Ich bin glücklich und finde meine Erfüllung. Ich bin schöpferisch und setze meine Talente ein. Ich bin in der Fülle und in der Freude.

Die fleißige 4

+ 4er sind im Berufsleben die geborenen Mitarbeiter und Verwalter. Ihre Tätigkeiten haben meistens etwas mit körperlicher und kraftvoller Arbeit zu tun, sie dienen gerne oder haben ein Amt inne. Auch in der Routine finden sie ihre Sicherheit. Sie sind gründlich, geschickt, lernfreudig und fleißig. 4er sind bescheidene Menschen. Sie sind zuverlässig, ehrlich, direkt und achten auf Details. 4er sind willensstark und entschlossen.

– 4er sind konservative Menschen. Sie neigen zu Wutausbrüchen, Eigensinn und sind oftmals unsensibel. Pessimismus und Pedanterie erschweren ihr Leben. Sie können endlos diskutieren und streiten. Um ihre Ziele zu erreichen, schrecken sie auch vor Gewalt nicht zurück. 4er zeigen sich oft unzufrieden mit ihrer Lebenssituation und trauen sich zu wenig zu. Aus Pflichtgefühl übernehmen 4er oft die Arbeiten von anderen.

Affirmation: Auf meinem Lebensweg gehe ich langsam, aber stetig voran. Ich bin offen für Veränderungen.

Die freiheitsliebende 5

+ 5er lieben die Freiheit, sie sind abenteuer- und reiselustig. Sie haben eine rasche Auffassungsgabe, denken fortschrittlich und handeln schnell. 5er lassen sich schnell begeistern, zeigen eine künstlerische Begabung, sind aktiv, spontan und unternehmen gerne etwas. Sie sind gefühlvolle, sinnliche und romantische Geschöpfe. Mit ihrer sympathischen, intelligenten und dynamischen Art sind sie sehr beliebt. Freigiebigkeit wird bei den 5ern großgeschrieben. Menschen mit der Zahl 5 sind gute Geschäftsleute und wortgewandt und können deshalb gut verkaufen und verhandeln. Sie lieben die Abwechslung und den Kontakt zu Menschen(-gruppen) und können hervorragend organisieren.

– 5er brechen gerne Regeln und lassen sich nur ungern etwas sagen. Monotone und routinemäßige Arbeiten verabscheuen sie. 5er können launisch, pessimistisch und missmutig sein. Die 5 hat durch ihre spontane Art oft kurzlebige und leidenschaftliche Beziehungen. 5er können impulsiv, unzuverlässig und hektisch sein. Ihre Großzügigkeit schlägt manchmal in Verschwendung um. 5er sind risikofreudige Spekulanten.

Affirmation: Ich verbinde mein Herzensgefühl mit meinem Verstandesdenken. Ich setze meine schöpferische Kraft konstruktiv ein.

Die liebevolle 6

+ Für 6er stehen Harmonie und Frieden an erster Stelle. Heim, Familie und Partnerschaft sind für sie sehr wichtig. In der 6 steckt das Mütterlich-Weibliche, die große Liebe, die Zärtlichkeit, die Zuverlässigkeit. 6er sind kontaktfreudig, charmant, freundlich, die perfekten Gastgeber und gute Hauswirtschafter. 6er sind hilfsbereit, mitfühlend, gewissenhaft und engagiert. Sie sind praktisch orientiert und übernehmen gerne die Verantwortung, egal ob zu Hause, im Beruf oder im Verein. Mit Finanzen können sie sehr gut umgehen.

In ihrer Freizeit besuchen 6er gerne Museen und lassen sich dort von den Farben und der Kunst inspirieren. Sie fühlen sich besonders wohl, wenn ihr Lebensraum von Schönheit umgeben und die Einrichtung harmonisch aufeinander abgestimmt ist. 6er lieben Musik und Rhythmus, dabei können sie wunderbar entspannen und abschalten.

– Oft ist der 6er in seiner großen Sehnsucht nach Liebe zu leidenschaftlich, und er neigt zur Eifersucht. Für verschiedene Abhängigkeiten und Süchte (Essen, Alkohol, Rauchen, Drogen, aber z. B. auch Computer und Sport – man vermag alles bis zur Sucht steigern!) ist der 6er anfällig. Die 6 ist sehr konservativ in ihrer (Familien-) Welt. Sparsamkeit kann sich in Geiz verwandeln. Kleinigkeiten bringen den 6er leicht aus der Ruhe.

Affirmation: Ich bin in meiner Partnerschaft und in meinen Beziehungen ausgeglichen, tolerant und sage, was mir auf dem Herzen liegt. Ich lasse alle alten Denkmuster und Prägungen los.

Die interessierte 7

+ 7er sind lernbegierig und neugierig und haben eine natürliche Neigung zu Religion, Philosophie, Metaphysik und Spirituellem. Menschen mit der Zahl 7 wollen alles selbst sehen, verstehen und erfahren. Sie haben die Fähigkeit, hinter die Dinge zu sehen. Sie erleben oft Höhen und Tiefen in ihrem Leben. 7er gelten meist als intelligente und tief denkende Personen. Sie stehen für geduldige, großzügige und reisefreudige Menschen. 7er gelten als gewissenhaft, loyal, respektvoll und fleißig. Hektik liegt ihnen überhaupt nicht, deshalb geben sie sich gerne dem Frieden und der Stille hin. 7er zeigen auch eine meist etwas exzentrische künstlerische Begabung.

– Der 7er-Mensch ist oftmals verschlossen und misstrauisch und fühlt sich in Menschengruppen unwohl. Sie leben gerne mit einer »rosa Brille« auf der Nase und flüchten vor der Realität. 7er haben einen Hang zur Selbstisolation und fühlen sich deshalb manchmal einsam. Sie sind Pessimisten und unbeständig und lehnen vieles von vornherein ab. Gefühle können 7er schlecht ausdrücken, und sie sind deshalb mit sich und der Welt oft unzufrieden. 7er tanzen gerne aus der Reihe. Luxus ist wichtig, deshalb schaffen sie sich gerne extravagante oder verrückte Dinge an. Sie suchen im Außen, was im Innen fehlt.

Affirmation: Ich bringe meine eigene Wahrheit ans Licht. Ich bin ruhig, konzentriert und in meiner Mitte.

Die realistische 8

+ 8er verbindet man mit Erfolg, Macht und dem »Big Business«. 8er lieben das Geschäft, Geld und Gold. Um dies zu erreichen, brauchen sie Mut, eine enorme Willenskraft, Energie und Konzentration. Sie sind praktisch, energisch, tüchtig und schnell. Die 8 zeigt große Selbstdisziplin, Entschlusskraft und hat ein Gespür für Investitionen. Vorhaben und Ideen werden bei der 8 einfallsreich umgesetzt und verwirklicht. Sie sind interessante und faszinierende Persönlichkeiten. Oft haben sie nur eine handvoll echter Freunde. Für diese ausgewählten Freundschaften setzen sie sich aber mit großem Idealismus ein. Ihr Gerechtigkeitssinn ist stark ausgeprägt.

– 8er sind oft ungeduldig und passen sich nicht gerne an. Sie stellen hohe Anforderungen an sich selbst und ihre Mitmenschen. 8er geben sich gerne unnahbar und abweisend. Sie können rebellische, tyrannische und hartherzige Persönlichkeiten sein. 8er genießen ihre Macht und wissen diese, auch negativ, einzusetzen.

Affirmation: Ich bin in meiner Mitte. Ich verfüge über alle Zeit und jede Hilfe, die ich jetzt benötige.

Bei der Namenszahl 8 sollte darauf geachtet werden, nicht zu sehr mit der materiellen Macht in Resonanz zu stehen und nur für diese zu arbeiten, da sonst der Erfolg ausbleiben kann (das Gesetz des Sog-Prinzips). Wichtig ist auch, sich mit den geistigen Aspekten des Lebens auseinanderzusetzen und sich mit sich selbst und seinen Mitmenschen auszusöhnen.

Die mitfühlende 9

+ 9er haben einen starken Charakter und eine große Selbstsicherheit. Sie gelten als kraftvoll, mutig, gerecht und großzügig. 9er sind häufig selbstlos, hilfsbereit, barmherzig, liebevoll und wohltätig. Erfüllung finden 9er, wenn sie anderen helfen können. Sie sind energiegeladen und unabhängig. Die 9 kann sehr überzeugend sein und lässt sich schnell begeistern. 9er sind meist loyale, treue, sensible und freundliche Menschen. Bei ihnen findet sich Redegewandtheit und künstlerische Begabung, und sie haben ein natürliches Interesse an Philosophie und Spiritualität.

– 9er sind bisweilen verschwenderisch, geld- und machthungrig. Auch Eigennutz, Gereiztheit, Taktlosigkeit, Intoleranz, Engstirnigkeit und Impulsivität wird den 9ern zugeordnet. Sie reagieren emotional, empfindlich und launisch auf äußere Einflüsse. 9er legen sich nur ungern fest. Schnelle Entscheidungen zu treffen, bringt sie in Schwierigkeiten. 9er sollten Dinge zum Abschluss bringen, bevor sie Neues anfangen, im privaten wie im beruflichen Bereich.

Affirmation: Ich setze mich für meine Ideale ein. Ich motiviere und ermutige meine Mitmenschen und führe sie mit Mut und Optimismus ans Ziel.

Erfahrungen aus Edithas Schatzkästchen zur Namenszahl 9.
Während meinen Beratungen erlebe ich häufig Ähnlichkeiten bei Menschen mit der gleichen Namenszahl.

9er z. B. sind Globetrotter, sie lieben das Reisen, wollen die Welt sehen und erleben. Sie schmökern und lesen gerne in Reiseführern. Sie lieben Fremdsprachen. Internationale Gerichte stehen regelmäßig auf ihrem Speiseplan. Es bestehen Kontakte und Freundschaften ins Ausland.

Überhaupt sind 9er sehr offene und vorurteilsfreie Menschen. Sie pflegen Freundschaften in allen Gesellschaftsschichten und Kulturkreisen. Im Geschäftsleben kommt ihnen das zugute, denn 9er können die unterschiedlichsten Gruppen unter einen Hut bringen. Für mich als Lebensberaterin ist das z. B. sehr wichtig, denn in meine Praxis kommen Menschen aus allen sozialen Schichten. 9er sind aufmunternd zu Kollegen mit Problemen und freundlich zu neuen Mitarbeitern. Sie motivieren und sind dort erfolgreich, wo andere versagen. Als Chefs wissen 9er über alle Angestellten Bescheid und schätzen deren Einsatz im Betrieb. Zudem sorgen sie auch dafür, dass es den Mitarbeitern gut geht und bringen auch gerne einmal ein Stück Kuchen für alle mit.

Für 9er sind materieller Erfolg und Nächstenliebe gleichwertig. Karitative Einrichtungen unterstützen sie und spenden dafür. Viele meiner Klienten waren als Kinder oft bei den Pfadfindern oder haben als junge Erwachsene ein soziales Jahr oder Zivildienst geleistet.

9er lieben einfallsreiche und ungewöhnliche Geschenke, mit 08/15-Aufmerksamkeiten kann man bei ihnen nicht punkten. Sie selbst verschenken Präsente aus purer Nächstenliebe. Wenn eine 9 Dinge verschenkt, dann um seinen Partner oder seine Freunde zu verwöhnen.

Wir sollten intuitiv entscheiden welche Aspekte unsere Zuneigung oder Abneigung gewonnen haben. Die erste »Wahl« ist meistens die Richtige. Sie zeigt uns, welche Stärken im Moment relevant sind und an welchen Schwächen wir arbeiten müssen.

Teilen wir die Zahlen nicht in gute und in schlechte ein. Jede Zahl hat sowohl positive als auch negative Sichtweisen. Sie beinhalten eine bestimmte Energie und damit eine klare Lernaufgabe.

Unser Rat ist, das Positive der Zahlen zu leben, sich nicht mit anderen zu vergleichen und in Geduld, Freude und Harmonie zu leben.

Ich denke niemals an die Zukunft.
Sie kommt früh genug.
Albert Einstein (deutscher Physiker)

Ich bin offen für Neues.
Ich setze meine schöpferische Kraft konstruktiv ein.

Jeder Schritt kommt zum richtigen Zeitpunkt. Der starke Drang etwas tun zu müssen ist eine Prägung, die wir mit unserem irdischen Karma mitbekommen haben, um offen für Veränderungen zu werden. Nur wenn man etwas zum richtigen Zeitpunkt tut, wird die Energie, die man dafür benötigt, effizient genutzt und führt zum Erfolg.

Herzzahl

Im Herzen aller Menschen
ruht der Anfang und das Ende aller Dinge.
Leo Nikolajewitsch Graf Tolstoi (russischer Schriftsteller)

Die Energie der Herzzahl (HZ) ist ein Geschenk, das wir mitbringen und das in unserem Seelenbewusstsein verankert ist. Die Herzzahl zeigt das Wachstum, das wir in unseren früheren Leben erfahren haben. Diese vollbrachte Entwicklung ist uns für unser jetziges Leben erhalten geblieben und will fortgelebt werden, da wir sonst eine »Schulklasse« wiederholen müssten. Wenn wir nicht an die Reinkarnation, die Wiedergeburt, glauben, dann kann man die Eigenschaften der Herzzahl auch als die Kraft des inneren Antriebs bezeichnen oder sie als Geschenk des Himmels deuten.

Die Herzzahl offenbart uns unsere wahre Persönlichkeit, unser Innerstes, unsere Gefühle, ebenso unsere eigentlichen Interessen und Neigungen. Sie weist uns auf etwas hin, das wir in unserem innersten Wesen sind. Diesen Teil von uns kennen nur wir gut. Einzig Menschen, die uns wirklich ganz nahe stehen, lassen wir in unser Herz blicken. Dieses Innerste sollten wir uns bewusstmachen, es leben und nutzen. Die Energie unserer Herzzahl wird dadurch zu einer besonderen Kraft, die unsere Handlungen in diesem Leben begleitet und beeinflusst.

Kurz zusammengefasst: Die Herzzahl zeigt uns

- unser Innerstes, wie wir fühlen, wie wir uns selbst sehen
- wie wir im Leben wirken sollten
- unser verborgenes Potential
- die Motivation, die hinter unserer Arbeit steht
- unser gefühlsmäßiges Verhalten gegenüber Menschen und Ereignissen

Die Herzzahl bildet sich aus der Summe der Vokale oder Selbstlaute: A E I O U. Zum Beispiel:

S	A	B	I	N	E		S	C	H	I	E	F	E	R	L	E
	1		9		5					9	5		5			5

Die Vokale ersetzen wir durch die entsprechenden Zahlen, siehe Kapitel »Die Berechnung ist ein Spiel«, Seite 58).

1. Schritt: 1+9+5+9+5+5+5 = 39
2. Schritt: 3+9 = 12
3. Schritt: 1+2 = 3

Danach addieren wir diese Zahlen und bilden daraus solange eine Quersumme, bis wir eine Einzel- bzw. eine Doppelzahl erhalten.

In unserem Beispiel erhalten wir als ***Herzzahl*** die Zahl 3.

Die Herzzahlen von 1 bis 9

1er – Die Willensstarken

1er sind die »Leader«, sie bringen neue Ideen und Projekte ins Spiel, sie geben den Ton an. 1er haben besondere Fähigkeiten und besitzen Originalität. Sie zeigen Ausdauer und Mut. Sie sind sich ihres »Marktwertes« bewusst und können sich deshalb nur schwer unterordnen. Das gilt sowohl für den geschäftlichen als auch für den privaten Bereich. 1er möchten unabhängig sein und als Individualist selbstbestimmt leben. Sie kämpfen nicht nur um eine Führungsposition, sondern auch um die Freiheit, im Denken und Fühlen ein höheres Bewusstsein zu erreichen.

Empfehlung:

In hektischen Zeiten können Sie sich auf Ihre innere Stärke und Ihre ruhende Mitte verlassen.

2er – Die Einfühlsamen

2er agieren sehr sorgfältig, haben ein ausgeprägtes Gespür für menschliche Zusammenarbeit und diplomatisches Geschick. Sie sind sensibel, rücksichtsvoll, einfühlsam und aufmerksam. 2er vermeiden es, die Gefühle ihrer Mitmenschen zu verletzen. Dies kann dazu führen, dass sie schüchtern und unentschlossen wirken. Oftmals fallen ihnen Entscheidungen schwer. Für 2er bedeutet es viel, ihr Wissen mit anderen zu teilen, sie zu ermuntern und zu inspirieren.

Empfehlung:

Achten Sie auf Ihre Gefühle und Ihre Intuition. Diese stehen Ihnen bei der Frage nach dem Entweder-Oder und dem Für-und-Wider zur Seite. Als 2er-Herzzahl sollten Sie nicht zögern, sonst ernten andere die Lorbeeren, die *Sie* sich verdient haben.

3er – Die Kreativen

3er sind sehr ehrgeizig, dynamisch und fleißig. Fest gesteckte Ziele erreichen sie durch Inspiration, Phantasie und mit ihrem Charme. Dadurch entstehen heilsame Ergebnisse, die sie glücklich und zufrieden machen. 3er sind liebenswürdig und beliebt in der Gesellschaft. Die gute Laune und der Optimismus der 3er wirken ansteckend. Sie schenken ihren Mitmenschen damit Mut und Hoffnung. Die Fähigkeiten der 3er liegen in der Kreativität und der Kommunikation. Sie fühlen sich am wohlsten, wenn man ihnen genug Freiheit lässt, damit ihre Intuition und ihr Einfallsreichtum sich entfalten können. Anstrengungen und Sysiphosarbeit sind nicht gerade ihre Stärke.

Empfehlung:

Stehen Sie mit beiden Beinen fest auf dem Boden, so können Sie neue Energie schöpfen und Ihre Ideen erden. Zeigen Sie, wer Sie wirklich sind!

4er – Die Praktischen

4er sind praktisch denkende Menschen. Sie sind direkt und ehrlich, zuverlässig, treu und loyal. Dadurch bieten sie ihren Mitmenschen ein großes Potential an Sicherheit. 4er sind organisiert und diszipliniert. Sie gehen zielstrebig durchs Leben, so lassen sich anstehende Arbeiten und Projekte viel leichter umsetzen. 4er streben nach Wohlstand und finanzieller Sicherheit, deshalb geben sie ihr Bestes, um gute Ergebnisse zu erzielen. Wünsche und Träume werden in gewohnter, routinierter und praktischer Weise konsequent umgesetzt. 4er bleiben gerne auf dem Weg, den sie kennen und der ihnen vertraut ist.

Empfehlung:

Seien Sie offen für Veränderungen und Neuerungen. Ihre Liebe zur Natur bietet Ihnen ein vielfältiges Erholungsgebiet.

5er –Die Abenteurer

Für 5er ist es wichtig, immer wieder Neues zu entdecken, sich weiterzubilden und zu lernen. Neue Konzepte erfassen sie sehr schnell. Sie machen gerne unkonventionelle Erfahrungen, gehen auf Reisen, lernen neue Orte und Menschen kennen. 5er sind immer wieder auf der Suche nach neuen Interessen, Anregungen, Veränderungen und Herausforderungen. Diese benötigen sie geradezu, um gesund und glücklich zu sein. 5er möchten ihr Leben in all seiner Fülle erleben und erfahren. Ihre Sehnsucht gilt der Abwechslung und der Freiheit. Mitunter lässt sie ihr Freiheitsdrang ruhelos und gehetzt erscheinen. Alltagstrott und Wiederholungen langweilen sie.

Empfehlung:

5er müssen darauf achten, dass sie ihren Frust nicht in einer Sucht (Alkohol, Drogen, Sport, Spiel, …) ausleben. Schenken Sie Ihrem Alltagsleben Aufmerksamkeit – es hat es verdient.

6er – Die Liebenden

Für 6er ist das Wohlergehen ihrer Mitmenschen und das Bewahren von Frieden und Harmonie sehr wichtig. Sie sind sympathische, treue und gefühlvolle Menschen. Die Liebe und die Familie gehen 6ern über alles. Hier können sie ihr Verantwortungsgefühl, ihre Fürsorge und ihr Mitgefühl ausleben. 6er sind Idealisten. Als liebevolle, unparteiische und faire Berater stehen sie bei Recht und Unrecht an der Seite der Hilfesuchenden.

Empfehlung:

Akzeptieren Sie, dass jeder sein eigenes Leben lebt und eigene Meinungen und Ansichten hat. Vermeintliche Fehler und Angewohnheiten der anderen sollten Sie nicht zu persönlich nehmen. Gönnen Sie sich mehr Zeit für sich selbst und genießen Sie Ihre Lieblingsmusik.

7er – Die Wissenden

7er sind die geborenen Analytiker, sie sind intelligent, sensibel und oft übersinnlich veranlagt. Ihr tiefer Bezug zu ihrem wahren Ich lassen sie die angeborene innere Weisheit, Wahrheit und Gelassenheit erleben. 7er sind gerne allein, fühlen sich dadurch aber nicht einsam. Sie brauchen Ruhe und Frieden wie die Luft zum Atmen. Die Möglichkeit, sich zurückzuziehen, brauchen sie, um abzuschalten, mit sich ins reine zu kommen, zu meditieren und um über Gott und die Welt nachzudenken. 7er passen sich nicht gerne an und leben am liebsten ihr eigenes Leben.

Empfehlung:

Öffnen Sie sich für die Gedanken und Gefühle Ihrer Mitmenschen. Nehmen Sie das aktuelle Geschehen und Leben um sich herum wahr.

8er – Die Mächtigen

8er sind ehrgeizig und zeigen einen enormen Willen, wenn es darum geht, Geld und Macht zu erlangen, ganz gleich, wie schwierig es auch wird. Mit dem Zweitbesten gibt sich die 8 nicht zufrieden; sie ist der Chef, der Verwalter oder der Organisator. 8er zeigen Stärke, haben Takt und Anstand. Ihre Möglichkeiten und Kontakte stellen sie der Gesellschaft gerne zu Verfügung. Neue Herausforderungen treiben sie an, und nur so können neue Erfahrungen gemacht werden.

Empfehlung:

Ihre Mitmenschen erwarten viel von Ihnen. Verlassen Sie sich auf Ihr Innerstes, um in Führung zu bleiben, ohne M*acht* auszuüben. Ihr Ziel sollte es sein, einen Ausgleich zwischen Privatem und Beruflichem zu finden und zu einem Gleichgewicht zwischen Großzügigkeit und Geiz zu gelangen.

9er –Die Multitalente

9er sind unkonventionelle und mitfühlende Menschen, die gerne von ihrer großen Liebe an andere abgeben. Sie sind ausgezeichnete Menschenkenner und geborene Optimisten. Sensibilität, Ideenreichtum und ihre Intuition haben sie geprägt. Ihre ganze Kraft widmen sie dem Fortschritt der Menschheit. Sie streben danach, Großes zu tun und zu leisten. Mit ihrer offenen und toleranten Einstellung finden 9er in jedem Menschen das Gute. Sie zeigen Interesse an Philosophie und Spirituellem.

Empfehlung:

Leben Sie in der Gegenwart. Mit Ihrer charismatischen und optimistischen Art können Sie Ihre Mitmenschen motivieren und ermutigen. Bringen Sie Frieden in die Welt.

Die Bedeutung des ersten Vokals des Vornamens

Bei der Bedeutung des ersten Vokals des Vornamens, wie z. B. das A bei S**a**bine oder das E bei **E**ditha, handelt es sich um eine kleine Erweiterung zur numerologischen Namensanalyse.

In der Antike wurden die Selbstlaute als göttliche Elemente des Alphabets angesehen. Der erste Vokal hat einen weitreichenden Einfluss auf den Menschen. Taucht dieser noch öfter im Namen auf, werden die Qualitäten weiter verstärkt. Kommt der erste Selbstlaut im gesamten Namen mehr als dreimal vor, sind die jeweiligen Besonderheiten im Übermaß vorhanden. Ist dies der Fall, muss ein Ausgleich geschaffen werden, indem man diese Energien unter Kontrolle bringt. Der erste Vokal zeigt die Haltung und die Lebenseinstellung; er lässt uns in unsere Seele blicken.

Ist das **A** der erste Vokal des Vornamens, dann bedeutet es, dass Sie erfolgreich, ehrgeizig und intelligent sind. Sie wissen, was und warum Sie es möchten. Tatkräftig und zuverlässig nehmen Sie Ihre Projekte in Angriff. Sie sind herzlich und haben tiefgehende Gefühle. Sie sind Vorbild, zeigen Verständnis, sind weise, besitzen Mut und Führungsqualitäten.

Ist das **E** der erste Vokal des Vornamens, dann bedeutet es, dass Sie selbstbewusst und vielseitig begabt sind und eine schnelle Auffassungsgabe haben. Sie besitzen eine ausgeprägte intellektuelle Veranlagung. Sie führen ein abwechslungsreiches und aufregendes Leben. Schaffen und erhalten Sie sich einen gesunden Ausgleich zwischen Ihrem Körper, Ihrer Seele und Ihrem Geist.

Ist das **I** der erste Vokal des Vornamens, dann bedeutet es, dass Sie sehr kontaktfreudig, intuitiv und flexibel sind. Sie sind sensibel, haben eine starke Intuition und fühlen stark mit anderen mit.

Sie stehen Veränderungen im Leben aufgeschlossen gegenüber. Forschungen und Weiterbildungen bereichern Ihr Leben. Gegensätzliches sollte in Einklang gebracht werden.

Ist das **O** der erste Vokal des Vornamens, dann bedeutet es, dass Sie ein sehr harmoniebedürftiger, sinnlicher und begeisterungsfähiger Mensch sind. Sie glauben an Gesetz, Struktur und Führung in Ihrem Leben. Folgen Sie Ihrer Intuition, so stellen sich Erfolge ein. Ihr Heim und Ihre soziale Stellung sind für Sie sehr wichtig. Sie gehen mit Spaß, Freude und Lust durchs Leben.

Ist das **U** der erste Vokal des Vornamens, dann bedeutet es, dass Sie Intuition, Initiative, Talent, Charme und Entschlussfähigkeit besitzen. Im Leben haben Sie viele reelle Chancen und schnelle Erfolge. Sie können sich gut und gewählt ausdrücken und verbreiten Optimismus und Fröhlichkeit. Eine positive Einstellung ist wichtig für Ihre Entwicklung.

Persönlichkeitszahl

Der Charakter offenbart sich nicht an großen Taten.
An Kleinigkeiten zeigt sich die Natur des Menschen.
JEAN-JACQUES ROUSSEAU (FRZ.-SCHWEIZER. PHILOSOPH)

Die Persönlichkeitszahl (PZ) zeigt, wie wir nach außen wirken, wie andere uns sehen oder was andere von uns erwarten. C. G. Jung hat es so definiert: »Persona ist die Maske oder das Gesicht, das ein Mensch aufsetzt, um der Welt gegenüberzutreten.«

Die Persönlichkeitszahl offenbart aber nicht unbedingt, wie wir wirklich sind! Unsere persönlichen Besonderheiten, unsere Art, mit anderen umzugehen, und unsere Körpersprache zeigen oft mehr von uns, als wir glauben. Diese Eigenheiten sind ein Schlüssel, mit dessen Hilfe andere unseren Charakter und unsere Eigenschaften erkennen können, offenbaren aber nicht alles. Eine vorteilhafte Persönlichkeit ist auf allen Gebieten des Lebens von großem Nutzen, um geistige, seelische und körperliche Ziele zu erreichen.

Für einen Menschen wird es schwierig, wenn er nur nach außen lebt und ihm seine innere Orientierung fehlt. Die Maske ist der Mittler zwischen dem Außen und dem Innen. Wenn wir merken, dass die Maske nicht mehr zu uns passt, wenn sie im wahrsten Sinne des Wortes nicht mehr tragbar ist, sollten wir sie auswechseln oder verändern.

Zusammengefasst zeigt uns die Persönlichkeitszahl:

- wie wir uns nach außen präsentieren
- wie wir nach außen wirken
- wie andere uns sehen und empfinden
- wie unser Denken ist
- wie unsere Reaktionen sind

Die Persönlichkeitszahl berechnen wir aus der Summe aller Konsonanten (Mitlauten), also allen Buchstaben ***außer*** A E I O U

S	A	B	I	N	E		S	C	H	I	E	F	E	R	L	E
1		2		5			1	3	8			6		9	3	

Die Konsonanten ersetzen wir durch die entsprechenden Zahlen.

1. Schritt: 1+2+5+1+3+8+6+9+3 = 38
2. Schritt: 3+8 = 11

Danach addieren wir die erhaltenen Zahlen und bilden daraus so lange eine Quersumme bis wir eine Einzel- bzw. eine Doppelzahl erhalten.

Aus der oben aufgeführten Berechnung ergibt sich die Persönlichkeitszahl 11. Eine Doppelzahl, die zur Meisterzahl wird, bleibt als 11 stehen.

Die Bedeutung der Persönlichkeitszahlen

Persönlichkeitszahl 1

Andere sehen in einem 1er einen Einzelgänger, einen Pionier. Man setzt voraus, dass er alles im Griff hat und Aufgaben mühelos bewältigt. Der Welt repräsentiert er sich als unabhängiger, fähiger Anführer. Er prägt allen Dingen einen persönlichen Stempel auf. Mit großem Selbstbewusstsein tritt er nach außen auf. Ein 1er wird als Chef gesehen, der an der Spitze seines »Unternehmens« (Firma, Partnerschaft, Familie ...) steht, seine Mitmenschen beobachtet und weise leitet. Er gilt als Wegbereiter, der Ideen liefert und sagt, was zu tun ist. Die Erwartungshaltung, die 1ern entgegengebracht wird, ist sehr hoch gesteckt, was wiederum den Ehrgeiz belebt und die Ziele ohne Umschweife verfolgen lässt.

Tip:

Achten Sie darauf, dass Sie nicht zu dominant erscheinen, und unterstützen Sie Ihre Mitmenschen in ihrer freien Entfaltung. Suchen Sie den Kontakt zur Gesellschaft.

Persönlichkeitszahl 2

Andere sehen 2er als Vorbild, als geduldige, ruhige und bescheidene Menschen, die Mitgefühl und Verständnis haben. Sie sind gefühlsbetont und emotional, sehr beliebt und suchen den Kontakt zu anderen. 2er scheinen oft ruhelos und unzufrieden mit ihrem Leben zu sein, weil sie in jeder Lage nach Perfektion und Ausgeglichenheit streben. Es fällt ihnen manchmal schwer, Entscheidungen zu treffen, weil der Standpunkt beider Parteien einleuchtend ist und sie sich dadurch im Zwiespalt befinden. 2er sind ungern auf sich alleine gestellt. Sie brauchen einen zweiten Menschen, einen Partner. Das liegt sicher auch daran, dass sie sich gerne um andere kümmern und diese verwöhnen. Sie arbeiten lieber mit Kollegen im Hintergrund zusammen.

Tip:

Gestehen Sie sich auch einmal eine Unvollkommenheit ein. Kein Mensch ist perfekt. Genießen Sie Ihr Leben, dann kommt der innere Ausgleich fast schon von alleine.

Persönlichkeitszahl 3

Andere sehen 3er als sehr charmante, humorvolle Mitmenschen, mit angenehmem Auftreten. Sie sind geborene Schauspieler und Optimisten. Die Welt wird gleich ein wenig freundlicher und wärmer, wenn 3er auftauchen, denn sie verbreiten gute Laune. 3er sind gerne mit anderen Menschen zusammen, um zu reden und sich auszutauschen – Kommunikation ist ein wichtiger Bestandteil ihrer Persönlichkeit. Mit einem kleinen Augenaufschlag erreichen 3er oft mehr, als andere mit einer ganzen Rede. 3ern ziehen das Glück magisch an. Sie haben einen natürlichen Sinn für Schönheit und eine kreative Art, sich ihre Kleidung auszusuchen. Meist trifft man 3er in einem farbenfrohen Stilmix an. Ihre weltoffene Art kann ihnen, mit den vielen Ideen und Eindrücken, die auf sie niederprasseln, den Kopf verdrehen.

Tip:

Haben Sie Selbstvertrauen und lassen Sie den Dingen ihren Lauf. Steigern Sie stetig Ihre positiven Fähigkeiten und Ihre kreative Ader.

Persönlichkeitszahl 4

Andere sehen 4er als bescheidene, praktische, meist konservative Arbeitnehmer und gesetzestreue Bürger. Sie sind diszipliniert und führen ihre Projekte mit Entschlossenheit durch. Sie arbeiten oft hart und ohne Pause. Nach außen strahlen 4er Wohlstand und Erfolg aus. Sie lieben ihr Zuhause, die Natur, Tiere – alles hat seinen Platz und seinen Wert, und sie tun viel dafür, dies alles zu erhalten. 4er wirken oft eigenbrötlerisch und isolieren sich dadurch selbst. Sie sind eher unscheinbar und unauffällig und erscheinen sehr solide.

Tip:

Öffnen Sie sich für soziale Kontakte und für Ihr Umfeld. Offenbaren Sie den Menschen, die es wert sind, Ihre wahren Gefühle. Bei Problemen sollten Sie Geduld und Mitgefühl zeigen.

Persönlichkeitszahl 5

Andere sehen 5er als sehr kluge, sympathische und charmante Menschen, die auf vielen Gebieten bewandert sind. Sie zeigen sich vielseitig interessiert und neugierig auf das Leben. 5er lieben die Freiheit, Veränderungen und die Abwechslung und besitzen eine geradezu magische Anziehungskraft auf das andere Geschlecht. Manchmal schadet dies ihren Beziehungen, da der Partner eifersüchtig werden könnte. 5er sind sinnlich, haben ein großes Herz, helfen gerne ihren Mitmenschen und übernehmen karitative Aufgaben. Sie verlieren sich oft in der Vielzahl der Angebote und Ideen, die ihnen das Leben bietet. Neue Anreize sind für sie wie das Salz in der Suppe.

Tip:
Überrennen Sie Ihre Mitmenschen nicht mit Ihren Interessen und Bedürfnissen. Managen Sie Ihr Leben selbst und halten Sie Zusagen und Versprechen ein.

Persönlichkeitszahl 6

Andere Menschen suchen bei 6ern gerne Rat, Hilfe und Trost, denn diese strahlen etwas Mütterliches bzw. Väterliches aus. Mit allen Fragen kann man zu ihnen kommen. Sie schenken Geborgenheit, Sicherheit und Schutz. Mit verständnisvollem Rat und ihrer liebevollen Art unterstützen sie die Hilfesuchenden. Sie sehen alles im einzelnen und doch als Teil des Ganzen. 6er sind soziale Menschen, die nach Wahrheit und Gerechtigkeit suchen, aber trotzdem einem Streit mitunter aus dem Weg gehen. Nach außen zeigen sich 6er gerne als optimistische, freundliche und zuverlässige Menschen, auch wenn es im Inneren manchmal ganz anders aussehen kann. Für 6er trifft »My home is my castle« zu. Ihr Zuhause ist freundlich und liebevoll eingerichtet, jedes Möbelstück wurde sorgfältig ausgesucht und plaziert. 6er sind gute Gastgeber und bewirten ihre Gäste mit Spezialitäten aus ihrer Küche, die mit viel Liebe zubereitet wurden.

Tip:
Drängen Sie sich anderen nicht auf, helfen Sie nur, wenn Sie darum gebeten werden. Genießen Sie Ihre Freizeit und Ihre Hobbys, wie Sport, Musik und Kunst.

Persönlichkeitszahl 7

Andere Menschen sehen 7er als Einzelgänger, die oftmals Einsamkeit und Stille suchen und sich von Menschenmassen fernhalten. Sie sind gerne alleine – um nachzudenken, zu forschen oder zu philosophieren. Es sind mitfühlende, ehrliche Menschen. Sie verbergen gerne, was sie fühlen und denken, da sie oft falsch verstanden werden. Komplexen Fragen und Problemen gehen sie auf den Grund. Ihre scharfe Beobachtungsgabe hilft ihnen, alle Situationen zu analysieren. Auch das innere Hinhören gibt Antworten auf ihre Fragen. Durch ihre zurückgezogene Art und ihr philosophisches Denken wirken 7er auf andere Menschen eigenbrötlerisch und zurückhaltend aber auch würdevoll, manchmal sogar geheimnisvoll.

Tip:
Vertrauen haben Sie nur zu Freunden und Menschen, die Sie lieben. Öffnen Sie sich auch für die Interessen und Meinungen Ihres weiteren Umfelds. Ihre Intuition ist Ihnen dabei eine große Hilfe. In der Natur können Sie auftanken.

Persönlichkeitszahl 8

Andere Menschen sehen 8er als autoritäre Persönlichkeit. Sie strahlen Kraft, Macht, Führungspotential und Erfolg aus. Mit Kleinkram geben sich 8er gar nicht erst ab. In der Geschäftswelt mischen sie ganz oben mit und behalten gerne alles unter Kontrolle. Sie haben hohe ethische Maßstäbe und setzen sich beachtliche Ziele, die sie auf jeden Fall erreichen wollen. 8er geben ihr Bestes, und das erwarten sie auch von ihren Mitmenschen. Gute Leistungen werden von ihnen anerkannt und honoriert. Nach außen hin treten 8er als erfolgreiche Geschäftsmenschen auf. Sie sind Genießer und zeigen gerne, was sie haben und sich leisten können, z. B. Haus, großes Auto, Kleidung und Schmuck, also materielle Dinge, die ihr Ansehen unterstreichen.

Tip:

Stellen Sie Ihre »Schätze« nicht zu sehr zur Schau. Haushalten Sie mit Ihrer Energie, atmen Sie tief durch, genießen Sie. Haben Sie Vertrauen, dass das Leben Ihnen den richtigen Weg weist.

Persönlichkeitszahl 9

Andere Menschen sehen 9er als weltoffene, vorurteilsfreie Personen und als Idealisten. Sie sind tolerant, mitfühlend und nicht nachtragend. Ihr sonniges, höfliches und liebevolles Auftreten erfreut jeden. Sie sind einfühlsam und sozial eingestellt. Ihre Selbstlosigkeit macht sie bei vielen beliebt. Ihr Vertrauen in die Menschheit ist groß. Der Dienst am Mitmenschen entspricht ihrem Wesen. Alles, was sie Gutes tun, kommt auch wieder zu ihnen zurück. Auf der Suche nach Wissen und Weisheit kommen sie immer wieder mit spirituellen und religiösen Themen, mit Philosophie und Grenzwissenschaften in Berührung. Je mehr sie darüber lernen, desto mehr werden sie sich und ihre extremen Emotionen, wie »himmelhoch jauchzend« und »zu Tode betrübt«, zum Ausgleich bringen.

Tip:

Sie haben vielseitige Begabungen. Setzen Sie Ihre Träume, Pläne und Konzepte um und teilen Sie Ihr Wissen mit möglichst vielen Menschen.

Schicksalszahl

Wir dürfen das Weltall nicht einengen,
um es den Grenzen unseres Vorstellungsvermögens anzupassen,
wie der Mensch es bisher zu tun pflegte.
Wir müssen vielmehr unser Wissen ausdehnen,
so dass es das Bild des Weltalls zu fassen vermag.
FRANCIS BACON (ENGL. SCHRIFTSTELLER UND PHILOSOPH)

Die Schicksalszahl (SZ) ist ein wichtiger Bestandteil unseres Lebens. Sie leitet sich aus unserem Geburtsdatum ab und kann aus diesem Grund nicht, wie bei einem Namen, verändert werden. Die Schicksalszahl ist ein kosmisches Geschenk, das wir erhalten haben, um unser Schicksal zu erfüllen. Sie enthält das Basisprogramm für dieses Leben und hilft uns dabei, uns weiterzuentwickeln.

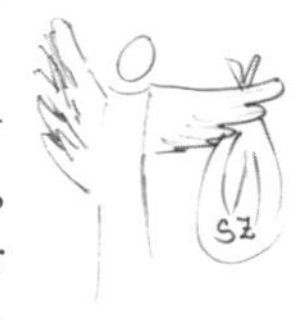

Die Schicksalszahl enthält das umfassende kosmische Erbe (Karma) des jeweiligen Menschen. Sie bestätigt unsere Hauptprüfungen in dieser Inkarnation, unsere Berufung und Lektionen, die es zu lernen oder zu überwinden gilt. In ihr sind unsere Aufgaben, Talente und Fähigkeiten, die wir in dieser Welt entwickeln und aufarbeiten sollten, hinterlegt. Jede Seele bestimmt ihre Meisterschaft selbst, sie bestimmt ihre Aufgaben, die sie verändern, klären und meistern will. Sie möchte einstige Misserfolge durch Bewusstseinsarbeit in Erfolge verwandeln.
Die ureigene Lebensaufgabe besteht darin, sich selbst zu finden, zu wissen, wer man wirklich ist, sich zu verstehen und sich selbst zu lieben. Die Eigenliebe ist die Grundlage für die Liebe zu anderen. Sind wir fähig, uns selbst zu lieben, dann sind wir fähig, jeden Menschen als gleichwertig zu sehen und ihn auch zu lieben.

JEDER MENSCH HAT SEINE BERUFUNG

RALPH WALDO EMERSON (AMERIKANISCHER SCHRIFTSTELLER UND PHILOSOPH)

Jeder Mensch hat seine Berufung, die ihn aufwärts weist.

Sein Talent ist der Ruf.

Nach einer Richtung hin stehen ihm alle Wege offen.

Seine Fähigkeiten sind eine schweigende Aufforderung, sich in ihrer Richtung immer wieder zu bewähren…

… Die Eigengesetzlichkeit deiner Natur führt dich zu Aufgaben, die nur vollkommen gelöst werden können, die kein anderer zu einem gleichen Ende zu führen imstande ist.

Im Grunde gibt es keine Nebenbuhler.

In dem Maße, wie du deine ureigenen Kräfte zu Rate ziehst und betätigst, unterscheidet sich deine Arbeit von der jedes anderen Menschen und offenbart sich als Meisterwerk.

Dein Ehrgeiz entspricht genau deiner Seelenkraft.

So hat jeder einzelne seine Berufung durch die Allmacht, dass er nur ein ihm eigenes Werk vollbringe.

Jede Sekunde erblicken zwei Menschen das Licht der Welt. Viele werden demnach täglich mit einem identischen Geburtsdatum geboren und deshalb auch mit einer gleichen Schicksalszahl. Bei jedem wirkt sich sein Basisprogramm anders aus, denn jeder bekommt von seinen Eltern individuelle Gene, jeder lebt mit anderen Menschen zusammen und wird vom Leben unterschiedlich geprägt.

Auch ein besonderer Tag in unserem Leben, wie Verlobung, Hochzeit, eine Idee oder eine Geschäftsgründung, hat einen Moment der Geburt und kann daher auf die gleiche Art und Weise berechnet werden.

Anhand eines Geburtsdatums erklären wir die Berechnung. Das Geburtsjahr wird ausgeschrieben, also **1975** nicht nur **75**.

Wir nehmen als Beispiel das Geburtsdatum 16.9.1975 und rechnen wie folgt:
= 1 + 6 + 9 + 1 + 9 + 7 +5 = 38
= 3 + 8 = 11

Zuerst zählen wir die einzelnen Zahlen des Geburtsdatums zusammen. Aus der Endsumme erstellen wir wiederum die Quersumme bis sie eine der Grund- bzw. der Leitzahlen erhalten haben. Im oben aufgezeigten Beispiel handelt es sich um die Doppelzahl 11 (siehe Seite 96). Da sie eine Leitzahl ist, wird sie nicht gekürzt.

Schicksalszahl 1

Die Zahl 1 ist die Zahl der Einheit, der Erkenntnis, unteilbar, das männliche Prinzip Yang. Sie ist das Symbol des Lichtes und der höchsten Schöpferkraft.

Talente und Fähigkeiten:

Die 1 bedeutet Selbstvertrauen, Selbstbewusstsein und »Ich-Bin-Bewusstsein«. 1er können rasch das Wesentliche vom Unwesentlichen unterscheiden und sich dann förderlich und ergänzend einsetzen. Sie besitzen innere Stärke, sind ehrlich und fair. Menschen mit der Schicksalszahl 1 sind Individualisten, schöpferisch, lebhaft, unabhängig, eigenwillig und entschlossen. Sie sind mutig, intelligent und stark und sie lieben es, das Unbekannte zu erforschen. Angstfrei und auf das Gemeinwohl bedacht, machen sich 1er daran, Missstände zu beseitigen. Sie streben als Ziel die Vollkommenheit auf allen Ebenen des Lebens an.

Schwächen:

Menschen mit der Schicksalszahl 1 sind stetigen Wandlungen ausgesetzt. Sie werden immer wieder mit sich selbst zu tun haben. 1er nehmen nicht gerne Rat von anderen an, lehnen Kritik ab und neigen dazu, über andere zu verfügen. Sie haben Mühe, eigene und fremde Unvollkommenheiten zu akzeptieren. 1er sind Perfektionisten und möchten die Kontrolle über alles haben, was in ihrer Umgebung passiert. Es besteht eine Neigung zu Egozentrik, Stolz, Aggressionen, Intoleranz und Kopflastigkeit.

Lernaufgaben:

Als 1er lernen Sie durch Erfahrung. Sie erreichen Ihr Ziel, wenn es Ihnen gelingt, Ihre Theorien in die Praxis umzusetzen. Aktivität und Mut sind gefordert. Erobern Sie die Welt. Sie können es, und Sie schaffen es auch! Der Pioniergeist (Pionier = Wegbereiter) der 1er übertrifft alle anderen.

Wagen Sie sich mit Mut und Antriebskraft auf neue Gebiete vor. Sie können damit am Aufbau von Neuem mitwirken. Nehmen Sie Ihre Gefühle wahr, spüren Sie diese und sprechen Sie darüber. Schaffen Sie sich Freiräume. Richten Sie Ihren Blick und Ihre Schritte immer nach vorne. Glauben Sie an ganzheitliche Lebenskonzepte. Vertrauen Sie sich vollkommen der göttlichen Energie, der höchsten Schöpferkraft an, damit bleiben Sie im Fluss des Lebens.

Berufung:

Die 1 sollte im Berufsleben zu einer führenden Stellung kommen, denn sie kann ein guter Chef sein. 1er sind sehr effektiv und perfekt organisiert. Ihr Mut, ihre Stärke und mentalen Fähigkeiten können zur Inspiration für andere werden. Ihren Mitmenschen geben sie gerne einen Rat mit auf den Weg. 1er sind sehr warmherzig und zeichnen sich durch große Liebe zu Kranken, Hilflosen und Kindern aus. Sie können dabei gut eigene Interessen zurückstellen, ohne sich selbst aufzugeben.

Wenn die 1 lernt, mit anderen Menschen auf gleicher Basis zu kommunizieren und diese zu respektieren, wie sie sind, dann werden sich ihre wahren Führungsqualitäten entfalten.

Ideale Berufe für die Schicksalszahl 1: Leiter eines Unternehmens, Führungskraft – auch als Angestellter, Politiker, Ingenieur, Wissenschaftler, Erfinder, Lehrer, Erzieher, Kaufmann, Verkäufer, Arzt, Krankenschwester, Pfleger, Heiler, Sozialarbeiter.

Die Schicksalszahl 2

2 ist die Zahl der Unterscheidung, der Polarität, Trennung aus der Einheit, das weibliche Prinzip Yin.

Talente und Fähigkeiten:

Menschen mit der Zahl 2 sind sehr sensitiv, intuitiv, anpassungsfähig, bescheiden, kameradschaftlich und leicht zu begeistern. Sie können sich auf verschiedenste Umstände einstellen und sich anpassen (dies ist eine weibliche Eigenschaft). Geben und Nehmen fällt ihnen leicht. 2er sind gefühlvoll, sensibel und leidenschaftlich in ihren Beziehungen. Sie sind sanfte und liebevolle Partner, die nicht gerne alleine leben. 2er haben einen großen Freundeskreis, da sie die Nähe anderer Menschen suchen. Sie empfinden für ihre Mitmenschen entweder Sympathie oder Antipathie, selten sind sie ihnen gleichgültig. 2er sind gute Teamplayer, zuverlässig, diplomatisch und loyal. Sie können gut motivieren, sowohl beruflich als auch privat.

Schwächen:

2er haben oft »nah am Wasser gebaut«, sind nachgiebig, wenig beständig und sprunghaft, aber auch bedächtig und phlegmatisch. Sie gehen gerne Auseinandersetzungen und Streit aus dem Weg. 2er sind starke Zweifler, oft unentschlossen, haben Schwierigkeiten, Entscheidungen zu treffen, und Mühe, Ideen umzusetzen. Sie passen sich lieber anderen an, als eigene Wege zu gehen und sich eigene Wünsche zu erfüllen.

Lernaufgaben:

Unentschlossenheit und Stillstand bedeuten Energieverlust. Entscheiden Sie sich für eine Richtung und gehen Sie vorwärts. Um Bestätigung zu bekommen und um das Gefühl zu haben, etwas Besonderes zu sein, neigen Sie dazu, anderen zu helfen und sich für andere einzusetzen. Sie lieben es, gebraucht zu werden, und möchten allen gefallen. Diesem Helfer-Syndrom liegen ein Plus und ein Minus zugrunde. Setzen Sie sich auch mit sich selbst auseinander. Lernen Sie, Grenzen zu setzen, auf Ihre eigenen Gefühle und Ihre innere Stimme zu hören. Handeln Sie danach, unabhängig davon, was andere denken. Gestalten Sie Ihr Leben liebevoll und abwechslungsreich. Hören und spüren Sie in sich hinein. Leben Sie Ihre eigenen Wahrheiten und treffen Sie Entscheidungen. Lernen Sie aus Ihren eigenen Erfahrungen, und Sie werden immer mehr Ihre innere Freiheit spüren.

Bringen Sie Ihre Sensitivität unter Kontrolle und lernen Sie sich abzugrenzen, damit Sie nicht die negativen Schwingungen von anderen Menschen und von Ihrer Umgebung aufnehmen.

> Es gibt viele Arten, sich zu schützen, z. B. können Sie das weiß-goldene Licht, den Heilstrahl Gottes um Ihre Aura visualisieren oder Schutzsteine tragen. Ein besonders intensiver Stein ist der *schwarze Turmalin* oder das *Silberauge*.

Berufung:

2er sind anspruchslose und rücksichtsvolle Angestellte. Sie arbeiten lieber im Hintergrund und in Teams, da es ihnen oft an Selbstsicherheit mangelt. Sie unterstützen ihren Vorgesetzten und arbeiten diesem zu. Dies kann sich als nützlich erweisen, denn diejenigen, die aus ihren Fähigkeiten Nutzen ziehen, werden ihnen helfen, ihre Begabungen auch für sich selbst gewinnbringend einzusetzen.

2er können gut mit ihren Träumen arbeiten. Bitten Sie z. B. abends vor dem Einschlafen um Antworten auf Fragen und Probleme durch einen Traum und auch darum, diesen zu verstehen und nicht zu vergessen. Sie haben die Möglichkeit, täglich in ein Traumtagebuch zu schreiben. So kann nachvollzogen werden, welche Alltagsthemen in den Träumen verarbeitet werden.

2er fühlen sich in den meisten Berufen gut aufgehoben, vor allem in der Medizin, in karitativen Einrichtungen oder in der Forschung. Auch musische Berufe unterstützen das Wesen der 2er.

Ideale Berufe für die Schicksalszahl 2: Mediziner, Pfleger, Laborant, Bibliothekar, Sekretär, Gärtner, Florist, Musiker, Kosmetiker.

Die Schicksalszahl 3

3 ist die Zahl der Kreativität, der Lebensfreude, das Symbol des göttlichen Wirkens in der Welt. Die 3 vereinigt das Wagnis der 1 und die Vorsicht der 2. Sie ist eine Zahl der Selbstverwirklichung und Freiheit.

Talente und Fähigkeiten:

3er sprühen vor Optimismus, sind begeisterungsfähig und feinfühlig. Die 3 fragt immer nach dem Warum, nach dem Sinn des Lebens und möchte hinter die Dinge sehen können. Wenn ein Fragezeichen beantwortet ist, kommt schon das nächste. Mit ihrem beweglichen und scharfen Verstand lernt sie leicht, hat eine überdurchschnittliche Vorstellungskraft, denkt großzügig und will Schönheit in jede Situation bringen. Menschen mit der Schicksalszahl 3 möchten immer wieder Veränderungen auf allen Ebenen, um sich frei entfalten zu können. Die 3 hat viele Freunde und große Freude am gesellschaftlichen Leben. Sie ist überall willkommen, da sie ein sonniges Gemüt hat, meist fröhlich und guter Dinge ist. 3er lieben Annehmlichkeiten, gutes Essen, geschmackvolle Kleider und ihr Aussehen.

Schwächen:

3er lieben das Abenteuer, sie gehen gerne Wagnisse ein und Gefahren selten aus dem Weg. Sie sind Leistungsmenschen, stehen unter ständigem Erfolgszwang und müssen gewinnen, sonst fühlen sie sich minderwertig. Die 3 nimmt nur ungern Kritik an und will ihre Schattenseiten nicht sehen, denn diese bedeuten für sie, zu versagen, und das darf die 3 auf keinen Fall. Sie geht verschwenderisch mit ihren Energien um, um frei zu werden. Wegen ihrer Vielfalt an Talenten besteht bei der 3 die Gefahr der Zersplitterung. Schönheit, Luxus und Vergnügen sind für 3er wichtig. Äußerlichkeiten sind ihnen oft wichtiger als Menschen.

Lernaufgaben:

Sie sehnen sich nicht nur nach Lob und Bewunderung, sondern vor allem nach echter Liebe. Durch gute Leistung und Erfolg hoffen Sie, Liebe zu bekommen. Sie sollten diese nicht mehr nur von außen erwarten, sondern sich selbst geben. Lassen Sie Ihre Gefühle zu. Nicht nur das Äußerliche ist wichtig, sondern auch das Innere. Finden Sie zu sich selbst, lernen Sie, sich auszudrücken und selbst zu verwirklichen. Sehen Sie Krankheiten als Chance für Wandlung und Veränderung, nicht als Strafe des Schicksals. Entspannen Sie sich, genießen Sie die Stille und seien Sie einfach da, um die Verbindung zu Ihrem inneren göttlichen Wesen zu spüren und in die innere Balance zu kommen. Die Natur bringt Ruhe und Erholung.

Berufung:

Die 3 ist gesegnet mit reichlich kreativen Ideen, die sie verwirklichen will, und sie ist frustriert, wenn es zu lange dauert. 3er sollten sich immer wieder weiterbilden, Kurse besuchen, um neue Anregungen zu bekommen und um geistig fit und kreativ zu bleiben. Die 3 geht in ihrem Beruf, in ihrer Karriere, ihren Rollen und Projektionen voll auf. Die Stärken der 3er liegen auf intellektuellem, künstlerischem, kreativem und schöpferischem Gebiet, die sie mit Disziplin umsetzen kann. Viele Schauspieler, Musiker und Künstler sind unter den 3ern zu finden.

Ideale Berufe für die Schicksalszahl 3: Schauspieler, Tänzer, Schriftsteller, Kunstmaler, Musiker, Fotograf, Architekt, Innenarchitekt, Kunsthandwerker, Kosmetikerin, Koch, Ernährungsberater, Designer, Mediengestalter, jede Art von künstlerischer Gestaltung bei den verschiedensten Medien (Zeitung, TV, Film…), Werbefachmann, Verkäufer, Manager.

Die Schicksalszahl 4

4 ist die Zahl der Stabilität und der Realisierung, die Zahl der Welt und der Materie. Sie ist eine karmische Zahl und bedeutet eine Aussöhnung mit der Vergangenheit. Mit der 4 werden Zeichen gesetzt. Alles, was hier bewusst und unbewusst »gesät« wird, wird auch »geerntet«.

Talente und Fähigkeiten:

4er sind solide, konservative Bürger, die auf ehrliche Art und Weise ihr Geld verdienen. Sie sind treu, geduldig, hilfsbereit, pünktlich und halten Versprechen. Sie stehen mit beiden Füßen fest auf dem Boden. 4er Menschen kennen den Wert des Geldes, sind auf Sparsamkeit bedacht, gehen kein Risiko ein und kaufen nur das, was sie wirklich brauchen. Sie sind keine Spieler, Sicherheit geht ihnen vor Risiko. 4er haben einen gesunden Menschenverstand, eine gute Allgemeinbildung und ein gutes Gedächtnis. Sie gehen den Dingen gerne auf den Grund, ihr Vorgehen ist methodisch. Gute Freunde sind 4er Menschen sehr wichtig.

Schwächen:

4er sind sehr traditionsbewusst, sie lieben Gewohntes und Vertrautes, denn Vergangenes hat sich oft bewährt. Sie leiden gern, sind melancholisch und depressiv und machen aus allem ein Drama. Nach außen wirken 4er oft sehr sicher, im Innern sind sie jedoch eher zögerlich und gehemmt. Ihre Gefühle nehmen sie sehr ernst, und sie sind tief verletzt, sobald sie kritisiert werden. Sie tendieren dazu, sich durch Selbstkritik selbst zu verletzen. 4er haben ihre Wertvorstellung sehr hoch angesetzt, denn sie möchten gerne etwas Besonderes sein. Chaotische Umstände oder gar Druck sind ihnen ein Greuel.

Lernaufgaben:

Sie haben in diesem Leben ganz bestimmte Aufgaben in Bezug auf Ihren Beruf und mit Ihren Mitmenschen zu erfüllen. Stellen Sie sich den Herausforderungen und bleiben Sie nicht in Routine und Details stecken, seien Sie offen und flexibel, werten Sie nicht. Denken Sie über festgefahrene Leitsätze nach. Lassen Sie los, denn mit Sturheit kommt man nicht weiter. Nehmen Sie das Leben fröhlich und dankbar an, so wie es kommt. Die einzige Sicherheit auf Erden ist die Versöhnung mit sich selbst. Wenn Ihnen das bewusst ist, dann können Sie Ihre mentalen Blockaden loslassen und Ihr Sicherheitsdenken verringern. So werden Sie Ihren inneren Frieden finden und ihn mit anderen teilen können. Nehmen Sie sich Zeit für sich selbst! In der Natur können Sie sich gut und rasch vom Alltagsstress erholen.

Berufung:

4er Menschen sind zuverlässig, praktisch, ordentlich, erfolgreich und vertrauenswürdig. Sie sind harte und disziplinierte Arbeiter und bringen sich gut und gerne mit ein. Sie verrichten ihren Beruf mit Konzentration, Disziplin, Ausdauer und hassen es, Fehler zu machen. 4er sind pflichtbewusst, vertrauenswürdig und zugleich glücklich, wenn sie etwas zu tun haben. Sie zeichnen sich durch Weitblick, gute Planung und Organisation aus, so können sie ihre Ideen und Projekte rasch umsetzen. 4er sind faire Geschäftspartner und benötigen ein sicheres und klar strukturiertes (Arbeits-)Umfeld.

4er schaffen gerne mit den Händen, sie müssen fühlen, wie etwas entsteht. Sie schätzen Routineaufgaben. Ihre Arbeit sollte die 4 motiviert und mit Freude verrichten, ohne Lob und Anerkennung von außen zu erwarten.

Ideale Berufe für die Schicksalszahl 4: Masseur, Chirurg, Koch, Landwirt, Mechaniker, technischer Zeichner, Buchhalter, Controller, Beamter, Sekretär, Angestellter, Architekt, Maurer, Bauarbeiter, Fabrikarbeiter.

Die Schicksalszahl 5

Fünf ist die Zahl der Freiheit und der Kommunikation. Menschen mit der Schicksalszahl 5 läuten immer wieder Neues ein.

Talente und Fähigkeiten:

5er sind gesellig, vielseitig begabt, beweglich und wandlungsfähig. Sie sind viel unterwegs, lieben die Abwechslung, Reisen und Abenteuer und wissen Interessantes zu berichten. Das Motto der 5er lautet: Das Leben ist ein Abenteuer. Genug persönliche Freiheit zu haben, ist für 5er lebensnotwendig. Dies sollten Eltern, Ehepartner und Freunde möglichst bald verstehen und akzeptieren. Die 5 legt Wert auf ihre äußere Erscheinung und möchte immer einen guten Eindruck machen. Als eifrige Leser, gewandte Redner und vielseitige Organisatoren sind 5er anregende Gesprächspartner, und jede Gesellschaft wird durch ihre bloße Anwesenheit bereichert. Die 5 ist lebhaft, lebensbejahend, sie versprüht eine enorme Erfolgsdynamik und ist sozusagen »Energie pur«. Sie kann rasch und spontan handeln. 5er lieben das andere Geschlecht und übertreiben oft ihre gesellschaftlichen Aktivitäten. Sie leben ihr Leben mit allen 5 Sinnen. 5er strahlen Wärme aus und erfreuen sich langer und tiefer Freundschaften.

Schwächen:

5er spüren oftmals eine innere Leere. Damit sie sich nicht mit ihrem Innersten auseinandersetzen müssen, beschäftigen sie sich lieber mit allem, was im Außen passiert. Sie sammeln leidenschaftlich alle Arten von materiellen Dingen und auch geistigem Wissen, in der Hoffnung, diese Leere damit auszufüllen. Viele 5er bleiben oft in der Theorie stecken und sind Kopfmenschen. Sie tragen sozusagen ihr Herz im Kopf. Sie denken, bevor sie etwas tun oder anstatt etwas zu tun. Die Ehe mit einer 5 ist entweder wunderschön oder sehr schwierig. Die Sehnsucht nach Nähe und der Wunsch nach Distanz sind bei 5ern etwa gleich groß. Sie haben Angst vor emotionalen Verpflichtungen, Bindungen und Abhängigkeiten. Beziehungen stehen sie skeptisch gegenüber. 5er haben aus Furcht vor Liebesentzug Bedenken, voll zu sich zu stehen. Sie können deshalb auch nur schlecht »Nein« sagen. Auf der anderen Seite sprengen 5er gerne Grenzen, gehen Risiken ein, lieben Glücksspiele und Spekulationen.

Lernaufgaben:

Sie können Ihre Gefühle gut wahrnehmen und sollten diese auch akzeptieren, darüber sprechen und danach leben. Eine Übereinstimmung im Fühlen, Handeln und Reden führt zu Selbstbestimmung und bringt echte Freiheit im Leben. Die eigenen Gefühle sind unsere einzige Wahrheit. Erst wenn Sie die Wahrheit in sich selbst suchen und wissen, dass nur die Verbindung zum eigenen inneren Selbst Ihre Sehnsucht stillen kann, erreichen Sie ihr Ziel. Echte Freiheit erleben Sie, wenn Sie sich den Dingen stellen und diese bereinigen.

Berufung:

Ideale Berufe für 5er sind mit selbständiger, freiberuflicher Arbeit, freien Entscheidungen und einem größtmöglichen Handlungsspielraum, verbunden. 5er sind die geborenen Manager und deshalb gerne selbst der Boss. Sie lieben den Kontakt mit der Öffentlichkeit. 5er hassen Langeweile, Routine und benötigen aus diesem Grund Abwechslung in ihrem Arbeitsbereich. Sie sprühen vor Ideen und erledigen gerne mehrere Dinge gleichzeitig. Sie schaffen alleine oft mehr, als ein ganzes Team zusammen.

Ideale Berufe für die Schicksalszahl 5: Manager, Erfinder, Wissenschaftler, Forscher, Entwicklungshelfer, Bibliothekar, Forschungsreisender, Detektiv, Börsenmakler, Bankangestellter, Reiseleiter, Verkäufer, Vertreter im Außendienst, Schriftsteller, Moderator, Versicherungs- oder Werbefachmann, Journalist.

Die Schicksalszahl 6

6 ist die Zahl der Lebenskraft und der Durchsetzung. 6er lieben Harmonie und Frieden, Wahrheit und Gerechtigkeit. Die Zahl 6 steht für die Schwingung der persönlichen Liebe und der Hingabe an seine Mitmenschen. Sie verspricht wunderschöne Erlebnisse in diesen Bereichen.

Talente und Fähigkeiten:

Menschen mit der Schicksalszahl 6 sind ihr Zuhause, ihre Familie und ihre Freunde sehr wichtig. Sie sorgen sich um deren Wohlergehen und übernehmen oft die Verantwortung, damit in ihrem Umfeld alles reibungslos verläuft. 6er lieben schöne Dinge und eine geschmackvolle Umgebung. Sie haben sich der Ästhetik und Kunst verschrieben. 6er lieben Blumen und ein gutes Essen, sie verwöhnen gerne Freunde und Bekannte. Sie sind hervorragende Gastgeber und stehen gerne im Mittelpunkt. Die meisten Menschen mögen 6er gern und fühlen sich in deren Gegenwart sehr wohl, denn sie sind freundlich, optimistisch, geduldig, gewissenhaft und tolerant. 6er geben ihrem Umfeld Ruhe, Zuwendung, Liebe und Verständnis. Sie reagieren rasch, haben Freude am Handeln, große Tatkraft und helfen mit Begeisterung anderen Menschen. 6er sind verantwortungsbewusst, fair, unparteiisch und loyal. Sie geben Halt und Schutz, sind friedliebend und mögen eine ruhige Atmosphäre. Sie kämpfen für Recht und Ordnung, um Harmonie herzustellen. 6er haben eine große innere Ausstrahlung, eine starke Heilkraft, und sie spenden Trost allein durch ihre bloße Anwesenheit. Sie sind vorausschauend, mutig und haben einen 6. Sinn für Gefahren. Ihre Unternehmungen zeichnen sich durch Klugheit, Verstand und leidenschaftliche Gefühle aus. Ihre stark entwickelte Intuition hilft bei all ihren Plänen und verleiht den nötigen Durchblick.

Schwächen:

Es gibt 6er, die Aggressionen und Konfrontationen ablehnen, andere wiederum lieben heftige Auseinandersetzungen und stellen sich Streitereien. Die 6 hat die Tendenz, Menschen emotionell von sich abhängig zu machen, ist besitzergreifend und eifersüchtig. Wenn sie zu aufopfernd ist, wird die Familie von ihrer Liebe fast erdrückt. 6er werden leicht von Selbstzweifeln befallen und sind deshalb vorsichtig und misstrauisch. Sie sind wachsam bei Lob und Anerkennung, weil sie vermuten, dass man über Schmeichelei an sie herankommen möchte. In

Glaubensangelegenheiten sind 6er eher engstirnig, da sie sehr konservativ und realistisch sind. Meist steht ihrem geistigen Wachstum ihr großes Bedürfnis nach Beistand und Sicherheit im Weg. Bei Ungereimtheiten suchen sie umgehend einen Sündenbock und wollen alles »schwarz auf weiß« bewiesen haben.

Lernaufgaben:

Sie können Menschen und Situationen sehr gut einschätzen, jedoch müssen Sie sich vor schnellen Schlussfolgerungen und Urteilen hüten. Unnötige Sorgen kosten nur Kraft. Lernen können Sie vor allem durch Situationen und Begebenheiten in der Familie und treffen Sie Entscheidungen, ohne andere um Erlaubnis zu fragen. Im Einklang mit Musik und Rhythmus fühlen sich 6er im Einklang mit sich selbst und dem Kosmos.

Berufung:

6er haben oft verantwortungsvolle Berufe. Geeignete Arbeitsbereiche liegen im sozialen Bereich, in der Familie oder in der Gesellschaft. 6er kümmern sich gerne um andere, sei es in Pflegeberufen oder in Beratertätigkeiten. Sie verstehen die Menschen und ihre Schwächen, und sie haben ein gutes Gefühl für Kinder. Deshalb sind 6er auch gute Lehrer. Beschäftigungen mit Musik, Tanz und Sport liegen ebenso auf ihrer Wellenlänge.

Ideale Berufe für die Schicksalszahl 6: Rechtsanwalt, Richter, Polizist, Architekt, Lehrer, Arzt, Heiler, Therapeut, Krankenschwester oder -pfleger, Erzieher, Kindergärtnerin, Innendekorateur, Musiker, Künstler, Hauswirtschafterin, Koch.

Die Schicksalszahl 7

7 ist die Zahl der Mystik, der Lebensfülle, sie ist immer auf der Suche nach dem inneren Wissen, nach dem Sinn des Lebens.

Talente und Fähigkeiten:

Die mystische Zahl 7 besitzt ein großes Selbstwertgefühl und einen enormen Vorrat an Energie. Wie die 5 liebt die 7 Reisen und Abenteuer. 7er sind sehr sensible, natürliche und herzliche Menschen. Sie haben Charme und eine gute Menschenkenntnis. Sie behandeln andere mit Respekt und fühlen mit allen Kreaturen, sie lieben die Natur und auch Tiere. Sie sehnen sich danach, dass alle in ihrer Umgebung glücklich sind. 7er können, bedingt durch ihre gute Beobachtungsgabe und ihr Gespür, oftmals hinter die Dinge sehen. Für 7er sind die kleinen Dinge eher unwichtig, sie kümmern sich lieber um die größeren Zusammenhänge. Auch wenn die 7 gut alleine sein kann, liebt sie es, sowohl beruflich als auch privat Menschen um sich zu haben. Sie ist ein vertrauenswürdiger Freund und zuverlässiger Partner. Sie kann organisieren, planen, verwalten, aufbauen und ist in fast allen Lebensbereichen wortführend. Die 7 ist kein Spieler, sondern eher ein Analytiker und Denker, der jede Situation genau erforscht und eigene Schlussfolgerungen ziehen kann. Die 7 interessiert sich für Metaphysik und Philosophie, für Religion und Spirituelles. 7er sind fasziniert von psychologischen und philosophischen Studien. Sie sind empfänglich für alles Intellektuelle, für Wissen und Bildung. Geistige Werte sind für sie sehr wichtig.

Schwächen:

7er sind oft ernsthafte, in sich gekehrte, zurückhaltende Menschen, dadurch wirken sie sehr geheimnisvoll. Sie hören nicht gerne auf den Rat anderer und neigen dazu, Unangenehmes aufzuschieben. Sie wollen sich nicht mit emotionalen Problemen befassen, möchten den seelischen Schmerz nicht wahrnehmen und die Schattenseiten nicht sehen. 7er können nach außen lustig sein, aber im Innern sind sie oft tief traurig, dadurch täuschen sie sich selbst und ihre Umwelt. Sie sind oft unsicher, fühlen sich unverstanden und einsam. Sie lächeln auch dann noch, wenn es ihnen wirklich schlecht geht.

Lernaufgaben:

Vertrauen Sie Ihren Träumen und Visionen. Verlassen Sie sich auf Ihre Intuition, dadurch gelangen Sie zu großer Weisheit. Es ist wichtig, das vorhandene Urvertrauen auch wirklich zu leben, sich dem Fluss des Lebens anzuvertrauen und das Leben so anzunehmen, wie es ist. Die Lernaufgabe besteht darin, die Angst vor Einsamkeit und Versagen zu überwinden. Lernen Sie, allein zu sein, ohne einsam zu sein, sich im Alleinsein »all-eins« zu fühlen. Das bedeutet, im Universum mit allem verbunden zu sein, mit den Menschen, den Tieren, den Pflanzen, den Steinen, dem Göttlichen und unseren geistigen Begleitern. Dieses Gefühl der Verbundenheit, »Glückseligkeit« genannt, fangen Sie am besten in der Stille eines sonnigen Morgens ein.

Berufung:

Die Fähigkeiten der 7er liegen sowohl in analytischen Bereichen als auch in praktischen Fähigkeiten. Sie können sehr gut organisieren, planen, verwalten oder gut mit Tieren umgehen. 7er beschäftigten sich außerdem gerne mit religiösen, spirituellen oder mystischen Themen.

Ideale Berufe für die Schicksalszahl 7: Wissenschaftler, Ingenieur, Techniker, Erfinder, Schriftsteller, Lehrer, Gartenarchitekt, Gärtner, Förster, Tierarzt, Tierpfleger, Pfarrer, Religionsforscher, Philosophie-Dozent.

Die Schicksalszahl 8

8 ist die Zahl der Gerechtigkeit und des Ausgleichs. Mit der 8 erfahren wir das Wissen um die Bedeutung der Entwicklung auf allen Ebenen: körperlich, geistig und seelisch.

Talente und Fähigkeiten:

8er streben nach Wohlstand und Anerkennung. Sie haben eine glückliche Hand bei Spekulationen und finanziellen Angelegenheiten. Für die Erfüllung ihrer Wünsche setzt die 8 alle Energien ein, sie kann hart dafür arbeiten und findet immer Menschen, die ihr dabei helfen. Sie ist aber auch für ihre Großzügigkeit bekannt und zollt Anerkennung für gut geleistete Dienste.

8er sind wahre Genussmenschen. Sie genießen alles, was das Leben an Schönem zu bieten hat, sie lieben Statussymbole und möchten genug besitzen, um ein angenehmes Leben zu führen. Sie sind gefühlsbetont und verstehen es, sich beliebt zu machen. 8er haben viel Sinn für Kunst, Form, Farbe, Klang und Duft.

Schwächen:

Die 8 ist, wie die 4, eine karmische Zahl. Das Leben bringt viele Herausforderungen. Diese Menschen müssen durch viele Höhen und Tiefen gehen, um zu erleben, was Harmonie ist. Die 8 verlangt nach Verantwortung, positiv ausgeübter Macht, Ehrgeiz und Kontrolle in den selbst ausgesuchten Bereichen. 8er sind selbstgerecht und können Fehler schlecht eingestehen oder sich gar dafür entschuldigen. Sie möchten perfekt sein und so auch nach außen wirken. 8er haben hohe Erwartungen an Beruf, Familie und Freunde. Sie sind rechthaberisch, suchen und finden bei anderen deren Fehler. Ihre eigenen Schwächen sehen sie nicht und schieben deshalb die Schuld gern auf andere.

Lernaufgaben:

Die 8 ist eine unendliche Zahl, genau wie die 0, allerdings geht sie dabei über das Kreuz.

Sie wollen in diesem Leben viele Erfahrungen machen, um vorwärtszukommen. Deshalb sollten Sie Probleme als Chancen zum Lernen betrachten. Sie haben eine gute geistige Veranlagung, leider fehlen Ihnen oft die Lust und die Beständigkeit zum Lernen. Dies ist jedoch wichtig, um sich weiterzuentwickeln.

Leben Sie Ihre natürliche Mächtigkeit. Manipulationen sollten Sie außer »acht« lassen! Schrauben Sie Ihre Erwartungen zurück, niemand kann so perfekt sein, wie Sie es sich vorstellen. Überwinden Sie Ihre Vorurteile, öffnen Sie Ihr Herz und leben Sie in Liebe, dann können Sie Positives ernten. Lernen Sie geduldig, demütig und Schritt für Schritt langsam vorwärtszugehen. Sie müssen nicht alles kontrollieren! Leben Sie den Moment und vertrauen Sie sich dem Fluss des Lebens an. Mit diesen Erkenntnissen können Sie zu einem guten Berater für andere Menschen werden. Musik und Farben können Ihnen dabei helfen, Ihre Gefühle zu harmonisieren und in Einklang zu bringen.

Berufung:

8er sind Allrounder und für jeden Berufszweig geeignet, weil sie für alles offen sind. Sie sind sehr ehrgeizig, diszipliniert, leisten viel, arbeiten unermüdlich und haben eine natürliche Autorität. 8er sind ideale Vorgesetzte, die mit Verstand und Scharfsinn ihre Stellung bestätigen. Sie sind in der Lage, andere Menschen dazu zu bringen, das Beste aus sich herauszuholen. Sie lieben schwierige Aufgaben und hassen es, Befehle entgegenzunehmen. Deshalb findet man 8er oft an der Spitze eines Unternehmens. Am liebsten bauen sie ihre Macht- und Einflussbereiche aus, überwinden dabei Hindernisse und meistern alle Herausforderungen.

8er Menschen können ein Vorbild sein und durch ihr Beispiel zeigen, wie man im Geschäftsleben Erfolg hat

Ideale Berufe für die Schicksalszahl 8 sind: Unternehmer, Manager, Jurist, leitender Angestellter, Verleger, Finanzverwalter, Politiker, Organisator von Tagungen und Kursen aller Art, Sportler.

Die Schicksalszahl 9

9 ist die Zahl der universalen Liebe, des Mitgefühls, der Liebe zur ganzen Schöpfung und zu allen Menschen. Die 9 weiß, dass die höchste Form der Liebe bedingungsloses Geben und selbstverständliches Tun ist.

Talente und Fähigkeiten:

Die 9 ist vielfältiger als alle anderen Zahlen. 9er Menschen sind großzügig, fleißig und auf fast allen Gebieten sehr begabt und erfinderisch. Sie haben sehr viele Interessen und wollen überall dabei sein. Sie lieben das Extravagante, das Extreme, sind für vieles offen und lieben Neuanfänge und Veränderungen. Ihre Intuition lässt sie spontan die richtige Wahl und Entscheidung treffen. 9er sind Erneuerer und erweitern immer wieder ihren Horizont, denn sie wollen nicht still stehen, sondern lernen. Sie ziehen sich aber auch gerne zurück und suchen die innere Einkehr. 9er können besonders gut logisch denken und sich sehr gut in Sprache, Schrift und Gesten ausdrücken. Sie sind gute, aber auch schlagfertige Zuhörer. 9er wollen die Mysterien des Lebens verstehen. Sie sind sehr sensibel, charismatisch, weitsichtig, großmütig und weise. Sie sind ausgezeichnete Menschenkenner und wahre Menschenfreunde. 9er möchten die Welt verbessern und ziehen damit am gleichen Strang wie die Menschen in ihrer Umgebung. Freundschaften, Beziehungen und Ehe sind nicht selten mit ehrgeizigen beruflichen Interessen verbunden.

Schwächen:

Menschen mit der Zahl 9 hungern nach Wissen und Fähigkeiten, wollen oft mehr als möglich ist und sind deshalb meist überfordert. Sie spüren immer wieder eine innere Unruhe. 9er sind ungeduldig, möchten am liebsten alles auf einmal tun und ihre vielen Ideen sollten schon »vorgestern« verwirklicht sein. 9er verschwenden viel Energie, um Konflikte zu vermeiden, sie zögern zu oft und es fällt ihnen schwer, Entscheidungen zu treffen.

Lernaufgaben:

Ihr Ziel ist die Perfektion und die Vervollkommnung. Sie können tief »mitleiden«, bis Sie begreifen, dass Mitleid weder Ihnen noch anderen weiterhilft. Ihr Lebensinhalt liegt meist darin, für andere Menschen da zu sein, ihnen zu helfen und sie ohne Hintergedanken zu unterstützen. Das wahre Glück liegt für Sie im Dienst am Nächsten. Ihre Aufgabe ist es, zu verstehen, dass jeder Mensch selbst die Verantwortung für sein Leben trägt und genau die Lektionen bekommt, die ihm ein optimales geistiges Wachstum ermöglichen. Sie haben mehr »Gespür« für andere, als für sich selbst. Transformieren Sie Ihre Neigung zu Selbstmitleid in Selbstliebe. Üben Sie sich in Geduld und haben Sie ein klares Ziel vor Augen, denn sonst sehen Sie den Wald vor lauter Bäumen nicht. Impulse von außen tun Ihnen gut, damit Sie Alternativen abwägen und Entschlüsse fassen können. Gehen Sie liebevoll mit sich um und hören Sie auf Ihren Körper. Gönnen Sie sich eine Auszeit, begeben Sie sich in die innere Stille, meditieren Sie. So entfalten sich Ihre Erkenntnisse und Sie können sich beruhigt Ihrem Lebensziel stellen.

Berufung:

In der 9 sind alle Zahlen enthalten, sie bringt große Verantwortung und ungeahnte Möglichkeiten. 9er sind kontaktfähig, besitzen Feingefühl und einen hohen Intellekt. Die Berufsauswahl ist für sie sehr vielfältig. Idealerweise liegen sie in medizinischen, in sozial-therapeutischen, in wissenschaftlichen oder in kommunikativen Bereichen. 9er nehmen auch gerne die Chance wahr, im Ausland zu arbeiten.

Ideale Berufe für die Schicksalszahl 9: Diplomat, Sozialarbeiter, Rechtsanwalt, Tänzer, Künstler aller Art, Außenhandelskaufmann, Schauspieler; Schriftsteller, Lehrer, Journalist, Redakteur, (Presse-)Sprecher.

Die Lernaufgaben der doppelten Schicksalszahlen

Mit einer Leitzahl als Schicksalszahl kann man zuerst auch mit der Quersumme, z. B. statt der 11 mit der 2 oder statt der 22 mit der 4, arbeiten, dann sollte der Schicksalsweg zuerst dort nachgelesen werden. Bei Interesse an »Höherem« kann man sich danach den Lernaufgaben der Doppelzahl widmen.

Die Schicksalszahl 11

11 ist die Zahl der Einheit und Erkenntnis, der Nächstenliebe und der bedingungslosen Liebe.

Beistand und Hilfestellung:

Die 11 verleiht Mut, Kraft und Talente. Wir können die Höhen und Tiefen der Zahl 11 erkunden, indem wir lernen, unseren Eingebungen, unserer Intuition zu vertrauen und unsere kreative, einmalige Schöpferkraft in praktische Bahnen zu lenken, damit wir Nutzen aus unseren Ideen ziehen können.

Lernaufgaben:

In Ihrem Leben werden Sie auf alle möglichen Arten von Hindernissen stoßen. An diesen können Sie reifen und zu neuen Erkenntnissen gelangen. Lernen Sie, geduldig zu sein und Entscheidungen zu treffen. Sie werden im Laufe der Zeit mit der Esoterik und ihren Anhängern in Berührung kommen, und wenn das geschieht, lassen Sie sich am besten von Ihrer Intuition leiten. Das Ungewöhnliche zieht Sie an, mit allen Begleiterscheinungen. Ein guter energetischer Schutz ist sehr wichtig, weil Sie oftmals unbewusst negative Energie von anderen aufnehmen. Sie können erfolgreich und ein inspirierender Redner sein, wenn Sie eine philosophische Sicht des Lebens entwickeln und sich stets von Ihrem inneren Licht den Weg weisen lassen. Suchen Sie nach dem Gleichgewicht zwischen dem materiellen und dem spirituellem Leben, denn dies ist der Ursprung für Ihre Bestimmung. Vertrauen Sie auf Ihre starke Intuition, sie ist eine wertvolle Grundlage für Ihre Inspiration und Ihre Weisheit. Ihr Motto sollte sein: »Liebe deinen Nächsten wie dich selbst« und »Bedingungslose Liebe leben« – das heißt vergeben und verzeihen. Vorherrschende Themen der 11 sind Nächstenliebe und Selbstlosigkeit ebenso wie das Leben in und mit einer großen Gemeinschaft. In Schwierigkeiten geraten Sie, wenn sie sich von der Kraft dieser Schicksalszahl verleiten lassen und zum Exzentriker, zum Träumer oder zu einem herrschsüchtigen Menschen werden.

Berufung:

Ideale Berufsfelder liegen in der Wissenschaft und Forschung. Wie wäre es mit Astrologie, Astronomie oder der Theologie? Sie wären ein guter, auch spiritueller, Lehrer, der sein Wissen auf interessante und spannende Art weitergeben könnte.

Mögliche Berufe für die 11-2er: Psychoanalytiker, Psychologe, Lehrer, Pfarrer, Missionar, Theologe, Philosoph, Schriftsteller, Erfinder, Wissenschaftler, Forscher, Astronom, Astrologe, Fürsorger, Journalist, Redakteur.

Die Schicksalszahl 22

22 ist die Zahl der ausgewogenen Entwicklung.

Beistand und Hilfestellung:

Die 22 verleiht Ausdauer, Stärke und Geisteskraft. Sie hilft und unterstützt uns dabei, aus unseren Fehlern zu lernen, uns in einem ausgewogenen Verhältnis um andere zu kümmern und mit Harmonie und Ausgeglichenheit unseren Weg zu gehen.

Lernaufgaben:

Die Verständigung und Aussöhnung mit inneren Zweifeln ist wichtig für unseren Entwicklungsprozess. Ihre Hauptaufgabe ist es, Ihre einfallsreichen Ideen mit Ihren praktischen Fähigkeiten zu vereinen. Übernehmen Sie die Verantwortung für Ihre Konzepte, arbeiten Sie mit anderen zusammen, dadurch schaffen Sie sich ein sicheres Fundament. Ihre Offenheit und Ihre Spontaneität ebnen Ihnen viele Wege. Bringen Sie sich selbst aus blindem Ehrgeiz nicht aus dem Tritt, gehen Sie Schritt für Schritt Ihren Weg. Mit Vertrauen und Teamgeist erreichen Sie Ihre Ziele. Bestehende Kontakte und das Zusammensein mit einflussreichen Menschen fördert Ihre Interessen und kann Ihnen zu wichtigen Erkenntnissen verhelfen. Achten Sie auf Impulse, die Ihnen Ihre Mitmenschen geben, denn sie könnten für Ihren Weg entscheidend sein. Setzen Sie sich mit Ihren außersinnlichen Wahrnehmungen auseinander, nehmen Sie diese wahr und lernen Sie, diese in Ihr Leben zu integrieren. Bringen Sie Gleichgewicht in Ihre inneren und äußeren Fähigkeiten. Haben Sie Vertrauen in Ihre Intuition und in Ihre Begabungen, lassen Sie sich nicht von Hindernissen oder Störungen vom Weg abbringen. Sie können Großes erreichen, wenn Sie aus Ihren Erkenntnissen lernen und sich, wenn nötig, anpassen. Bringen Sie sich in soziale, heilende, spirituelle oder wohltätige Projekte mit ein.

Berufung:

22er stehen oftmals an der Spitze von großen Organisationen und Konzernen. Sie übernehmen gern die Verantwortung und setzen sich für ihre Arbeitgeber gewinnbringend ein. Sie haben ein erfolgreiches Händchen für lukrative Geldanlagen und sind fähig, andere Menschen für originelle und einfallsreiche Ideen zu begeistern. Die Einzelheiten werden dann von den Mitarbeitern ausgearbeitet, ebenso wie die Ausführung des Projekts von diesen überwacht wird. Bei den praktischen Ausführungen stehen 22er ihren Kollegen tatkräftig zur Seite.

Denkbare Berufe für die 22-4er: Botschafter, Diplomat, Präsident, Unternehmensberater, Manager, Einkäufer, Lehrer, Organisator von öffentlichen Arbeiten z. B. im Umweltschutz oder bei Förderung von Alternativ-Energien, Yoga-, Wellness- oder Sportlehrer.

Die Schicksalszahl 33

33 ist die Zahl des Ausdrucks, der hohen Ideale und des Feingefühls. Sie vereint emotionale Bedürfnisse mit Verantwortung und Pflichtgefühl.

Beistand und Hilfestellung:

Die 33 verleiht Standfestigkeit und Zuverlässigkeit. Sie hilft, Gefühle in Einklang zu bringen und darüber aufrichtig und positiv zu sprechen. Die 33 unterstützt dabei, beide Seiten einer Sache zu sehen, zu erkennen und wahrzunehmen sowie Erkenntnis für ihre weitere Entwicklung daraus zu ziehen. Sie will bewegen und erneuern.

Lernaufgaben:

Mit Entschlossenheit können Sie Ihre Ideen und Wünsche umsetzen und materialisieren. Sehen Sie dabei Ihre Träume und Visionen als Ansporn und nicht als Richtmaß. Es ist noch kein Meister vom Himmel gefallen. Nehmen Sie beim Denken nicht nur Ihren Kopf, sondern auch Ihr Herz in Anspruch. Lassen Sie Gefühle zu, öffnen Sie sich für Ihre Mitmenschen, hören Sie sich ihre Meinungen an. Lassen Sie sich dabei aber nicht beeinflussen. Sie lernen aus Erfahrungen und können nun beharrlich und erfolgreich immer weiter auf Ihrem Lebensweg vorangehen. Vor allem die Schritte auf dem Weg zum Ziel sind wichtig für Ihre Entwicklung.

Meist entfalten 33er ein starkes Bedürfnis, andere zu beschützen, dabei haben Sie die Neigung, anmaßend zu sein und anderen den eigenen Willen aufzudrängen. Denken Sie daran, dass jeder aus seinen eigenen Erlebnissen Erkenntnisse ziehen muss. Es kann gut sein, dass Sie Ihre eigenen Bedürfnisse für andere zurückstecken müssen, dabei haben Sie selbst oft das Bedürfnis nach Liebe und Unterstützung. Lernen Sie sich zu lieben und anzunehmen, dann erkennen Sie, dass Ihnen bereits Liebe, Zuneigung und Hilfe entgegengebracht wird. Sie schöpfen damit aus der göttlichen Weisheit und Ihrer gegebenen Intuition. Kommen Sie mit sich selbst ins reine, nehmen Sie Ihre Empfindungen an. 33er führen gerne ein naturnahes Leben. Nehmen Sie deshalb Ihren Skizzenblock, Ihre Kamera oder Ihr Notizbuch mit in die Natur, dann kann sich auch Ihre Begabung im künstlerischen Bereich frei entfalten.

Berufung:

33er haben ein tiefes Bewusstsein für Recht und Ordnung. Für sie ist ein Leben im Dienste der Medizin und der Heilkunde oder im Rechtswesen ideal. Wenn Sie Ihre Berufung in die richtigen Bahnen lenken, können Sie sehr erfolgreich sein. Sie würden niemals einen Beruf wählen, der für die Menschheit zerstörerisch sein könnte.

Vorstellbare Berufe der 33-6er: Künstlerische Bereiche (Musik, Malerei, Literatur…), medizinische oder theologische Berufe wie Arzt, Heilpraktiker, Heiler, Pfleger, Pfarrer, Richter, Anwalt, Lehrer, spiritueller Lehrer, Lehrer für autogenes Training, Yoga, Energiearbeit.

Die Schicksalszahl 44

44 ist die Zahl der Stabilität, der Entwicklung und der Macht, sie steht für Stärke und Disziplin.

Beistand und Hilfestellung:

Die 44 verleiht Mut, Ausdauer und Ideenreichtum, um materiellen Erfolg zum Wohle der Menschheit zu erlangen und um als Vorbild dienen zu können.

Lernaufgaben:

Mit Ihren Eigenschaften wie geschäftstüchtig, ehrgeizig, machthungrig und stur stehen Sie vor großen Herausforderungen, Aufgaben und Möglichkeiten. Anhaltender Erfolg, Lebensqualität und -freude stellen sich ein bzw. bleiben Ihnen erhalten, wenn Sie die Energien der Zahl 44 positiv umsetzen. Innere Stabilität und Ausgewogenheit wirkt stärkend und unterstützend. Es ist wichtig, genug von allem zu besitzen, aber nicht im Überfluss. Jegliches Festhalten an alten Dogmen und Werten behindert Sie in Ihrer Entwicklung. Gefühle sollten zum Ausdruck gebracht, Fragen geklärt und ungeklärte Dinge angesprochen werden. Zerreden

Sie nichts, das schadet mehr, als dass es nützt. Erkennen Sie die Wahrheiten und Tatsachen des Lebens an, setzen Sie sich für Ethik und Gerechtigkeit ein, damit sich Mutter Erde regenerieren und die Menschheit sich weiterentwickeln kann. Treffen Sie Entscheidungen aus dem Bauch heraus, trainieren Sie Verstand und Sinne, damit die höheren Kräfte durch Sie wirken und Sie anderen helfen können, sich zu entfalten. Ihre Energien und Schwingungen werden dadurch aufblühen. Hören Sie auf Ihre Intuition und lassen Sie Ihre Träume lebendig werden. Lernen findet in kleinen, langsamen Schritten statt. Nehmen Sie sich die Zeit, zu wachsen und zu reifen. Haben Sie Ihre Lernaufgaben umgesetzt, dann wachsen Sie über sich selbst hinaus und können eine reiche Ernte einfahren.

Berufung:

44er haben einen scharfen Verstand, sind realistisch, vertrauenswürdig und konsequent. Mit ihrer geschickten und vernünftigen Art kommen sie auf ihrem (Berufs-)Weg stetig einen Schritt weiter und nehmen meist eine Führungsposition ein. Sie verbinden geschickt das Praktische mit der spirituellen Wissenschaft.

Ideale Berufe für 44–8er: Direktor, Industrieller, Bauunternehmer, Leiter des Rechnungswesens, Controller, Angestellter im öffentlicher Dienst, Landwirt.

Geburtstagszahl

Was du bist, hängt von drei Faktoren ab:
Was du geerbt hast,
was deine Umgebung aus dir machte und
was du in freier Wahl aus deiner Umgebung und
deinem Erbe gemacht hast.
Aldous Huxley (engl. Schriftsteller)

Die Geburtstagszahl (GZ) zeigt uns unsere Vergangenheit, das seelisch-geistige Erbe und die Essenz eines früheren Lebens. Sie gibt uns Auskunft über unser Temperament. Die Geburtstagszahl zeigt uns Eigenschaften auf, die uns ein Leben lang begleiten. Unsere Geburtstagszahl fördert die persönliche Entwicklung. Mit ihr bekommen wir wichtige Zusatzinformationen zu unserer Schicksalszahl.

Die Quersumme der Geburtstagszahl gibt uns Hinweise auf das mögliche Geschlecht im letzen Leben:

– ungerade Zahl: Die Person war im letzten Leben wahrscheinlich männlich
– gerade Zahl: Vermutlich war der Mensch im vergangenen Leben weiblich

Die Chancen stehen 50:50! ☺

Berechnungsbeispiel:

Der Geburtstag ist der 16.
Berechnung: 1 + 6 = 7.

Die Geburtstagszahl lautet 7.

Diese Berechnung gilt nicht nur für Mensch und Tier, sondern auch für Gründungsdaten von Firmen, Städten, Ideen, Projekten...

Sollte die Geburt in den ersten Minuten vor oder nach Mitternacht stattgefunden haben, könnte auch die Erläuterung des Vortages interessant sein.

Bedeutung der Geburtstagszahlen

Am 1., 10., 19. oder 28. Geborene haben die **Geburtstagszahl**

1

Der Hauptplanet der 1er ist die Sonne. Sie regiert das Tierkreiszeichen Löwe. Die Sonne ist die Quelle aller Energie, sie strahlt Licht, Kraft, Leben und Vitalität aus. Sie steht für den männlichen Aspekt.

\+ 1er sind voller Kraft, Ehrgeiz, Aktivität und Gesundheit. Sie haben eine positive Ausstrahlung, sind entschlossen, können gut organisieren und sind pflichtbewusst. 1er offenbaren sich als geborene Führernaturen und haben einen starken Willen. Sie sind erfinderisch und besonders kreativ.

– 1er können taktlos und egoistisch sein. Widerrede ist zwecklos. Sie vertreten oft stur ihre Meinung, lehnen jeden Rat ab und versuchen mit allen Mitteln, ihr Ziel zu erreichen. Gefühle zu zeigen, fällt ihnen schwer.

Der beste Wochentag für 1er ist der Sonntag.

Am 2., 11., 20. oder 29. Geborene haben die **Geburtstagszahl**

2

Der Hauptplanet der 2er ist der Mond, er regiert das Tierkreiszeichen Krebs. Der Mond reflektiert das Licht der Sonne und umkreist als einziger Planet die Erde. Er regiert das Element Wasser, die Gezeiten und die Nacht. Er drückt sich vor allem im Weiblichen und im Zyklus der Fruchtbarkeit, Zeugung, Geburt und Mutterschaft aus. Der Mond steht für den Reichtum der Natur. Er spiegelt uns aber auch die Schattenseiten, das Unbewusste, die dunkle Nacht wider. Er bringt die Spannungen, unter denen wir stehen, ans Licht und drängt uns, diese in Gefühlen zum Ausdruck zu bringen.

+ 2er sind meist sehr sensitiv und intuitiv. Sie zeigen eine künstlerische und phantasievolle Begabung und nehmen Träume und Visionen an. 2er besitzen Feingefühl, haben Verständnis für andere und gehen Probleme diplomatisch an. Sie arbeiten gerne mit anderen Menschen zusammen.

– 2er unterschätzen bisweilen ihre Fähigkeiten, sie sind unsicher, unrealistisch und zweifeln schnell. Häufig sind sie sehr emotionell und ängstlich und sagen oft zu allem ja. Sie sind abhängig von der Stimmung der Umgebung. Ein falsches Wort kann schnell zum Ende des Gesprächs führen. 2er sollten auf ihre Gesundheit achten.

Der ideale Tag für wichtige Unternehmungen ist der Montag.

Am 3., 12., 21. oder 30. Geborene haben die **Geburtstagszahl**

3

Der Hauptplanet der 3er ist Jupiter. Er regiert das Tierkreiszeichen Schütze. Jupiter gilt als ein strahlender, glücksbringender Himmelskörper. Er ist der größte Planet in unserem Sonnensystem. Jupiter wurde nach dem altrömischen Himmelsgott (im griechischen: Zeus) benannt. Es wird mythologisch mit Weisheit, Sieg und Gerechtigkeit assoziiert. Er verkörpert die Fähigkeit, über den Tellerrand zu blicken, um größere Pläne erkennen zu können. Jupiter weckt den Wunsch, neue Kenntnisse zu gewinnen, weckt unsere Lernbegierde und führt uns zu spirituellen Weisheiten.

+ 3er sind optimistisch, humorvoll, engagiert, begabt, liebenswürdig und geistreich. Menschen mit dieser Zahl haben Teil an der »Linie der Kraft« (3-6-9), was sich im Leben sehr positiv auswirken kann. Sie sind vielseitig begabte, kreative und begeisterungsfähige Personen, mit viel Phantasie und scharfem Verstand. 3er möchten geliebt werden und sind selbst tiefer, beständiger Liebe fähig. Geselligkeit und Freunde sind für 3er wie das »Salz in der Suppe«.

– Ein 3er muss den richtigen Platz für sich finden, wo er all seine Kräfte positiv einsetzen kann, sonst neigt er zu Hochmut und Herrschsucht und kapselt sich leicht ab. 3er werden von starken Emotionen begleitet, die in ein Gefühlschaos führen können.

Ein guter Tag für den 3er ist der Donnerstag.

Die *Linie der Kraft*, das sind die Zahlen 3 Seele – 6 Körper – 9 Geist. Es handelt sich dabei um Schwingungen, die aufbauend auf die Entwicklung des Menschen wirken.

Am 4., 13., 22. oder 31. Geborene haben die **Geburtstagszahl**

4

Der Hauptplanet der 4er ist Uranus, er regiert das Tierkreiszeichen Wassermann. Der Name Uranus (ouranos) bedeutet im Altgriechischen »Himmel« oder »Nachthimmel«. Die Weite des Himmels symbolisiert unsere Fähigkeit, uns mit unserem Geist dem Universum zu öffnen. Uranus sorgt für Erleuchtung und Befreiung des Geistes. Diese Art von Freiheit soll uns die Möglichkeit geben, auch Unerwartetem in unserem Leben Platz zu lassen. Uranus lässt uns bildlich und abstrakt denken und hilft uns, intuitiv und erfinderisch zu sein.

+ 4er sind geborene Individualisten, Revolutionäre und Reformer mit kompromisslosen Einstellungen und Denkweisen. 4er haben ein Händchen für soziale und technische Belange. Sie sind verlässlich, treu, ehrlich, direkt, großzügig und tolerant. 4er lernen mit großer Freude, besitzen ein auffallend gutes Gedächtnis und eine bemerkenswerte Konzentrationsfähigkeit. Sie haben einen starken Arbeitsdrang, der ideal ist für jede Art von Arbeit, die Detailkenntnisse, Disziplin und Ausdauer erfordert.

– 4er sind Sturköpfe mit einer eigenen, unveränderlichen Meinung. Ihr Sicherheitsdenken steht ihnen bei der freien Entfaltung der eigenen Wünsche oft im Weg. Die Geradlinigkeit der 4er kann sich manchmal, wenn man sie in die Enge treibt, bis hin zu Ausfälligkeiten steigern.

Für wichtige Vorhaben ist der Samstag gut geeignet.

Am 5., 14. oder 23. Geborene haben die **Geburtstagszahl**

5

Der Hauptplanet der 5er ist Merkur. Er regiert die Tierkreiszeichen Zwillinge und Jungfrau. Merkur ist in der Mythologie der Bote der Götter, der dem Menschen die Sprache und die Fähigkeit zu kommunizieren und zu lernen überbrachte. Er ist der Vermittler zwischen den Göttern und den Menschen. Seine Begabung liegt in der Rhetorik, der Kommunikation, und er steht für den Gedankenaustausch.

+ 5er sind intelligent, impulsiv, schlagfertig und haben eine rasche Auffassungsgabe. Sie lieben die Veränderung und vor allem ihre persönliche Freiheit. Die 5 ist gefühlvoll und romantisch. 5er sind reiselustig und sehr kontaktfreudig, haben aber meist nur eine handvoll echter und guter Freunde. Sie leben und lieben das Leben. Mit ihrer Begeisterungsfähigkeit können sie gut verkaufen und organisieren. Jeder Arbeitsplatz, an dem sich etwas tut, sich etwas bewegt und es lebhaft zugeht, ist ideal für den 5er.

– 5er sind unruhige, rastlose und ungeduldige Menschen, die oft keine große Ausdauer besitzen und gerne auf »vielen Hochzeiten tanzen«. Ihre leichte Reizbarkeit entwickelt sich schnell zu Wutausbrüchen, die jedoch auch schnell wieder vergehen. Häufige Stimmungswechsel belasten die Beziehungen in allen Bereichen.

Mittwoch ist der beste Wochentag für 5er.

Am 6., 15. oder 24. Geborene haben die **Geburtstagszahl**

6

Der Hauptplanet der 6er ist die Venus. Sie regiert die Tierkreiszeichen Stier und Waage. In der Mythologie ist Venus die Göttin der Liebe und Schönheit. Die Venus verkörpert das weibliche Prinzip. Sie verschafft uns Einigkeit und Harmonie und vermittelt uns einen Sinn für Kunst und Ästhetik. Venus regiert das Wertesystem des Menschen und sorgt für Ausgeglichenheit.

+ 6er besitzen eine auffallende Ausstrahlung, Charme, Erotik und Sinnlichkeit. Sie haben eine angenehme Stimme und sind offen für Flirts. 6er sind sehr fürsorglich, hilfsbereit, spontan und großzügig. Die Familie und die Geborgenheit in Haus und Heim spielen eine bedeutende Rolle in ihrem Leben. Sie besitzen ein starkes Bedürfnis nach Harmonie. Sie haben hohe Ideale, sind sensibel, romantisch und brauchen viel Liebe, Anerkennung und Zuneigung, um ihre schöpferischen Kräfte zur Entfaltung zu bringen. Sie zeigen ein großes Interesse an Musik und Kunst.

– 6er tun manchmal zu viel des Guten. Diese Eigenarten können ihnen sowohl in gesundheitlichen als auch gesellschaftlichen Belangen schaden. Sie sind besitzergreifend und machen ihre Mitmenschen emotional von sich abhängig. 6er sollten ihre Kräfte nicht überschätzen.

Den ersten Schritt für die Umsetzung ihrer Ziele unternehmen 6er am besten an einem Freitag.

Am 7., 16. oder 25. Geborene haben die **Geburtstagszahl**

7

Der Hauptplanet der 7er ist Neptun. In der Mythologie ist er der altrömische Gott der Meere. Er regiert das Tierkreiszeichen Fische. Neptun löst langsam und stetig alle Barrieren auf, die das Ego um sich baut, und lässt uns mystische Erfahrungen machen. Die psychologische Funktion von Neptun ist es, uns dabei zu helfen, unsere Begrenzungen zu überwinden, indem wir unser Gefühlsleben verfeinern und weiterentwickeln. Dieser Planet hilft, sich im All-Eins-Sein mit allem eins zu fühlen. Er verhilft dazu, sich allem anzupassen, großes Mitgefühl für die Mitmenschen zu entwickeln oder sich der Kunst zu verschreiben. Neptun verleiht Inspiration und Vorstellungskraft.

+ 7er haben einen Hang zur Mystik, Philosophie und Religion und sind ständig auf der Suche nach den Hintergründen des Lebens. Ihre Sehnsucht nach Abwechslung und Entdeckungen und ihre natürliche Neugier lässt aus ihnen einen umfassend interessierten Menschen werden. Sie wissen meist sehr viel, sind belesen und haben einen scharfen Verstand. 7er gehen mit Intuition und kritischem Blick durchs Leben. Sie beobachten gerne ihre tiefsten Gefühle und sind häufig medial veranlagt. Sie sind Einzelgänger und haben oft nur wenige Freunde. Diesen sind sie aber treu ergeben und gehen mit ihnen »durch dick und dünn«. 7er sind, wie auch die 5er, sehr reiselustig. Ihr Leben ist von unerwarteten Veränderungen bestimmt.

– 7er ziehen sich gerne zurück, zeigen sich gerne überlegen und können nur schwer andere Meinungen akzeptieren. Sie sind kritisch und schwer zufriedenzustellen, sie sind weder anpassungsfähig noch häuslich. Partnerschaften gestalten sich mitunter als schwierig.

Für besondere Aktivitäten sind der Sonntag und Montag ideal.

Am 8., 17. oder 26. Geborene haben die **Geburtstagszahl**

8

Der Hauptplanet der 8er ist Saturn. Er regiert das Tierkreiszeichen Steinbock. Saturn ist der altrömische, von den Etruskern übernommene Bauerngott. Er verkörpert die Gerechtigkeit und die Dynamik von Ursache und Wirkung. Indem wir Verantwortung und Disziplin für unsere Selbstverwirklichung übernehmen, werden wir älter und weiser. Saturn kann die Ordnung aufrechterhalten, indem er uns immer wieder auf den Boden der Tatsachen zurückholt. Er fordert Klarheit, Form und Struktur. Er zwingt uns, dass wir uns unserer Verantwortung und unseren Pflichten stellen.

+ Ehrlich, gerecht und kompromisslos, das sind die 8er. Innerlich glühen sie vor Leidenschaft und haben ein weiches Herz. Nach außen können Sie dies aber nur schwer zeigen. Sie erledigen alles mit großer Begeisterung und vollem Einsatz, erwarten dies aber auch von anderen. Mittelmäßigkeit interessiert sie nicht. Ihre große Willenskraft und ihre Konzentrationsfähigkeit macht sie zu Persönlichkeiten. Sie haben eine gute Hand für finanzielle Angelegenheiten. In der Geschäftswelt ist ihr Platz in der ersten Reihe.

– Der Lebensweg der 8er ist oft nicht leicht. Der Weg zum Erfolg führt über harte Arbeit, die meist mit vielen Hindernissen und Enttäuschungen verbunden ist. 8er sind sehr stark mit sich selbst beschäftigt und wirken deshalb nach außen verschlossen und unnahbar. Ungeduld und Grobheit gegenüber Leuten, die für sie nicht wichtig sind, sind keine Seltenheit. Gefühle lassen 8er nur ungern zu.

Manche Menschen tun sich schwer im Umgang mit 8er-Persönlichkeiten. Sie können einmal liebenswürdig und großzügig sein, dann sind sie wieder abweisend und kühl. Das liegt meist an den immer wieder neuen Problemen oder Aufgaben, mit denen sich die 8 beschäftigen muss. Diese Menschen sind schwer zu verstehen und zu durchschauen.

Der Samstag ist der beste Tag für wichtige Anliegen.

Am 9., 18. oder 27. Geborene haben die **Geburtstagszahl**

9

Der Hauptplanet der 9er ist der Mars. Er regiert die Tierkreiszeichen Widder und Skorpion. In der altrömischen Mythologie ist Mars der Kriegsgott, der unseren Überlebensinstinkt regiert. Er ist der Gegenpol zur Venus und steht für das männliche Prinzip. Er ist kämpferisch, bestimmt und entschlossen. Mars ist voller Energie und Antrieb. Die Energie des Planeten Mars kann uns dabei unterstützen, unsere Ziele zu erreichen und für unsere Überzeugungen einzustehen.

+ Vielseitige Begabungen, Verständnis, Mitgefühl und Sympathie zeichnen diese Menschen aus. Durch Erfahrungen erweitert sich stetig ihr Horizont. Mut, Tapferkeit, Entschlossenheit, aber auch Hilfsbereitschaft lassen die 9er zu großen Beschützern werden. Dabei ist ihnen ihre menschliche und seelische Reife hilfreich. In der Ehe und Freundschaft erfahren sie sehr viel Zuneigung. 9er finden in jedem Beruf Anerkennung und wachsen mit ihren Aufgaben. Sie sind energiegeladen und zugleich praktisch veranlagt. Es besteht ein starkes ideelles Interesse an Spiritualität und Religion.

– 9er haben in ihrer Kindheit oder Jugend oft mit verschiedenen Problemen, hauptsächlich in der Familie, zu kämpfen. Es besteht eine Neigung zu Jähzorn, Leichtsinn und Taktlosigkeit. 9er sind sehr kritisch und fordernd. Die Erfolge kommen im Erwachsenenalter, wenn Selbstzweifel abgelegt und Selbstbeherrschung erlernt wurde.

Für 9er ist der Dienstag der förderlichste Wochentag.

Schicksalsweg

Die einzige Stärke, die der Mensch braucht, ist Geduld.
Sathya Sai Baba (indischer Weisheitslehrer)

Der Schicksalsweg (SW) zeigt Ihnen die Richtung, die Sie suchen und gehen sollten. Der Schicksalsweg, Ihr Lebensweg, hilft Ihnen dabei, sich Ihrem Lebensziel zu nähern, es zu erreichen und zu vollenden. Der Schicksalsweg ist ein Lernprozess, dem Sie sich im Laufe Ihres Lebens stellen müssen. Sie werden auf Ihrem Weg immer wieder Menschen und Situationen begegnen, die für Ihre Erfahrungen wichtig sind.

Deinen eigenen Weg zu finden bedeutet,
deiner eigenen Seligkeit zu folgen.
Joseph Campbell (amerikanischer Mythologe)

Der Schicksalsweg errechnet sich aus der Summe von Herz- und Persönlichkeitszahl. Sie können Ihr Ergebnis gegenprüfen: Schicksalsweg und Namenszahl müssen identisch sein.

Die Berechnung des Schicksalswegs lautet in unserem Fall:

Herzzahl 3 + Persönlichkeitszahl 11 = 14 / 1 + 4 = 5.

Die Zahl 5 ist der errechnete Schicksalsweg.

1er möchten mit Selbstvertrauen und Selbstbewusstsein durchs Leben gehen, zu sich selbst stehen und sich in Liebe durchsetzen.

Umsetzung:

Sie sind ein Pionier, freuen Sie sich, dass Sie führen und andere Ihnen folgen werden. Vertrauen Sie den eigenen Gefühlen. Ändern Sie hin und wieder auch einmal Ihre Meinung, sonst engen Sie Ihren Blickwinkel zu sehr ein. Lassen Sie Ihre vielen Gedanken hinter sich, leben Sie im Jetzt. Nur (vor)urteilsfrei können Sie die Bewusstwerdung erleben und wahrnehmen. Sie sollten sich dem Leben hingeben, ohne es zu kontrollieren oder die Zukunft vorhersagen zu wollen. Lassen Sie Wertungen und Einschätzungen los, damit sich Ihr innerer Frieden entfalten kann. Gehen Sie bewusst den Weg vom Kopf zum Herzen.

2er möchten Sensitivität, Intuition und mediale Begabung entwickeln und nutzen.

Umsetzung:

Sie sind der Vermittler. Kooperieren Sie und unterstützen Sie andere Menschen durch Liebe und positive Gedanken. Das heißt aber nicht, dass Sie allen helfen und gefallen sollen. Ängste zeigen Ihnen Unbewusstes oder Situationen im Leben, die Sie vernachlässigt oder ausgeblendet haben. Es entstehen Abwehrmechanismen, die für einen gewissen Grad an Sicherheit sorgen, Sie aber auch gefangen halten. In diesem eingeschränkten Zustand können Sie weder Ihr eigenes wahres Selbst noch das der anderen erkennen. Sind Sie auf Ihre Ängste aufmerksam geworden, haben diese ihren Zweck erfüllt und können transformiert werden. Überwinden Sie Unentschlossenheiten, Zweifel und Unsicherheiten. Seien Sie einfühlsam, taktvoll und sensibel. Streben Sie nach Harmonie und Ausgleich, schaffen Sie Frieden. Gehen Sie *Ihren* Weg mit Vorsicht, aber entschlossen.

3er möchten ihre Heilkraft entdecken, vorhandene Kreativität fördern und leben. Damit erfreuen und inspirieren sie nicht nur sich, sondern auch andere Menschen.

Umsetzung:

Die 3 vereinigt das Wagnis der 1 mit der Vorsicht der 2. Bringen Sie Ihr sonniges Gemüt und Ihren Enthusiasmus in die Welt, entfalten Sie sich und wachsen Sie. Verwirklichen Sie Ihr Selbst, Ihre Träume und Visionen. Nützen Sie Ihre kreativen Talente und machen Sie von Ihrer Inspiration Gebrauch. Überlegen Sie, was Sie wirklich möchten, und geben Sie dafür Ihr Bestes, diszipliniert, Schritt für Schritt, Aufgabe für Aufgabe… Ihre schöpferische Vorstellungskraft macht alles möglich. Gehen Sie der Frage nach dem »Warum« und dem Sinn des Lebens nach. Wenn Sie sich selbst vertrauen, dann vertrauen Ihnen auch andere.

4er möchten ihre tägliche Arbeit motiviert, mit Liebe und Freude verrichten, ohne Lob und Anerkennung von außen zu erwarten.

Umsetzung:

Ihr Leben ist wohlorganisiert und von praktischem Denken geprägt. Werden Sie flexibel und bleiben Sie nicht im Detail stecken. Lernen Sie, Ihr Sicherheitsdenken aufzugeben und Ihr Leben dennoch auf ein solides Fundament zu stellen. So können Sie sich besser auf Neuerungen und Veränderungen einstellen, diese akzeptieren und in Ihr Leben integrieren. Gehen Sie achtsam und liebevoll mit Gefühlen um, dadurch verändern sich die Möglichkeiten, die das Leben für Sie bereithält. Nehmen Sie die Dinge ernst, im Berufsleben wie auch in der Liebe. Erleben Sie Freude und Ausgelassenheit. Erfahren Sie Energie und Ausgeglichenheit durch Ihre Verbundenheit mit der Natur.

5er möchten die notwendige persönliche Freiheit leben, die sie für ihr Leben benötigen, und das tun, was sie zufrieden macht, ganz gleich, was andere darüber denken.

Umsetzung:

Im Jetzt zu sein erfordert Ihre ganze Aufmerksamkeit. Jeder Gedanke, jede Aktion, jede Reaktion eröffnet Ihnen neue Möglichkeiten. Nur im Jetzt können Sie auf aktuelle Ereignisse reagieren. Sie haben die Fähigkeit, Neues verständlich und klar auszudrücken. Lernen Sie »nein« zu sagen und haben Sie den Mut, Altes loszulassen und Neues anzunehmen. Führen Sie Projekte und Aufgaben zu Ende. Haben Sie Geduld, denn nur dann wissen Sie, dass sich etwas geändert hat. Mit Begeisterung können Sie Wunder vollbringen. Genießen Sie die Freiheit, die Ihnen Ihr Schicksalsweg bringt.

Was wie Versagen aussieht, könnte ein getarnter Erfolg sein.
PAUL FERRINI (AMERIK. SCHRIFTSTELLER)

6er lieben ihr Zuhause und ihre Familie. Liebe und Sexualität sind wichtige Themen.

Umsetzung:

Für Sie ist es wichtig, die eigene Heilkraft zu entdecken und zu sehen, wie diese auf andere Menschen wirkt und welche Möglichkeiten sich ihnen damit eröffnen. Ihr Schicksalsweg liegt darin, andere zu lieben, sie zu lehren, ihnen zu dienen und der Menschheit Trost zu spenden. Liebe und Mitgefühl sind die höchsten geistigen Werte. Lernen Sie Verantwortung für Familie und Gesellschaft zu übernehmen. Dazu gehört auch, sich weniger Sorgen zu machen, loszulassen, Verständnis zu haben und Ihren Mitmenschen die Freiheit zu gewähren, die diesen zusteht. Ihr feiner Gerechtigkeitssinn hilft Ihnen, den richtigen Rat zur rechten Zeit zu geben. Geben Sie keine Urteile über sich selbst oder andere ab, verurteilen Sie nicht. Erweitern Sie Ihre künstlerischen Fähigkeiten, damit Sie Ihren Sinn für das Schöne mit anderen teilen können. Musik bringt Entspannung und Erholung.

Was ist Heilkraft?

Die Zahl 6 ist eine vollkommene Zahl und kann Gegensätzliches heilen. Sie verbindet den Himmel mit der Erde (siehe »Die Bedeutung der Symbolik« Seite 37). Die 6 wird vom Hauptplaneten Venus regiert. Die Kraft der Venus ist die Liebe. Öffnen Sie Ihr Herz. Seien Sie für andere da, lieben Sie aus dem Herzen. Ihre emotionale Intelligenz ist gefragt. Nur die Liebe verwandelt und transformiert.

7er möchten das vorhandene Urvertrauen und die Verbindung zur Intuition auch wirklich leben. Stille und Meditation helfen auf dem bewussten Weg nach innen. Das ganze Wissen und die ganze Weisheit stecken in jedem Menschen.

Umsetzung:

Finden Sie eine Philosophie, nach der Sie leben können, und suchen Sie sich fern von den Massen Ihre eigenen Antworten. Im »All-eins-Sein« finden Sie die Stärke, in der Stille die Weisheit und in Ihrem Wissen die Kraft. Gönnen Sie sich Zeit zum Nachdenken und zum Meditieren, alle Dinge kommen unter der 7 zum Ausgleich. Sie haben ein natürliches Gespür für die Wahrheit. Ihre starke und ausgeglichene Intuition verleiht Ihnen die nötige Einsicht und hilft Ihnen, bei Entscheidungen, Plänen und Projekten.

8er möchten freudevoll und mit Leichtigkeit durchs Leben gehen. Wahrheit und Gerechtigkeit, Organisation und Geschäft sind wichtige Themen für die 8.

Umsetzung:

Expansion und Wachstum begleiten Ihren Schicksalsweg. Überwinden Sie Ihre Bequemlichkeit, befreien Sie sich von Ihrem Leid und Ihrem Kummer und Sie werden in den Zustand der Gnade kommen. Leichtigkeit und Harmonie werden Ihre Begleiter sein. Die 8 verleiht Ihnen die nötige Stärke, Ausdauer, Standfestigkeit und Begeisterung. Erfolg bringt Anerkennung. Sie erreichen aus eigener Kraft Ihre Ziele. Kombinieren Sie Ihre materiellen Kräfte mit Ihrer spirituellen Seite. Setzen Sie Ihre Stärke dosiert und wohlüberlegt ein. Leben Sie in liebevollen und harmonischen Beziehungen. Öffnen Sie Ihr Herz und seien Sie bereit, zu vertrauen. Der Verstand begreift, was das Herz fühlt.

9er möchten die bedingungslose Liebe zur Menschheit und zur ganzen Schöpfung leben.

Umsetzung:

Selbstlosigkeit und Mitgefühl sind Ihre Themen. Sie sollten aufgeschlossen, freundlich und mitfühlend sein. Zeigen Sie vollkommenes Verständnis und Toleranz gegenüber Situationen und Vorurteilen. Es warten Prüfungen auf Sie, und Herausforderungen sorgen für Veränderungen. Sie werden viele Erfahrungen sammeln, teilen Sie Ihr Wissen mit anderen und weisen Sie ihnen den Weg. Bringen Sie Ihre Gefühle, Gedanken und Handlungen in Übereinstimmung, denn damit zeigen Sie sich ehrlicher, wahrhaftiger und mitfühlender im Umgang mit sich selbst und Ihren Mitmenschen. Haben Sie kein Mitleid sondern Mitgefühl und lernen Sie zu verstehen, warum alles so ist, wie es eben ist. Es geschieht nur Richtiges und Göttliches. Ihre Aufgabe ist es, bedingungslos zu geben und selbstverständlich zu tun, ohne etwas von anderen zu erwarten. Dazu gehört auch, sich selbst bedingungslos zu lieben. Öffnen Sie Ihr großes Herz, schließen Sie alle in

Ihre Liebe mit ein, damit Sie Ihren Lebensweg geradlinig ohne Hindernisse gehen können.

Die Summe unseres Lebens sind die Stunden, in denen wir lieben.
Wilhelm Busch (deutscher Dichter und Zeichner)

Was ist bedingungslose Liebe?
Es gibt nichts Schöneres als die Liebe, und doch ist sie geheimnisvoll und im Grunde unerklärlich.

»Die Liebe übt Nachsicht; in Güte handelt die Liebe. Sie eifert nicht; die Liebe macht nicht groß, sie bläht sich nicht auf. Sie benimmt sich nicht ungehörig; sie sucht nicht das ihre; sie lässt sich nicht erbittern; sie rechnet das Böse nicht an. Sie hat nicht Freude am Unrecht, freut sich jedoch an der Wahrheit. Sie erträgt alles, sie glaubt alles, sie hofft alles, sie duldet alles.

Die Liebe hört niemals auf…«

»Jetzt erkenne ich stückweise; dann aber werde ich erkennen, so wie auch ich erkannt bin. Jetzt bleiben Glaube, Hoffnung, Liebe, diese drei: das Größte von ihnen ist die Liebe.« (1 Korinther 13, 1-8,12-13)

Wir lieben (meist) unsere Eltern, Geschwister, den Partner, die Kinder, Freunde… Jesus sagte, wir sollen auch unsere »Feinde« lieben. Dazu sollten wir denjenigen Wohlwollen und Wertschätzung entgegenbringen, die uns Kummer bereiten. Wir sind rücksichtsvoll, zeigen Mitgefühl und schaden ihnen nicht, wir verzeihen und vergeben. Wenn wir Positives und vor allem Liebe aussenden, dann kommt auch Positives und die Liebe zu uns zurück. Wenn wir aus dem Herzen leben, verschwindet unser Verstandesdenken.

Der Weg von Jesus Christus ist der Weg, der in Liebe und Demut gegangen wird. Es gibt kein »Wenn« und kein »Aber«. Die »bedingungslose Liebe« stellt keine Forderung und verlangt keine Gegenleistung. Dieses »Göttliche« erreichen wir mit der positiv gelebten 9.

Lebensziel

Nur wer sein Ziel kennt, findet den Weg.
LAOTSE (CHIN. PHILOSOPH)

Wie wichtig es ist, sein Ziel zu kennen, zeigt uns auch folgende Sufi-Geschichte:

Von der Wichtigkeit des Ziels
»Darf ich von dir lernen, weiser Mann?«, fragte ein eifriger Student einen alten Sufi-Meister, der in die Stadt kam. »Meinetwegen«, murmelte dieser und setzte sich. Verwundert musste der Student zur Kenntnis nehmen, dass der Meister trotz vieler Fragen von Vorbeiziehenden seinen Kopf immer tiefer zum Boden senkte, statt zu antworten. Bis ein alter, zerlumpter Mann mit einem riesigen Holzbündel auf der Schulter nach dem Weg in die nächste Stadt fragte. Der Sufi-Meister sprang auf, nahm ihm das Bündel ab und begleitete ihn den halben Weg dorthin. Als er zurückkam, begehrte der eifrige Student Auskunft über dieses ihm seltsam anmutende Verhalten. »Er war der einzige«, sagte der Sufi, »der sein Ziel kannte, als er um Hilfe bat.«

Unsere Eltern geben uns bei der Geburt einen Namen, der Kosmos gibt uns unseren Geburtstag. Zusammen ergeben die Zahlen aus dem Namen und der Schicksalszahl unser Lebensziel. Das Lebensziel (LZ) beinhaltet, was in unserer zweiten Lebenshälfte (ab dem 35. Lebensjahr) wichtig ist bzw. was wir dann umsetzen sollten. Ebenso zeigt es uns unsere Wirkungsmöglichkeiten, das, wonach wir im Innersten streben, und die Früchte unserer Arbeit, die wir ernten können.

Berechnungsbeispiel:

Namenszahl 5 + Schicksalszahl 11
5 + 11 = 16
1 + 6 = 7

Die Lebenszielzahl lautet 7.

Nachdem wir nun die Lebenszielzahl für uns berechnet haben, können wir nachfolgend ihre Bedeutung nachlesen.

Bedeutung der Lebenszielzahlen

1

Ihr Ziel ist, mit *Selbstvertrauen* im »Ich-Bin-Bewusstsein« (Erklärung siehe Seite 134) zu leben und mit Selbstbewusstsein zu sich selbst zu stehen.

Wie erreichen Sie Ihr Ziel?

Teilen Sie die empfangenen Inspirationen und Ihre eigene Weisheit mit anderen. Fühlen Sie in Ihr Herz und spüren Sie den göttlichen Willen, damit Sie sich in Liebe durchsetzen und Ihren eigenen Weg gehen können, ohne Ihr Umfeld zu verletzen. Ehrliche Kommunikation, Aufrichtigkeit und Offenheit im Denken und Handeln ist dabei wichtig.

Sie sind ein Vorbild und wirken als eine weise Führungsperson, die Potentiale in anderen Menschen erwecken kann. Ihre eigene Wirkungskraft entfaltet sich dadurch immer mehr. Sie sind in Frieden mit sich und der Welt und können Ihren Weg in Ruhe und Gelassenheit gehen.

2

Ihr Ziel ist, tiefe Einsicht und innere *Vollkommenheit* zu erlangen und zentriert und stabil im Leben zu stehen.

Wie erreichen Sie Ihr Ziel?

Werden Sie sich der Bedürfnisse anderer bewusst, so erhalten Sie die Möglichkeit, beide Seiten einer Medaille zu sehen, und so können Sie sichere Entscheidungen treffen. Mit Hilfe Ihrer medialen Begabung wissen Sie sehr genau, was die Menschen in Ihrer Umgebung benötigen. Hören Sie auf Ihre innere Stimme, vertrauen Sie ihr und vermitteln Sie das Gehörte nach außen. Beschäftigen Sie sich mit Ihren außersinnlichen Wahrnehmungen und entfalten Sie diese zur Höchstform. Fördern Sie durch Teamarbeit Ihre persönliche Entwicklung, Ihre Sensitivität und Intuition. Dies verhilft Ihnen dazu, große Leistungen zu vollbringen. Ruhen Sie in Ihrer Mitte und glauben Sie an die Erfüllung konkreter und metaphysischer Wünsche.

3

Ihr Ziel ist, den *Sinn des Lebens* zu finden, sich selbst, die Welt und die Wahrheit zu erkennen. Mit Zuversicht und Vertrauen erlangen Sie die bedingungslose Liebe und können die Sprache des Herzens deuten.

Wie erreichen Sie Ihr Ziel?

Leben Sie Ihre Kreativität auf allen Ebenen. Den besonderen Fähigkeiten Ihres Selbst können Sie auf vielfältige Weise Ausdruck verleihen, z. B. durch Kunst, Poesie, Schauspiel, Musik. Spielen Sie ein Instrument? Vielleicht wollten Sie schon immer einmal eines erlernen. Tun Sie es! Oder leben Sie Ihr kreatives Talent bei der Gestaltung Ihres Wohnbereichs, beim Kochen oder in der Mode aus. Malen, gestalten, formen Sie mit Ihren eigenen Möglichkeiten. Mit Ihrem großen Interesse an allem, was um Sie herum geschieht, wachsen und entfalten Sie sich immer weiter. Der Ursprung des Wissens ist das Lernen. Durch ein bewegtes Leben, mit all seinen Höhen und Tiefen, entstehen Erfahrungen, und mit diesen sind Sie fähig, Erkenntnisse zu gewinnen. Entdecken, entwickeln und wenden Sie Ihre eigene Heilkraft an, z. B. durch Energie- und Lichtarbeit, Lebensberatung, positive Gedankenkraft, Gebete. Erreichen Sie Vollkommenheit in allen Dingen. Mit Herzenskraft und innerer Ruhe können Sie als »HeilerIn« handeln. Sie ziehen dadurch viele Menschen an und können Disharmonien in Harmonien wandeln. So heilen Sie sich selbst und andere.

4

Ihr Ziel ist, das *Leben zu genießen*, Mangeldenken aufzulösen, das Geben und Nehmen in Ausgleich zu bringen und alles Leben auf dieser Welt ohne Einschränkungen anzunehmen.

Wie erreichen Sie Ihr Ziel?

Für Sie ist es wichtig, Stärke, Sicherheit und Stabilität zu zeigen, um Ihrer Berufung mit ganzem Herzen nachzukommen und die hochgesteckten Ziele zu erreichen. Sie haben eine schnelle Auffassungsgabe, sind bekannt für Zuverlässigkeit, Pflichtbewusstsein, Durchhaltevermögen und Ihre Disziplin. Mit viel Liebe zum Detail widmen Sie sich Ihren Projekten und Aufgaben. Wenn Sie Ihren Beruf lieben, arbeiten Sie nicht nur des Geldes wegen, sondern weil Sie Spaß und Freude an Ihrer Tätigkeit haben! Genießen Sie und nehmen Sie am Leben teil. Alte, naturverbundene Heilweisen, wie die Kräuterkunde, die Arbeit mit Kristallen und Heilsteinen, die Lehre der Elemente oder die schamanische Heilarbeit, lenken Ihre Lebensenergie in schöpferische Bahnen. Haben Sie Achtung und Respekt vor den Menschen und besonders vor der Natur, denn hier können Sie sich gut erholen und Kraft schöpfen.

5

Ihr Ziel ist, die Hürden des Lebens mit Leichtigkeit zu bewältigen, *Freiheit* auf allen Ebenen zu erlangen und mit dem Herzen, statt mit dem Kopf zu denken. Sie können die Weisheit des Herzens entdecken, Ihre emotionale Intelligenz leben und Ihre Gefühle wahrnehmen. Sie verbinden dadurch Ihr Herzensgefühl mit dem Verstandesdenken. Heißen Sie Harmonie und Freude im Leben willkommen.

Wie erreichen Sie Ihr Ziel?

Ihr Gottvertrauen hilft Ihnen, alles anzunehmen, was auf Sie zukommt. Ihre Fähigkeiten der erweiterten Wahrnehmung ermöglichen es Ihnen, Ideen und Lösungsmöglichkeiten zu finden, die für die Zukunft nötig sind. Lösen Sie sich von alten Glaubens- und Wertevorstellungen und gedanklichen Begrenzungen und bleiben Sie im Fluss des Lebens. Es werden sich viele Gelegenheiten ergeben, Neues zu entdecken, Menschen verschiedenster Herkunft kennenzulernen und sich dadurch weiterzuentwickeln. Je bewusster Sie werden, desto mehr können Sie Ihr Leben tolerant und vorurteilsfrei leben.

6

Ihr Ziel ist, Verantwortung für sich, die Familie und für Ihre Mitmenschen zu übernehmen. Akzeptieren Sie jedes Wesen, ob Mensch, Tier oder Pflanze, um in *Harmonie* und *Frieden* zu leben. Sie wirken dadurch an den positiven Veränderungen auf der Erde mit.

Wie erreichen Sie Ihr Ziel?

Für Sie ist es wichtig, Ihre Liebe zur Menschheit und zu allem, was lebt, zum Ausdruck zu bringen. Sie können emotionale Verbindungen vertiefen und Ihre Mitmenschen unterstützen, um damit das Wohlergehen Ihres sozialen Umfelds zu gewährleisten. Wo immer es nötig ist, leisten Sie großzügige Hilfe – ohne zu erwarten, dass etwas zurückkommt. Setzen Sie sich für Ihre Ideale ein, stehen Sie hinter Ihren Entscheidungen und lieben Sie, was Sie tun, denn dies bedeutet, glücklich und im Einklang mit dem Göttlichen zu sein. Der innere Ausgleich, die Harmonie und der Frieden sind für Sie unabdingbar. Friedfertigkeit ist kein Anzeichen von Schwäche, denn durch Bewusstseinserweiterung findet Heilung statt. Sind Sie in Ihrer Mitte, wirken sie durch Ihre bloße Anwesenheit heilend, durch Ihre Liebe, Ihre Zuwendung, Ihr Zuhören und Ihr Mitgefühl. Schenken Sie Liebe, denn sie ist der größte Heiler, der Ihnen zur Verfügung steht.

7

Ihr Ziel ist, eine *klare Ausrichtung* zu haben, das heißt Wahrheit im eigenen Herzen zu finden und zu erkennen, dass die materielle Welt eine Illusion ist und die geistige Ebene die Wirklichkeit.

Wie erreichen Sie Ihr Ziel?

Alles was Sie im Außen erleben, ist eine Spiegelung Ihres Selbst. Es kann nur das reflektiert werden, was im Inneren vorhanden ist (siehe Spiegelgesetz, Seite 21). Reinigen und klären Sie Ihre Gefühle und machen Sie sich Gedanken über Ihre Lebenssituation. Lassen Sie alte Glaubenssätze, Versprechen und Prägungen los. Durch dieses mentale und geistige Loslassen können Sie sich endlich frei und geborgen fühlen, um dann entspannt Ihrem Lebensziel entgegenzugehen. Prüfen Sie immer wieder einmal, ob Ihr Leben, Ihre Ziele, Ihre Einstellungen, Ihre Wünsche usw. noch aktuell sind oder ob eine Veränderung ansteht. Setzen Sie sich mit Philosophie, Religion und Metaphysik auseinander, um zu wissen, wer Sie wirklich sind. Arbeiten Sie daran, Ihre Mitmenschen für Neues zu öffnen und auf die Ereignisse der Zukunft vorzubereiten. Setzen Sie Ihren ganzen Optimismus, Ihre Intuition und Ihre Intelligenz dafür ein. Je klarer Sie Ihre Spiritualität leben, desto deutlicher wird – auch für Ihre Mitmenschen – Ihre Ausrichtung!

8

Ihr Ziel ist, sich selbst und Ihren Mitmenschen auf allen Ebenen zu verzeihen und zu vergeben, Ihre *Stärke* positiv umzusetzen und Ihre ureigenste Bestimmung zu leben.

Wie erreichen Sie Ihr Ziel?

Sie sollten sich nicht nur auf den weltlichen Erfolg, sondern auch auf Ihre geistige Entwicklung konzentrieren. Können Sie sich selbst und Ihre Mitmenschen so akzeptieren wie sie sind? Verändern Sie veraltete Denk- und Verhaltensmuster, lassen Sie Schuldgefühle und Selbstverurteilungen hinter sich, lieben Sie sich selbst. Demut und Vergebung sind die wichtigsten Schritte auf dem Weg in die Spiritualität. Vergebung ist eine Form der Konfliktbewältigung. Lernen Sie, danke zu sagen für positive und auch negative Erlebnisse. Akzeptieren Sie, dass alles, was Ihnen widerfährt, ein Teil der göttlichen Ordnung ist und Ihrer Entwicklung dient. Die Vergebung sollte nicht nur über den Verstand und die Gedanken ablaufen, die Vergebung sollte aus tiefstem Herzen und mit bedingungsloser Liebe erfolgen. Nur dann ist eine Transformation in eine höhere, spirituelle Entwicklungsebene möglich. Sie können gut Menschen motivieren und dabei unterstützen, wieder Vertrauen in die eigenen Fähigkeiten zu finden. Leben Sie Ihre Persönlichkeit in allen Facetten aus und übernehmen Sie für Ihr Leben die absolute Verantwortung.

9

Ihr Ziel ist, den eigenen individuellen Weg mit *Toleranz* in die Meisterschaft zu gehen und den Wandel von der Ego-Persönlichkeit zur Meister-Persönlichkeit zu vollziehen.

Wie erreichen Sie Ihr Ziel?

Können Sie den Drang nach weltlicher Macht loslassen? Haben Sie Ideale, für die es lohnt, sich einzusetzen? Sind Sie für Veränderungen offen? Leben Sie Ihre Berufung, folgen Sie Ihrer Intuition und nutzen Sie Ihre medialen Begabungen zum Wohle aller. Sie sind geprägt von Großzügigkeit, gutem Willen und Geduld und stehen damit in selbstlosem Dienst für die Menschheit. Bringen Sie sich und Ihren Mitmenschen Liebe und Mitgefühl entgegen. Bedingungslos zu geben und es selbstverständlich zu tun, sollte für Sie wichtig sein. Öffnen Sie sich für das Neue, das Höhere. Vertrauen Sie auf Ihre Träume und Visionen und bringen Sie damit Körper, Seele und Geist in Einklang.

Auch wenn Sie der Weg zu Ihrem Ziel, wie bei einem Labyrinth, einmal zur Mitte hin und dann wieder weg führt, bleiben Sie geduldig. Dann werden Sie auch dort ankommen wo Sie hin möchten. Selbst vermeintliche Umwege bringen Sie vorwärts. Es gibt nicht nur eine Option, sondern viele Chancen, wie Sie Ihren Weg gehen. Unser Denken von Richtig und Falsch ist nur ein Produkt unseres dreidimensionalen Verstandes. Alles ist im Göttlichen akzeptabel. Etwas abzulehnen, bedeutet seine Existenz zu leugnen. Die Beurteilung, dass etwas nicht in Ordnung ist, besagt, dass es nicht Teil von einem selbst ist, und das ist nicht möglich. Überzeugungen sind die Worte unserer Eltern, Freunde und unserer Gesellschaft. Sie bilden die Struktur unseres Lebens, und ohne dieses Gefüge könnten wir Menschen keine Erfahrungen sammeln. Es gilt zu überprüfen, welche Vorstellungen für einen selbst als richtig oder falsch einzuordnen sind. Die bedingungslose Liebe allein weiß, dass es weder ein »Richtig« noch ein »Falsch« gibt. Deshalb haben Sie immer wieder die Möglichkeit, sich zu überlegen:

- Was will ich?
- Wohin will ich?
- Welches Ziel verfolge ich im Augenblick?

Viele sind hartnäckig in Bezug auf den einmal eingeschlagenen Weg, wenige in Bezug auf das Ziel.

FRIEDRICH NIETZSCHE (DEUTSCHER PHILOSOPH)

Seelen-Motivation

Liebe ist stets der Anfang des Wissens,
so wie Feuer der Anfang des Lichtes ist.
THOMAS CARLYLE (SCHOTTISCHER ESSAYIST)

Die Seelen-Motivation (SM) zeigt uns, warum wir auf der Welt sind, was wir lernen wollen und sollen, und sie ist so etwas wie der Türöffner zum Schicksalsweg.

Man könnte die Seelen-Motivation auch als den Engel der Zeit bezeichnen, der unsere Geburt begleitet hat. Mit diesem Engel stehen wir in ganz besonderer Resonanz, denn er hat uns unser Lebensthema ins Ohr geflüstert. Falls wir einmal von unserem Weg abweichen, wird er uns immer wieder auf den richtigen Pfad zurückbringen. Dieser Engel, also unsere Seelen-Motivation, sollte deshalb eine ganz besondere Bedeutung für uns darstellen.

Für die ***Seelen-Motivation (ab der Geburt)*** werden die Anfangsbuchstaben des Vor- und des Nachnamens berechnet. Bei zusammengesetzten Namen werden alle ersten Buchstaben gerechnet, z. B. bei

»Franz-Theodor Meier« das »F«, das »T« und das »M« und bei
»Margarete von Ziegelwies« das »M«, das »v« und das »Z«.

Dem Anfangsbuchstaben fällt eine ganz spezielle Gewichtung zu. Er beschreibt die Art und Weise wie der Mensch sich nach außen präsentiert.

Seelenmotivation ab der Heirat:
Bei verheiraten Frauen (oder auch Männern, die den Namen gewechselt haben) wird zuerst die Berechnung ab der Geburt (mit dem ursprünglichen Nachnamen) berechnet, und danach erfolgt noch die Berechnung der Seelenmotivation ab der Heirat.

Wir nehmen wieder den Anfangsbuchstaben des Vornamens und dann noch den Anfangsbuchstaben des angeheirateten Namens und erstellen ebenso eine Berechnung wie nachfolgend beschrieben.

So sehen wir die Motivation der Seele für das ganze Leben und was wir speziell lernen oder aufarbeiten wollen in einer Partnerschaft oder Ehe.

Rechenbeispiel:

Sabine Schieferle
S + S
1 + 1 = 2

Die Seelen-Motivation basiert also auf einer 2.

Beispiele mit Doppelnamen:

Franz-Theodor Meier
F + T + M
6 + 2 + 4 = 12
1 + 2 = 3

Margarete von Ziegelwies
M + v + Z
4 + 4 + 8 = 16
1 + 6 = 7

Beispiele »vor und nach der Heirat«:

Vor der Heirat:

Annemarie Meier
A + M
1 + 4 = 5

Nach der Heirat:

Annemarie Meier-Pohl
A + M + P
1 + 4 + 7 = 12
1 + 2 = 3

Frau Annemarie Meier-Pohl hatte vor der Heirat als Seelen-Motivation eine 5, nach der Heirat eine 3.

Oder:

Vor der Heirat:

Gudrun Zilinski
G + Z
7 + 8 = 15
1 + 5 = 6

Nach der Heirat:

Gudrun Schablonski
G + S
7 + 1 = 8

Frau Schablonski hatte von der Geburt bis zu ihrer Heirat als Seelen-Motivation eine 6, nach der Heirat eine 8.

1er Seelen-Motivation

Seelen-Geflüster: *Wohin du auch gehst, geh mit deinem ganzen Herzen.* KONFUZIUS (CHIN. PHILOPSOPH)

Seelen-Thema: Entdecken und erforschen Sie Neues. Nutzen Sie dabei die Erfahrung Ihrer Familie und Ihrer Ahnen, denn dies ist Ihre Basis. Bringen Sie frische Impulse und gute Gedanken in die Welt. Ihre Individualität, Ihre Willenskraft und Ihr Verstand helfen Ihnen dabei. Stellen Sie die Verbindung zum eigenen göttlichen Selbst wieder her und lassen Sie sich inspirieren. Jede Herausforderung steigert Ihre Kraft. Erweitern Sie Ihren Horizont, begegnen Sie Ihren Mitmenschen mit Liebe und Verständnis.

Seelen-Aufgabe: Legen Sie Kopflastigkeit, Schüchternheit und Ihr Ego ab. Haben Sie Selbstvertrauen und steigern Sie Ihr echtes Selbstbewusstsein. Leben Sie Ihre Loyalität.

2er Seelen-Motivation

Seelen-Geflüster: *Wer nach außen sieht, träumt, wer nach innen sieht, wacht.* C.G. JUNG (SCHWEIZER PSYCHOLOGE)

Seelen-Thema: Ihre Sensitivität und Ihre Intuition sind Ihre Stärke. Entwickeln und fördern Sie Ihre außersinnliche Wahrnehmungsfähigkeiten (ASW) und Ihre mediale Begabungen. Arbeiten Sie mit Ihren Träumen. Beziehungen, Freundschaften und Partnerschaften sind zwischenmenschliche Begegnungen, die Ihnen wertvolle Erfahrungen bringen und Ihnen dabei helfen, weitere Kontakte zu knüpfen. Durch liebevolle, positive Gedanken unterstützen Sie Ihre Mitmenschen in schwierigen Situationen.

Seelen-Aufgabe: Überwinden Sie Ihre Zweifel, Ängste und Ihre Unentschlossenheit. Seien Sie nach allen Richtungen offen für Neues. Lernen Sie zu unterscheiden, was wichtig oder unwichtig für Sie ist. So können Sie Wertvolles erkennen, aufgreifen und das Beste daraus machen.

3er Seelen-Motivation

Seelen-Geflüster: *Derjenige, der ein »Warum« zum Leben hat, kann fast jedes »Wie« ertragen.* FRIEDRICH NIETZSCHE (DEUTSCHER PHILOSOPH)

Seelen-Thema: Fühlen und spüren Sie! Seien Sie empfindsam. Was sind Emotionen, was ist Liebe? Begeben Sie sich auf die geistige Suche nach dem Sinn des Lebens. Lernen Sie, mit dem Herzen zu sehen, entdecken Sie Ihre eigene Heilfähigkeiten und wenden Sie sich dem reinen Licht, der Göttlichkeit, die in Ihnen ist, zu. Gehen Sie in die Tiefe und stillen Sie Ihre Sehnsucht nach der reinen Liebe. Sammeln und zentrieren Sie sich, dadurch ist es möglich, Vorhaben und Projekte bestens abzuschließen, und Erfolge können sich einstellen.

Seelen-Aufgabe: Lernen Sie Täuschung und Wahrheit zu unterscheiden, denn der Verstand alleine trifft selten die richtige Entscheidung. Leben Sie Ihre schöpferische Vorstellungskraft und Ihre Kreativität aus. Sie können dies auf jegliche Art der künstlerischen Ausdrucksweise, wie Kunst, Poesie, Theater, Gesang, Sprache usw. tun.

4er Seelen-Motivation

Seelen-Geflüster: *Ein jedes Ding muss Zeit zum Reifen haben.* William Shakespeare (engl. Dramatiker)

Seelen-Thema: Sie sind ein bodenständiger Mensch, der Ordnung und klare Strukturen benötigt. Öffnen Sie sich für das Leben. Machen Sie etwas aus all den Zuwendungen und Hilfen, die Ihnen zuteil werden. Formen und gestalten Sie daraus etwas, das dem Ganzen dient. Verwirklichen Sie, was mit und aus Ihrer Kraft entstehen kann. Erkennen Sie sich in Ihren eigenen Schöpfungen und lassen Sie diese vollkommen erblühen.

Seelen-Aufgabe: Verantwortung zu übernehmen, ist gut für das eigene Tun. Vereinen Sie Kraft und Sanftmut. Überwinden Sie Ihr Sicherheitsdenken. Legen Sie Unnachgiebigkeit und Sturheit ab. Transformieren Sie Ihr Ego. Finden Sie sich selbst und zeigen Sie sich der Welt wie Sie wirklich sind.

5er Seelen-Motivation

Seelen-Geflüster: *Zwar weiß ich viel, doch möcht' ich alles wissen.* Johann Wolfgang von Goethe (deutscher Schriftsteller)

Seelen-Thema: Für Sie ist es wichtig, Ihre persönliche Freiheit auf allen Ebenen zu leben, unabhängig davon, was andere darüber denken könnten. Wenn Sie anderen Menschen offen und voller Vertrauen begegnen, bringen diese im Gegenzug auch Ihnen dieses Vertrauen entgegen. Ihre Angst vor Leere, vor Nähe und Bindung kann so leichter abgebaut werden. Nutzen Sie »neue« spirituelle Ausbildungsmöglichkeiten. Ihre fachliche Kompetenz wird andere anziehen, die Ihren Rat und Ihre Hilfe benötigen. Viele Personen, die Ihnen begegnen, werden Ihre Lehrmeister sein. Halten Sie sich an keinem fest, denn Sie werden viele Lehrer haben. Erleben Sie die Freiheit auch in Ihrem Denken und Tun, reißen Sie alte politische, gesellschaftliche, soziale und wirtschaftliche Strukturen nieder. Erkennen Sie, wie wertvoll die Fülle an Informationen ist, die Sie durch andere erhalten. Schaffen Sie Vernetzungen zu Gleichgesinnten. Sie können an einem Strang ziehen und so gemeinsam stark werden. Über die Verbindung von Herz und Geist entstehen Erfahrung und Erkenntnis.

Seelen-Aufgabe: Nehmen Sie die eigenen Gefühle wahr und springen Sie auch einmal über Ihren eigenen Schatten. Gehen Sie dennoch keine faulen Kompromisse ein. Sehen Sie sich wie ein »Steh-auf-Männchen« – probieren Sie es immer wieder neu. Nur so können Sie aus Krisen gestärkt hervorgehen. Schulen Sie die Fähigkeit, offen zu kommunizieren, achten Sie auf Ihre Aussprache und Ihre Wortwahl. Worte können sehr verletzen. Sie sind Energien und Schwingungen, die man nicht mehr zurückholen kann.

6er Seelen-Motivation

Seelen-Geflüster: Schön ist eigentlich alles, was man mit Liebe betrachtet. Christian Morgenstern (deutscher Dichter)

Seelen-Thema: Sie verstehen es, Menschen für sich zu gewinnen. Sie benötigen Ihre Mitmenschen als Spiegel Ihrer selbst. Lassen Sie sich nicht einschüchtern, unterdrücken oder gar ausbeuten. Es ist eine Zeit des Lernens, der Wandlung und der Hingabe. Emotionen kommen zur Ruhe. Ihr wertefreies Tun sollte sich nicht nur auf Sie selbst, sondern auf alle Menschen, auf Ihr gesamtes Umfeld beziehen. Geben Sie sich dem Fluss des Lebens hin und erleben Sie, wie Ihre Kraft, Ihr Mut und Ihre Liebe sich immer mehr vergrößern. Sie werden Menschen anziehen, deren Nöte und Sehnsüchte Sie mit Licht und Heilung füllen können.

Seelen-Aufgabe: Nicht urteilen und verurteilen, sondern andere ihr eigenes Dasein leben lassen. Treten Sie für eigene Überzeugungen ein, stehen Sie zu Ihren neuen inneren Werten und schaffen Sie einen Ausgleich zwischen Geben und Nehmen. Finden Sie den goldenen Mittelweg.

7er Seelen-Motivation

Seelen-Geflüster: Man sieht nur mit dem Herzen gut; das Wesentliche ist für das Auge unsichtbar. Antoine de Saint-Exupéry (französischer Schriftsteller)

Seelen-Thema: Für Sie ist es wichtig, Zuversicht zu haben, ganz der eigenen Intuition zu vertrauen, an Intelligenz und Weisheit zu glauben. Spüren Sie immer wieder Ihre eigenen Wurzeln und erkennen Sie Ihre Fähigkeiten und Stärken! Sie nehmen Anteil am Schicksal Ihrer Mitmenschen, und Ihr ehrliches Mitgefühl für alle Wesen ebnet Ihnen viele Wege. Mit Ihrer Freundlichkeit und Ihrer Liebe öffnen Sie die Herzen der Menschen.

Seelen-Aufgabe: Ein spirituelles Leben schließt Glück und Fülle nicht aus. Überwinden Sie Ihre Angst vor Versagen. Erkennen Sie Traurigkeit und Verletzlichkeit als Illusion und finden Sie dadurch zum eigenen inneren Licht. Um dieses Licht zu erleben, ist es manchmal notwendig, sich von der Außenwelt zurückzuziehen – und danach gestärkt zurückzukehren. Erkennen Sie die Wahrheit im eigenen Herzen.

8er Seelen-Motivation

Seelen-Geflüster: *Das Gleiche lässt uns in Ruhe, aber der Widerspruch ist es, der uns produktiv macht.* Johann Wolfgang von Goethe (deutscher Schriftsteller)

Seelen-Thema: Sie wissen, dass man erntet, was man sät – deshalb sind Sie fair, gerecht und umsichtig bei allem was Sie tun. Gerechtigkeit, Lebensfreude, Wahrheit und Harmonie sind wichtige Themen für Sie. Sie können Fehler zugeben und sich entschuldigen. Zudem haben Sie den Mut und die Kraft, Ihrer inneren Überzeugung zu folgen und Sie selbst zu sein. Manches, was Ihnen bisher richtig erschienen war, stellte sich als Irrtum heraus. Befreien und entrümpeln Sie Ihren Geist, damit frischer Nährboden für neues Wissen entstehen kann.

Seelen-Aufgabe: Setzen Sie sich mit der Machtthematik auseinander und leben Sie liebevolle Beziehungen. Geben Sie sich nicht um des Friedens willen auf und bringen Sie sich mit Ihrem Herzen in Einklang, damit Entwicklung und Heilung auf allen Ebenen möglich ist.

9er Seelen-Motivation

Seelen-Geflüster: *Die Genugtuung liegt in der Mühe, sein Ziel zu erreichen, nicht im Erreichten selbst.* Mahatma Gandhi (indischer Freiheitskämpfer und Philosoph)

Seelen-Thema: Ihr Leben ist seit Ihren Jugendjahren ein stetes Auf und Ab. Sie lernten alle Emotionen, Höhen und Tiefen kennen. Äußeres befriedigt Sie nicht mehr, Sie möchten zu Ihrem Inneren, dem alles Zugrundeliegenden finden. Sie wollen verstehen, warum alles so ist. Es geschieht nichts Sinnloses, jeder Mensch bekommt genau das Schicksal, das ihm eine optimale seelische Entwicklung ermöglicht. Alles, was bisher entstanden ist, will sich erweitern. Das Licht ist der Same, der Neues in sich trägt und von höherer Kraft gelenkt wird. Finden Sie emotionalen Frieden und spüren Sie Ihre wahren Gefühle. Leben Sie mit der Schöpfung und allen Kreaturen in vollkommener Liebe und Mitgefühl.

Seelen-Aufgabe: Neues findet auf der nächsthöheren Ebene statt und sollte von Altem und Bekanntem unterstützt, aber nicht wiederholt werden. In der Ruhe liegt die Kraft. Überwinden Sie Ungeduld und Rastlosigkeit. Lassen Sie sich von Ihrem Herzen leiten.

Übersicht über die erfolgte Namensanalyse

Das Schwierigste am Leben ist es,
Herz und Kopf dazu zu bringen, zusammenzuarbeiten.
In meinem Fall verkehren sie noch nicht einmal auf freundschaftlicher Basis.
Woody Allen (amerikanischer Regisseur)

Persönliche Bilanz

Wenn Sie Ihr Blatt (siehe Kopiervorlage am Ende des Buches) ganz ausgefüllt haben, nehmen Sie sich noch einmal die Zeit, ein kurzes Resümee zu ziehen.

- Wie fühlt sich Ihr Namensbild an?
- Passen die Zahlen auf den ersten Blick für Sie zusammen?
- Wirkt die Analyse harmonisch auf Sie? Oder ist eher das Gegenteil der Fall? Hat sich evtl. ein Fehler eingeschlichen? Sie können noch sämtliche Vornamen und Abkürzungen errechnen. Prüfen Sie alles noch einmal nach, bis Ihnen Ihre Auflistung vom Anschauen her gefällt und Ihnen Ihr Bauchgefühl dies bestätigt.
- Reinigen Sie Ihren Namen mental über die im nachfolgenden Kapitel beschriebene Meditation.

VORNAME	NACHNAME		
S A B I N E	S C H I E F E R L E		
1 1 2 9 5 5	1 3 8 9 5 6 5 9 3 5	77/14/5	NZ
_ 1 _ 9 _ 5	_ _ _ 9 5 _ 5 _ _ 5	39/12/3	HZ
1 _ 2 _ 5	1 3 8 _ _ 6 _ 9 3 _	38/11/2	PZ

1	2	3	4	5	6	7	8	9
A	B	C	D	E	F	G	H	I
J	K	L	M	N	O	P	Q	R
S	T	U	V	W	X	Y	Z	

Namenszahl (alle Buchstaben)	NZ: 5
Herzzahl (alle Vokale)	HZ: 3
Persönlichkeitszahl (alle Konsonanten)	PZ: 11
Schicksalszahl (Quersumme Geburtsdatum)	SZ: 11
Geburtstagszahl (Quersumme GeburtsTAG)	GZ: 7
Schicksalsweg (HZ + PZ)	SW: 5
Lebensziel (SZ + NZ)	LZ: 7
Seelen – Motivation (Monogramm)	SM: 2

bei Geburt 1 + 2 = 3
ab Heirat / Namenswechsel 1 + 1 = 2

- Legen Sie die Auswertung an einen für Sie wichtigen Platz. Sie können Symbole oder Engelkarten zur Heilung darauflegen.
- Stärken und unterstützen Sie die Klärung Ihrer Namensanalyse mit Heilsteinen. Legen Sie passende Steine auf Ihr Blatt und/oder tragen Sie diese Steine bei sich.
- Haben Sie ein »Problem« mit einer oder sogar mehreren Zahlen? Dann möchten vielleicht genau diese Eigenschaften in Ihren näheren Fokus rücken. Sie wollen entdeckt, transformiert und positiv gelebt werden.
- Vertrauen Sie darauf, dass sich Ihnen über Ihre Namensenergiearbeit neue Wege erschließen und Heilung geschieht.

Allgemeingültiges Fazit

- Im Idealfall sollten die Namenszahl und die Schicksalszahl identisch sein.
- Es wäre von Vorteil, wenn die Namenszahl (alternativ: die Herz- oder die Persönlichkeitszahl) mit der Schicksalszahl (oder mit der Geburtstagszahl) übereinstimmt.
- Jede Übereinstimmung mit dem Schicksalsweg, dem Lebensziel oder der Seelenmotivation bringt Harmonie ins Leben, wenn die Botschaft dieser Zahlen auch wirklich gelebt werden.
- Besteht außer mit dem Schicksalsweg keine Übereinstimmung, sollte eine Korrektur des Vornamens in Erwägung gezogen werden.
- Dasselbe gilt bei einer Schicksals- oder Geburtstagszahl 8 in Verbindung mit einer 4 bei Namens-, Herz- oder Persönlichkeitszahl oder umgekehrt. Bei einer Namenszahl 8 empfiehlt es sich, den Vornamen zu verändern, damit man sich aus der Ewigkeitsschleife (siehe »Gesetz von Ursache und Wirkung«) befreien kann.
- Näheres dazu finden Sie in dem Kapitel »Korrektur des Namens«.

Exkurs: Kraftlinien

In der Gesamtschau der numerologischen Namensanalyse können wir das Vorkommen der unterschiedlichen Zahlen, die wir als Namenszahl, Herzzahl usw. ermittelt haben, betrachten. »Verwandte« Zahlen bilden starke Kraftlinien. Diese Zahlen ergänzen einander, beeinflussen sich positiv und wirken schöpferisch. Sie schwingen auf ähnlichen Wellenlängen.

Kraftlinien, die sich aus den Endzahlen (letzten Quersummen) von Namen und Geburtsdatum ergeben, verleihen der Person Stärke und Harmonie. Eine der wichtigsten ist die *Linie der Kraft.* Sie besteht aus den Zahlen:

3 – 6 – 9: Diese Zahlen stehen für Seele – Körper – Geist. Die Linie der Kraft wirkt sehr ausgleichend auf den Namen, und die Zahlen harmonieren gut miteinander.

Weitere Verbindungen sind:

1 – 2 – 3: Der Werdeprozess. Aus 1 mach 2 dann 3. Ich – Du – Wir. Oder: Ein Gedanke entsteht – reift – wird.

1 – 4: Ideen die in der 1 entstehen, können in der 4 schnell realisiert und umgesetzt werden.

1 – 7: Bei dieser Kraftlinie handelt es sich um den seelischen Entwicklungsprozess. Die 1 steht für die Schöpferkraft, die 7 für das Seelenbewusstsein.

4 – 8: Diese Zahlen haben Sie in diesem Buch bereits als karmische Verbindung kennengelernt. Die Zahlen 4 und 8 stehen für den Erkenntnisprozess, für Ursache und Wirkung. Sind Sie ausgeglichen, können Sie Ihre Gefühle zulassen und verhalten sich tolerant gegenüber sich selbst und Ihren Mitmenschen.

Wenn Sie also eine oder mehrere dieser Zahlenkombinationen in Ihren Zahlen finden, so erweitern diese Kraftlinien die Aussagen zu den einzelnen Zahlen.

Beispiel einer Gesamtdeutung

Wer andere kennt, ist klug,
wer sich kennt, ist weise.
Laotse (chinesischer Philosoph)

Wir haben Wolfgang Amadeus Mozart als Beispiel einer Gesamtdeutung gewählt, weil bei ihm durch seinen Vater, Leopold Mozart, eine Verbindung zu Augsburg besteht. Zudem ist W. A. Mozart jedem ein Begriff. Mozart war und ist noch heute eine interessante und faszinierende Persönlichkeit. Sein vollständiger Taufname lautete: Joannes Chrysostomus Wolfgangus Theophilus Mozart. Für die Berechnung haben wir uns allerdings für den uns heute bekannten Namen Wolfgang Amadeus Mozart entschieden. Er wurde am 27. Januar 1756 in Salzburg geboren und verstarb am 5. Dezember 1791 in Wien.

VORNAME NACHNAME

WOLFGANG AMADEUS MOZART Namen

56367157 1414531 468192 89/17 NZ 8

6 1 1 1 53 6 1 24 HZ 6

5 367 57 4 4 1 4 8 92 65/11 PZ 2

Bitte schreiben Sie die Zahlen in direkter Linie unter die Buchstaben.

1	2	3	4	5	6	7	8	9
A	B	C	D	E	F	G	H	I
J	K	L	M	N	O	P	Q	R
S	T	U	V	W	X	Y	Z	

Namenszahl (alle Buchstaben) NZ: 8
Herzzahl (alle Vokale) HZ: 6
Persönlichkeitszahl (alle Konsonanten) PZ: 11/2

Schicksalszahl (Quersumme Geburtsdatum) SZ: 11/2
Geburtstagszahl (Quersumme GeburtsTAG) GZ: 9

Schicksalsweg (HZ + PZ) SW: 8
Der Schicksalsweg muss mit der NZ übereinstimmen!
Lebensziel (SZ + NZ) LZ: 1
Seelen – Motivation (Monogramm) SM: 1
bei Geburt W+A+ M = 5+1+4 = 10/1

Die Namenszahl 8 zeigt uns die Persönlichkeit Mozarts und wie er sie umsetzen sollte.

8er, und in unserem Beispiel auch Mozart, verbindet man mit Erfolg und Macht. Mozart benötigte Selbstdisziplin, Mut, Willenskraft, Energie und Konzentration, um seine Ideen und Kompositionen einfallsreich umzusetzen. Auch war Organisation für ihn sehr wichtig, damit er sein Leben so leben konnte, wie er es tat. Mit der Namenszahl 8 hing er in seiner Familie fest. Das hatte für ihn sowohl positive als auch negative Seiten: Von seinen Eltern hat Mozart viel übernommen und mitbekommen. Die Musikalität wurde ihm sozusagen in die Wiege gelegt und von seinen Eltern entsprechend gefördert. Bereits im Alter von vier Jahren erhielt er von seinem Vater den ersten Musik- und Kompositionsunterricht. 1761 entstanden seine ersten Kompositionen und 1762 folgten seine ersten Auftritte. Bereits 1763 erfolgte die erste große und etwa 3 ½ Jahre dauernde Tournee durch Deutschland und Westeuropa. Seine eigene Persönlichkeit konnte Mozart nie entwickeln, da er bereits sehr früh von seinen Eltern auf den vorbestimmten Weg geführt wurde und er im Grunde alles gemacht hat, was die Eltern von ihm gefordert haben. Man muss hier aber auch bedenken, dass es sich um ein anderes Jahrhundert mit anderen Familienstrukturen und Anforderungen gehandelt hat. Durch die Namenszahl 8 und die Dominanz der Eltern wurde Mozarts Genie unterstützt.

Die Herzzahl 6 offenbart das Innerste eines Menschen.

Für Mozart waren Musik, Rhythmus und seine Familie sehr wichtig. Mit seiner Musik brachte er Frieden, Harmonie, Schönheit und Ästhetik in die Welt und in unser Leben.

Nicht nur für uns, sondern bestimmt auch für Mozart selbst, ist und war seine Musik Entspannung und Ausgleich. Wie inzwischen viele Studien bestätigen, kann klassische Musik heilsam auf Körper und Seele wirken und ist förderlich für das logische Denken und das Lernverhalten.

Die Persönlichkeitszahl 11 bzw. 2 teilt mit, wie man nach außen wirkt und was andere erwarten.

Mozart hat mit seiner Musik in der Welt viel verändert und gewandelt. Er war ein Mensch, der uns mit seiner künstlerischen Begabung und seinem außergewöhnlichen Talent begeistert und beeindruckt. Auch seine Eltern haben diese Fähigkeiten in ihm gesehen und Höchstleistungen gefordert. Mit seiner egozentrischen Art stieß Mozart bei einigen Mitmenschen an seine Grenzen. Auf seine Weise hat Mozart versucht, Macht über andere Menschen zu erlangen.

Die Schicksalszahl 11 / 2 zeigt seinen Lebensweg mit all seinen Bestimmungen und Prüfungen.

Mozart vertraute auf seine Intuition, er ließ sich immer wieder inspirieren und lenkte seine Schöpferkraft in die richtige Richtung.

Seine starke Willenskraft, sein Mut, seine Kraft und sein Talent halfen ihm, seine Ideen umzusetzen. Er war auf seinem Gebiet, der Musik und der Komposition, ein Genie. Mozart hatte ein Leben mit vielen Höhen und Tiefen, er stieß immer wieder auf Hindernisse bei seinem beruflichen Werdegang. Daran konnte er reifen und neue Erkenntnisse erlangen. Seine philosophische Sicht der Dinge verarbeitete er in seinen zahlreichen Kompositionen. Mozart tat sich schwer, ein Gleichgewicht zwischen Materiellem und Spirituellen zu finden. Durch die Kraft seiner Schicksalszahl wurde er oft zu einem exzentrischen und träumerischen Leben verleitet.

Die Geburtstagszahl 9 weist in die Vergangenheit, in die Essenz des letzen Lebens.

Sympathie, Verständnis, Mitgefühl und vielseitige Begabungen zeichnen die 9er aus. Sie interessieren sich für Spirituelles und Philosophie. 9er haben in ihrer Kindheit und Jugend mit vielen Problemen, hauptsächlich in der Familie, zu kämpfen. Die Erfolge kommen meist erst im Erwachsenenalter. In Mozarts Fall kam der große Erfolg sogar erst nach seinem frühen Tod. Es bestand eine Neigung zu Jähzorn, Nachlässigkeit und Taktlosigkeit. Leichtsinn spiegelt sich vor allem in seinem verschwenderischen Umgang mit seinen Finanzen.

Nach heutigen Maßstäben war Wolfgang Amadeus Mozart ein Großverdiener, aber aufgrund seines luxuriösen Lebensstils befand er sich oft in wirtschaftlichen Nöten. Er war immer wieder auf der Suche nach neuen Arbeitgebern und Klavierschülern. Auf diesem Weg lernte er aus numerologischer Sicht alle Zahlen von 1 bis 9, auch die negativen Seiten, gründlich kennen. Nach der Aufführung von »Die Hochzeit des Figaro« 1786 wandte sich das Wiener Publikum von ihm ab, und seine finanzielle Situation verschlechterte sich weiter. Selbst erneute Reisen konnten Mozart nicht mehr aus seiner wirtschaftlichen Misere helfen. Erst 1791 hatte er mit der Aufführung der »Zauberflöte« wieder Erfolg in Wien.

Der Schicksalsweg 8 sagte Mozart, er solle freudevoll und mit Leichtigkeit durchs Leben gehen. Er sollte sein Herz öffnen und vertrauen. Der Schicksalsweg 8 bedeutet auch, dass das Leben Höhen und Tiefen mit sich bringt. Arbeit und Entwicklung auf allen Ebenen brachte Erfolg, der hatte aber auch seinen Preis.

Der richtige große Erfolg blieb Mozart zu Lebzeiten allerdings verwehrt. Der stellte sich erst Jahre nach seinem Tod ein. Mozart fand seine eigene Musik häufig nicht gut und ließ Konzerte platzen. 1775 versuchte er, sich in Salzburg als Künstler zu etablieren, was ihm jedoch nicht gelang. Trotz einer Festanstellung (ab 1772) bei der Salzburger Hofkapelle versuchte er, durch Konzertreisen mit seinem Vater dem strengen Reglement des Dienstes am Hof zu entfliehen. 1777 reichte er sein Abschiedsgesuch ein. Danach ging er mit seiner Mutter auf Städtetour, auf der er bei mehreren Höfen vorstellig wurde, aber weder Aufträge noch eine Anstellung bekam. 1779 trat er eher widerwillig eine Stelle als Hoforganist in Salzburg an. Der dortige Erzbischof versagte ihm einträgliche Konzerte, und es herrschte ein angespanntes Verhältnis. 1781 kündigte Mozart seine Stelle und siedelte nach Wien über. Dort finanzierte er sich seinen Lebensunterhalt durch kleinere Konzerte. Hier konnte er sich auch endlich entfalten und schrieb er seine großen, bis heute bekannten Opern. Wenige Wochen nach der Uraufführung der »Zauberflöte« wurde er bettlägerig und verstarb am 5. Dezember 1791.

Expansion und Wachstum begleiteten seinen Schicksalsweg. Die 8 verlieh ihm die nötige Stärke, Ausdauer, Standfestigkeit und Begeisterung. Mozart erreichte aus eigener Kraft seine Ziele. Sein Ehrgeiz brachte ihm Anerkennung.

Das Lebensziel 1 lässt uns einen Blick auf die späteren Jahre Mozarts und die Früchte seiner Arbeit werfen.

Das 1er Lebensziel besagt, er sollte zu sich stehen und sich durchsetzen lernen. Es machte ihn glücklich, wenn er das Potential der Menschen finden und wecken konnte, mit denen er in Kontakt kam.

Wir können daran erkennen, dass Mozart mit seiner Musik wahre Pionierarbeit vollbrachte, zu einem Meister wurde und uns ein unsterbliches Zeugnis seiner Schöpferkraft hinterließ.

Die Seelen-Motivation 1 zeigt uns, warum Mozart auf der Welt war und was er sich vorgenommen hatte, zu lernen.

Mozarts Seelen-Motivation half ihm dabei, neue Wege (der Musik) zu entdecken. Er nutzte die Erfahrungen seines Vaters als Grundlage für seine Kompositionen. Mozart brachte mit seiner Musik neue Impulse in die Welt. Seine Individualität und seine Willenskraft halfen ihm dabei. Er ließ sich durch seine Verbindung zum Göttlichen inspirieren, um für die Nachwelt wundervolle, heilsame Musik zu hinterlassen. Jede Herausforderung und jede Begegnung mit seinen Mitmenschen steigerten seine Kraft und erweiterten seinen Horizont.

Verbinden Sie sich mit Ihrem Namen

Kein Problem wird gelöst,
wenn wir träge darauf warten,
dass Gott sich darum kümmert.
Martin Luther King (Friedensnobelpreisträger)

Wie fühlt es sich an, wenn man Sie mit Ihrem Namen anspricht? Hört es sich gut an? Stellt Ihr Name eine Forderung an Sie, die Sie – bisher – noch nicht erfüllen konnten?

Die Schwingung Ihres Namens besitzt eine eigene, ganz besondere persönliche Kraft und Energie. Sprechen Sie Ihren Namen laut aus, so können Sie mit ihm in Kontakt treten. Mit der nachfolgenden Meditation gehen Sie eine Verbindung mit Ihrem Namen ein. Durch den so stattfindenden Reinigungsprozess können Sie Ihren Namen ins Hier und Jetzt holen, Sie können spüren, dass Sie und Ihr Name eins sind.

Namensmeditation

Setzen Sie sich bequem hin. Halten Sie den Rücken gerade. Ihr Körper ist ganz entspannt, die Aufmerksamkeit ist nach innen gerichtet. Schließen Sie die Augen.

Zentrieren Sie sich in Ihrem Herzzentrum, verbinden Sie sich mit Mutter Erde und dem Göttlichen.

Visualisieren Sie eine weiße Leinwand oder einen leeren Bildschirm.

Lassen Sie auf dem weißen Feld Ihren gesamten Namen entstehen.

Achten Sie darauf, wie Ihr Name geschrieben ist! Wo auf der Leinwand steht Ihr Name? Ist der Schriftzug gut zu erkennen? Ist er klein und winzig oder groß und weit? Wie wirkt er auf Sie?

Reinigen Sie nun Ihren Namen und lassen Sie alle alten Bilder und Glaubenssätze über sich und Ihren Namen los.

Danach beobachten Sie Ihre Gedanken, Ihre Gefühle … Hat sich Ihr Name auf der Leinwand verändert?

Wiederholen Sie den Prozess des Loslassens, bis Ihr Name klar, unverkennbar und deutlich auf der Leinwand steht.

Nehmen Sie dann die neue, sonnige Schwingung in Ihren Körper, Ihre Seele und Ihren Geist auf. Atmen Sie dazu tief ein und aus. Seien Sie ganz in Ihrer Mitte!

Wenn Sie mit dieser Übung fertig sind, bewegen Sie sacht Ihre Beine, Ihre Arme, Ihren Kopf … und kommen nun wieder langsam ins Hier und Jetzt zurück.

Öffnen Sie Ihre Augen.

Wie fühlt sich Ihr Name an? Empfinden Sie nun ein Wärmegefühl, wenn Sie Ihren Namen laut aussprechen? Spüren Sie die positiven Energien, die Ihr Name jetzt bei Ihnen hinterlässt?

Vertrauen Sie »den Bildern«, die Sie empfangen. Durch diese Reinigung ist Ihr Name voller Energie, die Sie spüren und fühlen können. Ihr Name ist für Sie bestimmt, er führt Sie zu Ihrem Lebensziel.

Teil 3: Die Bedeutung der Zahlen

Die Bedeutung der Zahlen von 1 bis 9

Hebt man den Blick,
so sieht man keine Grenzen.
Gabriel Laub (polnisch-deutscher Schriftsteller)

Die Zahlen von 1 bis 9 sind die anschaulich gemachten universalen Grundsätze. Sie symbolisieren den Prozess, den ein Gedanke durchlaufen muss, um zu wachsen und Wirklichkeit zu werden. In den Zahlen von 1 bis 9 können wir die Signatur von Gottes Schöpferkraft entdecken. Die gesamte Schöpfung ist das Resultat dieser neun Stufen.

Zahlen sind Energiesymbole und unterliegen damit der Polarität. Die Zahlen 1, 3, 7 und 9 tragen vorwiegend männliche Züge. 2, 4, 6, 8 und 0 werden eher weibliche Eigenschaften zugeordnet. Die Zahl 5, die Zahl des Menschen, steht in der Mitte der Zahlenreihe von 1 bis 9. Sie kann in beide Richtungen blicken und beinhaltet deshalb beide Energien gleichermaßen.

Um Missverständnissen vorzubeugen: Jede Frau und jeder Mann trägt männliche und weibliche Eigenschaften in gleichen Anteilen in sich. Diese sind mehr oder weniger stark ausgebildet. Ziel ist es, diese in ein 50:50-Gleichgewicht zu bringen und zu lernen, beide Energien – die weibliche und die männliche – in sich zu vereinen.

Den Zahlen werden sowohl positive als auch negative Eigenschaften zugeordnet. Hierbei geht es um die Merkmale der beiden Ansichten eines Objekts, sozusagen »die zwei Seiten einer Medaille«.

Bei der Namensdeutung haben wir die Zahlen jeweils spezifisch auf die Lebensbereiche hin gedeutet, auf die sie sich beziehen; die Herzzahl auf unser Inneres oder die Persönlichkeitszahl auf die Außenwirkung usw. Mit den nachfolgenden ganz allgemeinen Beschreibungen können wir jede Zahl in unseren Auswertungen deuten! Wir sollten dann darauf achten, auf welchen Bereich der Namensanalyse diese Zahl ihre Wirkung ausübt. Ist es die Herzzahl, dann offenbart sie uns unser Inneres, ist es die Schicksalszahl, dann zeigt sie uns unsere Talente und Fähigkeiten, oder ist es der Schicksalsweg, dann weist uns die Zahlendeutung auf den Weg hin, den wir finden sollten. Zahlen die bei der Namensanalyse mehrfach vorkommen, sind für unseren Charakter besonders prägend.

Die 1

Die 1 steht für den Beginn, den Anfang, die Erneuerung. Sie verkörpert die Verbindung mit den kosmischen Kräften und der Schöpfung.

+ 1er haben Selbstbewusstsein, Selbstvertrauen und Ich-Bin-Bewusstsein. Sie sind Vorbild für andere, haben Führungsqualitäten, Organisationstalent und lieben Ordnung und Sauberkeit. 1er sind zielstrebig, schöpferisch, aktiv, entschlussfreudig, einzigartig und gerne unabhängig. Sie besitzen Weisheit, Inspiration, Ideen und Willenskraft. Sie zeigen Fleiß, Ausdauer, Mut und Stärke. 1er sind Neuem gegenüber aufgeschlossen;

– 1er haben gerne die Kontrolle über andere. Sie neigen zu Perfektionismus, Arbeitswut, Ehrgeiz, Macht und Eigensinn. 1er sind kopflastig und oftmals zu ernst. Sie können auch schüchtern, einsam und unsicher sein. 1er sind oftmals egoistisch, ehrgeizig, stolz, intolerant, zornig und stur. Sie tun sich schwer, Gefühle zu zeigen. 1er lehnen Rat oft ab, sind unflexibel und dulden nur sehr ungern Widerspruch. Verzeihen fällt ihnen schwer.

Was ist das »Ich-Bin-Bewusstsein«?
Jesus sagte: »Ich bin der Weg, die Wahrheit und das Leben.« Damit war nicht seine Persönlichkeit gemeint, sondern das Christus-Bewusstsein, die Gott-Gegenwart »Ich Bin«.

Ihr wahres Selbst ist Gott, ausgedrückt in Form. Wenn Sie sich also wieder mit der Gott-Gegenwart »Ich Bin«, dem Göttlichen Selbst, vereinen und ihm die Führung übergeben, erlangen Sie wahre Meisterschaft. Ihre Lebensaufgabe besteht darin, eigenverantwortlich mit den kosmischen Gesetzen umzugehen und Ihr Leben zu meistern. Selbst-Erkenntnis ist der Schlüssel zur Selbst-Meisterschaft.

Erkennen Sie sich selbst!

Die 2

Die 2 ist das Symbol für die Polarität. Das Licht kann nicht ohne den Schatten sein. Sie steht für die Ergänzung, aber auch für das Widersprüchliche. Die 2 verkörpert die Verbindung zum Inneren und die Erkenntnis von Gut und Böse.

+ 2er besitzen ein hohes Maß an Sensitivität, Intuition, Traumbewusstsein, ASW-Fähigkeiten (außersinnliche Wahrnehmung, mediale Begabungen wie Hellsehen, Hellhören, Hellfühlen usw.). Ebenso sind 2er gut in philosophischem Denken. Sie sind hilfsbereit, anpassungsfähig, tolerant, feinfühlig, taktvoll, verständnis- und rücksichtsvoll, klug und diplomatisch.

– 2er sind Zweifler, Ja-Sager, haben gefühlsabhängige Launen, sind unentschlossen, unsicher, verletzlich, empfindlich und oftmals auch passiv. Häufig haben sie ein Helfer-Syndrom oder erwarten Dankbarkeit für alles, was sie tun. Es besteht eine erhöhte Suchtgefahr (besonders mit Alkohol).

Was bedeutet Sucht?
Bei einer *Sucht* sind wir auf der Suche *nach* etwas, *abhängig* sind wir *von* etwas. Bei den 2ern ist beides gemeint. Mit der ***Abhängigkeit von etwas*** wollen sie den Problemen entfliehen. Alkohol oder Drogen sind nur Mittel zum Zweck.

Sucht bedeutet nichts anderes, als dass man auf der Suche nach dem wahren Selbst ist, aber auf der Stelle tritt. Lösen kann man es, indem man seine Zweifel und Ängste verarbeitet und dem Leben Vertrauen schenkt.

Heilsteine, die bei der Suchtbewältigung helfen können:

Amethyst: Er steigert das Bewusstsein und das Urteilsvermögen. Dieser Heilstein fördert das Verarbeiten von Erfahrungen und hilft, Fremdeinflüsse abzuwehren.

Dumortierit: Er wird auch »Take it easy«-Stein genannt. Er lindert Ängste und hilft, das Leben leichter zu nehmen und zwanghafte Verhaltensmuster, also auch Süchte, aufzulösen.

Die 3

Die 3 ist die Zahl der Heilung, der Transparenz und der Neugeburt – aus der Polarität entsteht ein Drittes. Sie ist die wohl bedeutendste Glückszahl.

+ 3er sind fröhlich, großzügig, glücklich und voller Optimismus. Sie sind gerne in Bewegung – körperlich wie geistig. 3er sind auf der geistigen Suche und fragen stets nach dem »Warum«. Sie wollen über jedes Detail Bescheid wissen und hinterfragen alles. Sie zeigen Initiative und haben deshalb oft großen Erfolg. 3er besitzen Kreativität und Phantasie, Einfühlungsvermögen, Tat- und Entschlusskraft. Sie sind wahre Lebenskünstler, denn Heilung entsteht durch Kreativität. 3er genießen gerne, sie sind Ästheten und Gourmets. Sie pflegen ihre Freundschaften.

– 3er neigen zu starken Emotionen, sind eigensinnig, eitel und pedantisch. Sie sind genusssüchtig und möchten immer gewinnen. 3er haben einen großen Geltungsdrang, jedoch Angst vor Versagen und Verbindlichkeiten. Sie sind rasch und schnell zu begeistern, allerdings verflüchtigt sich diese Begeisterung nach kurzer Zeit wieder. Da sie vieles anfangen, besteht die Gefahr der Zersplitterung.

Gefahr der Zersplitterung, was ist damit gemeint?
3er (und auch 5er) neigen dazu, sich aus Begeisterung, Interesse und Sammlerwut mehreren Dingen gleichzeitig zu widmen. Sie nehmen zwar alles mit der gleichen Begeisterung in die Hand, schaffen es aber meist nicht, sich für ein Projekt zu entscheiden.

Konzentrieren wir uns deshalb auf eine Sache, dafür aber mit ganzem Herzen und vollem Einsatz.

Die 4

Die Zahl 4 ist die Zahl der Ordnung. Sie schafft Sicherheit und gibt Orientierung.

+ 4er sind vertrauenswürdig und entschlossen. Sie verfügen über einen gesunden Menschenverstand und besitzen große Tat- und Überwindungskraft. Sie zeigen (vor allem im Beruf) Pflichtbewusstsein, Zuverlässigkeit, Disziplin, Verantwortung und Ausdauer. 4er mögen das Praktische und scheuen sich nicht vor der Arbeit. Sie setzen Theorien in die Praxis um und realisieren Ideen. 4er haben eine ausgeprägte Liebe zur Natur und einen Sinn für Formen und Farben.

– 4er neigen zu Traurigkeit und Depressivität. Sie leiden gerne, baden in Selbstmitleid und neigen zu Eifersucht. 4er sind geprägt von Sicherheitsdenken und Ängsten. Sie machen sich oft abhängig von dem, was andere sagen oder vielleicht über sie denken. Sie zerbrechen sich oft den Kopf über Dinge, die passieren könnten, dadurch entstehen Einschränkungen im Leben. 4er sind konservativ, haben oft Geldprobleme, lieben das Dramatische und sind oftmals kleine Rebellen.

In der Neuen Zeit sollten 4er Spiritualität in ihre Arbeit einbringen. Vertrauen wir unserem Gefühl und gehen wir der Tätigkeit nach, die uns Spaß macht, und verrichten wir diese in Liebe.

Die 5

Die Zahl 5 ist die Zahl der Freiheit. Sie steht für Kommunikation, Aufgeschlossenheit und Toleranz. Die 5 verbindet das Geistige mit dem Menschlichen.

+ 5er haben Freude an der Abwechslung. Sie verfügen über einen ausgeprägten Freiheitsdrang, lieben Reisen und Abenteuer. 5er besitzen große Begabungen, Intelligenz und Beweglichkeit. Sie haben Urvertrauen ins eigene Gefühl und ein enormes Selbstbewusstsein. 5er sind vielseitig begabt und sehr gewandt in ihren herausragenden Umgangs- und Kommunikationsformen. Sie genießen das Leben mit ihren 5 Sinnen und lieben den Körperkontakt. 5er besitzen eine große Glaubenskraft und haben eine ausgeprägte Liebe zur Ordnung; diese schenkt Harmonie und Heilung.

+/- Die Angst vor innerer Leere ist Motivation für vieles, deshalb sammeln 5er Wissen und materielle Dinge, um dieses vermeintliche Vakuum wieder ausfüllen zu können.

Da 5er sich nicht der Vergangenheit stellen und ihre eigenen Schatten nicht anschauen möchten, benötigen sie immer wieder eine neue Art der Zerstreuung, damit sie sich nicht mit ihrem Seelenleben beschäftigen müssen.

– 5er sind egoistisch, impulsiv und können nur schlecht »nein« sagen. Sie neigen zu Oberflächlichkeit, Rastlosigkeit und Habsucht. 5er haben oft negative Gedanken und wenig Ausdauer. Sie können häufig keine echte, tiefe Liebe empfinden und ausdrücken. Der Wunsch nach Nähe und Distanz ist etwa gleich groß. Fehlt eine gewisse Struktur im Leben, verzetteln sich 5er sehr leicht.

Die 6

Die 6 ist die Zahl der Vollkommenheit. Sie verbindet die Erde mit dem Himmel und kann somit Gegensätzliches heilen. Die 6 strahlt Frieden und Harmonie, Wahrheit und Gerechtigkeit aus.

+ Für 6er sind Familie und Liebe ein wahres Lebenselixier. Sie besitzen eine sehr häusliche Schwingung mit großen sozialen und familiären Energien. 6er wünschen sich ein Heim und ein Familienleben. Liebe und Mitgefühl sind ihre höchsten geistigen Werte. Harmonie und Ästhetik sollten im alltäglichen Leben überwiegen und dieses auch bereichern. Romantik und erfüllende Sexualität beflügelt Ihr Dasein. 6er haben eine künstlerische und handwerkliche Begabung und lieben Musik und den Rhythmus. Sie sind pflichtbewusst und zeigen Leistungswillen. 6er übernehmen Eigenverantwortung, haben Selbstvertrauen und Durchsetzungsvermögen. Durch ihre bloße Anwesenheit bringen 6er Ruhe und Gelassenheit in ihre Umgebung und sorgen liebevoll für ihre Mitmenschen. Sie sind geboren, um zu trösten, diplomatisch zu wirken und um harmonische Veränderungen herbeizuführen.

– 6er sind oft eifersüchtig, besitzergreifend und eigensinnig. Sie haben ein ausgeprägtes Machtstreben und sind ausgesprochen konservative Menschen. Sie sind autoritär, diktatorisch, kritisch, urteilen und verurteilen gerne. Sie wollen keine Fehler machen und suchen sich häufig einen Sündenbock. Sie sind ängstlich, unsicher, vorsichtig, misstrauisch, voller Selbstzweifel und wollen alles »Schwarz auf weiß« bewiesen haben. 6er streiten gerne und lieben Konfrontationen. Sie möchten immer richtig handeln und machen sich dabei oft unnötige Sorgen um die Zukunft.

Die Zahl 7

Sie ist die Zahl der Mystik, der Magie und der Lebensfülle. Die 7 ist ein Sinnbild für Weisheit. Sie ist die Zahl der seelischen Reife. Ein erfülltes Leben und ungewöhnliche Erfahrungen sind gesichert.

+ 7er haben Urvertrauen ins Leben. Sie sind voller Optimismus, Fröhlichkeit und Glücksgefühle und sprühen vor Vitalität und Kreativität. Sie sind immer auf der Suche nach Individualität. 7er besitzen Intelligenz, Intuition, Spiritualität und Weisheit. Sie interessieren sich für Religion, Philosophie und Metaphysik. 7er sind tiefdenkend, häuslich und praktisch veranlagt. Sie sind geheimnisvoll und verschwiegen, medial und oft hellsichtig veranlagt. 7er lieben die Stille und die Meditation. Sie gehen oft in sich, hören auf ihre innere Stimme und finden so Lösungen für das Leben. Ihre Zuneigung zu Mutter Erde und zu den Tieren lässt die 7er aufleben.

– 7er haben Angst vor Versagen und Schmerz. Sie fühlen sich unverstanden, sind mitunter einsam, zurückhaltend, verletzlich und oft traurig. 7er sind undurchschaubar, neigen zu Illusionen und Selbsttäuschung. Sie tragen »Masken«, um damit, Ihre Umwelt zu täuschen, damit sie ihre wahren Gefühle nicht zeigen müssen. 7er lieben den Luxus, können maßlos und verschwenderisch sein, leben in der Illusion, dass es ihnen besser geht, je mehr sie besitzen. Körperlicher Arbeit gehen sie gerne aus dem Weg.

Die 8

Die 8 steht für die Unendlichkeit. Sie ist die Zahl der Gerechtigkeit, des Ausgleichs und des Wachstums in der Liebe.

+ 8er besitzen Organisationstalent und Realitätssinn. Sie haben hohe Ansprüche an sich und andere und verfügen über ein ausgeprägtes Verantwortungsgefühl für ihr Geschäft und ihren Besitz. Mit Fairness können 8er es bis an die Spitze schaffen. Die Weitsicht der 8 lässt sie richtig handeln und agieren. Mit Beharrlichkeit lassen sich alle Hindernisse überwinden, materielle Ziele, Anerkennung und Erfolge erreichen. 8er sind mutig, stark, verlässlich, hingabefähig und haben ein warmes Herz. Wahrheit und Harmonie sind ihnen sehr wichtig. 8er lieben die Erotik, haben ein Faible für die Kunst und einen Sinn für Formen und Schönheit.

– 8er üben gerne Macht und Kontrolle über andere aus. Sie manipulieren, verurteilen, weisen anderen die Schuld zu und sind oft aggressiv. Sie lieben Dramen und »Rollenspiele«. 8er sind stolz, ehrgeizig, eitel, großspurig, unnachgiebig und oft bequem. Sie haben Angst vor der eigenen Stärke und übernehmen aus Furcht nur ungern die Verantwortung. Sie möchten keine Fehler machen und haben deshalb auch Probleme, sich zu entschuldigen, und deswegen oft Schwierigkeiten in ihren Beziehungen und Partnerschaften. Finanzielle Probleme und Themen begleiten immer wieder ihren Alltag.

Es ist harte Arbeit und Entwicklung auf allen Ebenen notwendig. Die »8« ist eine karmische Zahl. Haben wir Positives vollbracht, dann erhalten wir auch Positives zurück. Verlieren wir unser Ziel nicht aus den Augen!

Die 9

Die 9 steht für Transformation und Vollendung auf höherer Ebene. Sie repräsentiert Menschen, die durch Mitgefühl und Selbstlosigkeit über sich selbst hinauswachsen wollen.

+ 9er haben eine ausgeprägte Intuition, eine bemerkenswerte Spiritualität, vielseitige, auch mediale Begabungen und hohe moralische und ethische Grundsätze und Qualitäten. In der 9 findet man die Selbstliebe, die Liebe zur Menschheit und die bedingungslose Liebe zur ganzen Schöpfung. 9er sind idealistisch, geduldig, tolerant und großzügig und haben ungeahnte Möglichkeiten. Sie zeigen großes Verständnis gegenüber dem Verhalten, den Vorurteilen und den Sichtweisen ihrer Mitmenschen. 9er verkörpern Flexibilität, Dynamik und Energie. Sie sind kontaktfähig, vermitteln gerne und strahlen eine große Zufriedenheit aus. 9er sind bereit, das Wissen und die Erfahrungen, die sie gesammelt haben, an Ihre Mitmenschen weiterzugeben.

– 9er sind egozentrische Träumer, geprägt von Mitleid und Selbstmitleid. Sie sind verwöhnt und urteilen gerne. Sie haben Bindungsängste, Angst, Entscheidungen treffen zu müssen und vermeiden, wenn möglich, Konflikte. 9er sind ungeduldig, leichtsinnig und gerne angriffslustig. Sie sind einerseits bequem, andererseits aber auch rastlos. Zu viele Aktivitäten wirken auf den 9er erschöpfend. Vorsicht Suchtgefahr! Sie neigen zu Resignation und verdrängen oftmals ihre Wut, die dann im ungünstigsten Augenblick ausbrechen kann.

Angefangene Projekte und Unerledigtes sollten bei der 9 zu Ende gebracht werden.

Ich wollte, man würde einsehen,
dass die Grenzen des Mitleids nicht dort liegen,
wo die Welt sie zieht.
VINCENT VAN GOGH (NIEDERLÄNDISCHER MALER)

Was ist *Mitleid* und was ist *Mitgefühl?*
Mitgefühl umfasst auch Mitfreude, ist also nicht nur auf Leid beschränkt. Wir erfassen ganzheitlich einen anderen Menschen und stehen in Kommunikation mit ihm. Wir akzeptieren dessen Gefühle und respektierten seine eigene Individualität, müssen diese aber nicht teilen. Wir zeigen unser Einfühlungsvermögen auf einem anderen Weg, bieten aktive Bereitschaft, unterstützen

gedanklich, helfen anderen Menschen, leben und fühlen miteinander. Wir stehen unseren Mitmenschen zur Seite und sind da, wenn sie uns brauchen.

Liebe ist die stärkste Macht der Welt,
und doch ist sie die demütigste,
die man sich vorstellen kann.
Mahatma Gandhi (indischer Unabhängigkeitskämpfer)

Mitleid ist der stärkste Ausdruck für das Wort Mitgefühl. Es geht allerdings nur in eine Richtung, es zeigt die Anteilnahme an Schmerz und Leid anderer. Wir leiden mit und lassen uns dabei oft selbst hinunterziehen.

Zum Mitleiden gab die Natur vielen ein Talent, zur Mitfreude nur wenigen.
Friedrich Hebbel (deutscher Dramatiker)

Betrachtet man die Null, sieht man nichts.
Blickt man durch sie hindurch, so sieht man die Welt.
Robert Kaplan (amerikanischer Mathematiker und Autor)

Die 0

Sie werden in der Namensanalyse nie eine 0 sein. Dennoch hat die 0 eine starke Bedeutung. Deshalb haben wir diese Zahl hier aufgenommen, damit Sie auch den Hintergrund der 0 kennenlernen können. Es ist wichtig, wo die 0 steht, als 01, 10, 100… Sie bedeutet Wandlung und bereitet uns auf Höheres vor. Die 0 hilft, auf die nächste, auf eine höhere Ebene zu kommen, die 1 wird so zur 10. Die 0 lehrt uns nach vorne zu schauen und die Zweifel unseres Lebens abzulegen. Der Schlüssel der 0 heißt Vertrauen, dann kann Auflösung und Befreiung zum Wohle aller geschehen. Die 0 verbindet die 9 Archetypen zu einem Ganzen.

+ Die 0 bringt Fürsorglichkeit, Zuverlässigkeit und Flexibilität mit sich. Das Leben hält viele Herausforderungen, stetige Veränderungen und Wandlungen bereit. Die 0 lässt uns nach Weisheit streben und birgt viele Möglichkeiten für großes geistiges Wachstum. Sie verleiht ein gutes Gedächtnis und große Vorstellungskraft. Sie lässt in größeren Zusammenhängen und Dimensionen denken. Mit einer 0 in seinen Zahlen ist man oftmals vor Gruppen oder Publikum ein hervorragender Redner. Die 0 wirkt feinfühlig, vermittelnd und vereinigend. Alle Zahlen, die eine 0 enthalten, verleihen göttlichen Schutz.

– Mit einer 0 in den Zahlen ist man empfindlich, anhänglich und unruhig. Es herrscht oft Gedanken-Chaos. Man opfert sich für andere auf, weil man Anerkennung sucht oder Angst vor emotionaler Strafe hat. Die 0 drängt es, ohne Umschweife zur Sache zu kommen, und damit fällt sie oft »mit der Tür ins Haus«.

Mit einer Zahl 0 ist es wichtig, seine Bedürfnisse anzumelden und sich, wenn nötig, abzugrenzen.

Über all das ziehet die Liebe an.
Sie ist das zusammenschließende Band der Vollendung.
Brief an die Kolosser 3,14

Die Doppelzahlen

Auch aus Steinen,
die einem in den Weg gelegt werden,
kann man Schönes bauen.
Johann Wolfgang von Goethe (deutscher Dichter)

Doppelzahlen, auch Leitzahlen genannt, haben die gleiche Bedeutung wie die Einzelzahlen, sind aber eine deutliche Verstärkung des vorhandenen Potentials. Die Zahlen: 11, 22, 33 und 44 sind Haupt-Leitzahlen und sollten nicht auf eine einstellige Grundzahl reduziert werden. Sie entspringen der folgenden Symbolik: Die Zahlen 1, 2 und 3 sind geistige Zahlen, mit der 4 erhalten wir die Zahl, die die Gedanken der Urschöpfung und die Uridee auf die Erde bringt, sie erdet und somit aus dem Feinstofflichen das Materielle entstehen lässt.

Die Doppelzahlen geben Ihnen die Chance, Hindernisse und Schwierigkeiten im Leben zu lösen und Prüfungen zu bestehen. Sowohl die positiven als auch die negativen Aspekte von Zahlen kommen bei einer Verdoppelung verstärkt zum Ausdruck, und so erhalten Sie eine Aufforderung für die innere Wandlungsarbeit. Sie stoßen in Ihrem Leben oft auf bestimmte Situationen, Aufgaben oder Hindernisse, durch die Ihre Weiterentwicklung eingeschätzt werden kann. Ihr Fortschritt wird immerzu »geprüft«, und dabei werden die bisher gesammelten Erkenntnisse gefestigt. Ihre Prüfungen werden mit der Zeit immer kleiner und unproblematischer ausfallen, so lange, bis Sie Ihre Lernaufgabe endgültig bewältigt haben. Sind die negativen Aspekte der Doppelzahlen aufgearbeitet und wird nur das Positive gelebt, so werden die Doppelzahlen zu Meisterzahlen.

Leitzahlen erfordern viel Arbeit, bieten aber auch große Erfolgsmöglichkeiten.

Doppelzahl 11

Thema: Einheit – Erkenntnis

+ Selbstvertrauen, Sensibilität, Selbstbewusstsein, Fürsorglichkeit, Führungsqualitäten, Ich-Bin-Bewusstsein, Inspiration, Weisheit, starke Willenskraft, Ideen, Mut, Charakterstärke, Individualität.

– Schüchternheit, Egozentrik, Stolz, Aggressionen, Intoleranz, Kopflastigkeit, Kontrolle über andere Menschen.

Die 11 besitzt eine enorme Kraft, um es mit vielen Veränderungen und unvorhergesehenen Ereignissen aufzunehmen. Für 11er ist ihre starke Intuition sehr wertvoll, sie sorgt für Wachstum und Erfahrung. Menschen mit der Zahl 11 sollten ihre Ideen und Pläne verwirklichen, da sie sonst labil und launisch werden können. Mitunter ist es wichtig für sie, sich zu schützen, damit keine negativen Energien aus der Umgebung aufgenommen werden können. 11er sind oft Revoluzzer und stellen alles auf den Kopf. Übereifer und Idealismus können dabei leicht in Egozentrik umschlagen. Dies könnte dazu führen, dass Talente brachliegen und man nicht mehr erkennt, was vor sich geht. 11er haben einen verstärkten Persönlichkeitsanspruch, der sich in autoritärem Auftreten zeigen kann. Ein weiteres Problem der 11er liegt darin, dass sie, so sehr sie auch geliebt und anerkannt werden, diese Liebe und Zuwendung nicht so spüren können, wie sie es gerne hätten.

Jesus sagte: »Ich bin der Weg, die Wahrheit und das Leben.«
Evangelium nach Johannes 14,6

Was ist das »*Ich-Bin-Bewusstsein*«?
Jesus hat damit nicht seine Persönlichkeit gemeint, sondern das Christus-Bewusstsein, die Gott-Gegenwart des »Ich bin, der ich bin«.

Wenn wir uns wieder mit der Gott-Gegenwart »Ich Bin«, dem Göttlichen Selbst, vereinen und ihm die Führung übergeben, erlangen wir die göttlich-menschliche Meisterschaft. Unsere Lebensaufgabe besteht darin, die kosmische Dynamik zu verstehen, mit ihr umzugehen, unser Leben zu meistern und uns daran zu erinnern, wer wir sind.

Selbsterkenntnis ist der Schlüssel zur Selbst-Meisterschaft.

Lernaufgaben der Zahl 11:
Legen Sie Ihre Angst vor Nähe ab. Lernen Sie in Toleranz und Demut zu leben und Ihre Nächstenliebe weiterzugeben. Gehen Sie dabei bewusst den Weg vom Kopf zum Herzen, dann können Sie Vorbild für viele Menschen sein. Treffen Sie Entscheidungen aus dem Bauch heraus. Lernen Sie, geduldig zu sein.

Die einzige Weisheit, die wir erwerben können,
ist die Weisheit der Demut: Demut ist ohne Ende.
Thomas Stearns Eliot (amerikanischer Schriftsteller)

Was ist Demut?
Demut kommt aus dem althochdeutschen »diomuoti« für dienstwillig. Der Begriff beschreibt die Ergebenheit, die in Einsicht, Notwendigkeit und im Willen zum Hinnehmen begründet ist. Das heißt nicht, dass wir uns klein machen, sondern dass wir mit Verstand, Klugheit und weiser Voraussicht agieren. Das Gegenteil von Demut ist Hochmut, der bis hin zur Demütigung anderer geht. Es ist wichtig, die innere und die nach außen gezeigte Haltung in Einklang zu bringen. Der Demütige erkennt und akzeptiert aus freien Stücken, dass es etwas Höheres gibt, dem man sich in Liebe fügt.

Doppelzahl 22

Thema: Unterscheidung – Polarität

+ Große Sensitivität und Intuition, Traumbewusstsein, Fähigkeiten zur außersinnlichen Wahrnehmung (Hellsehen, Hellfühlen, Hellriechen, Hellschmecken, Hellhören), mediale Begabung, Begabung zum »Fernheilen«, gesteigertes Denkvermögen, Hilfsbereitschaft, Angepasstheit.

– Starke Zweifel, Depressionen, Suizidgedanken, Hin- und Hergerissensein, Helfer-Syndrom, Kopflastigkeit, die Tendenz, Liebe zurückzuweisen, Machthunger, Suchtgefahr (Vorsicht vor Glücksspielen).

»Zwei Seelen wohnen, ach! in meiner Brust.« Wie kann man die 22 besser beschreiben, als mit diesem Zitat aus Goethes Faust. Die Herausforderung dieser Meisterzahl liegt in der Bemeisterung aller Zweifel, Ängste und Verzweiflungen, der Unentschlossenheit und dem ewigen Hin- und Hergerissensein. 22er haben ein hohes Denkvermögen, eine rasche Auffassungsgabe und eine unerschöpfliche

Fülle an Ideen. Sie können hervorragend zwischen Illusion und Wirklichkeit unterscheiden. 22er haben das Gefühl, dass sie es nicht wert sind, geliebt zu werden, und weisen deshalb die ihnen entgegengebrachte Liebe zurück. Sie sehnen sich nach einem festen Platz im Leben und sind immer auf der Suche nach sich selbst. Diese »Sehnsucht« birgt die Gefahr einer »Sucht«. Die 22 kann in einen Größenwahn verfallen, der alles vernichten könnte, was sie sich aufgebaut haben. Agieren sie umsichtig!

Lernaufgaben der Zahl 22: Verabschieden Sie sich von vertrauten Mustern, lassen Sie alte emotionale Verletzungen los, verlassen Sie eingefahrene Wege und öffnen Sie sich für neue Erfahrungen. Schuldgefühle oder gar Selbstverurteilungen haben in Ihrem Leben nichts zu suchen. Leben Sie Ihre weibliche Seite aus. Um Ihre Visionen und Ziele zu verwirklichen, benötigen Sie Beharrlichkeit und Disziplin. Vertrauen Sie Ihren Träumen und inneren Bildern. Gehen Sie Ihrem starken Bedürfnis nach, etwas aufzubauen, damit Sie Großes erreichen können. Urvertrauen ist wichtig. Finden Sie den eigenen inneren Frieden in der Stille oder durch Meditationen.

Doppelzahl 33

Thema: Kreativität – Lebensfreude

+ Hohe Kreativität und kreative Vorstellungskraft, Musikalität, starker Wille, Heilkräfte, Frage nach dem »Warum?«, Fähigkeit, sich auszudrücken, oft schriftstellerisches Talent; großzügig, erfolgreich, praktisch, bescheiden, gütiger Charakter, opferbereit für Ideale.

– Starke Emotionen, Eitelkeit, Genusssucht, Eigensinn, Besitzergreifung, Gegensätzliches gleichzeitig wollend, sinnlose Selbstaufopferung.

Das Leben der 33 ist nicht leicht zu leben. Wenn sie ihre eigentliche spirituelle Aufgabe vergessen hat, kann sie besitzergreifend und eifersüchtig sein und andere emotional von sich abhängig machen. Mit einem vorurteilsfreien Leben macht die 33 einen großen Schritt in ihrer Entwicklung. Die Zahl 33 zeigt große Opferbereitschaft für Familie, Freunde und Beruf. Sie öffnet sich gerne für die Probleme anderer, was ihr Umfeld natürlich schnell bemerkt. Viele möchten ihr das Herz ausschütten, von ihr Rat und Hilfe holen. Die 33 scheint immer mehr zu geben als zu nehmen und ist oft zu bescheiden. Vorsicht vor »Energieräubern«, sie zehren an der Hilfsbereitschaft der 33, an ihrer positiven Ausstrahlung und großen Stärke.

Lernaufgabe der Zahl 33: Fördern Sie Ihre vorhandene Kreativität, entdecken Sie Ihre außergewöhnlichen Talente und Begabungen. Lassen Sie andere ihr eigenes Leben leben. Bringen Sie sich immer wieder in Ihre Mitte, in eine Balance im Denken und Tun. Mit Energie, Optimismus und ansteckender Lebensfreude können Sie eigene Entscheidungen treffen und Ihren Idealen, Visionen und Träumen folgen. Führen Sie ein naturverbundenes Leben im Kreise Ihrer Lieben.

33er haben oft eine gute Beziehung zu einer der beiden Großmütter, die auch nach ihrem Tod weiterhin Unterstützung aus dem Jenseits geben kann. Denken Sie an die besonderen Fähigkeiten Ihrer Großmutter, wenn Sie Hilfe benötigen. Fragen Sie um Rat, und Sie werden Eingebungen erhalten.

Selbstaufopferung ist das wirkliche Wunder,
aus dem alle anderen Wunder entspringen.
Ralph Waldo Emerson (amerikanischer Dichter und Philosoph)

Was ist *Opferbereitschaft?*
Wahre Meisterschaft ist praktischer und idealistischer Dienst am Nächsten – im Beruf wie in der Familie. Opferbereitschaft ist, seinem Seelenplan zu folgen, sich vertrauensvoll und selbstlos führen zu lassen. Es bedeutet nicht, sich für andere Menschen aufzuopfern!

Beim Geben und »Opfern« geht es vor allem darum, was wir für andere tun können oder wollen. Wenn wir z. B. Zeit verschenken, »opfern« wir etwas Wertvolles, sei es der Oma im Altenheim, dem kleinen Kind, das Trost braucht, oder der besten Freundin, die unser Gehör benötigt.

So dienen wir im Angesicht der göttlichen Liebe. Sich opfern heißt in Wirklichkeit, sich selbst finden. Wir erkennen, was und wie viel wir bereit sind zu geben, ohne uns zu schaden. Der Ausgleich von Selbstliebe und Nächstenliebe ist eine Gratwanderung.

Doppelzahl 44

Thema: Stabilität – Realisierung

+ Gewissenhaftigkeit, Konzentration, Ausdauer und Disziplin bei der Arbeit, Verwirklichung der Ideen, kann Theorie in Praxis umsetzen, Tat- und Durchsetzungskraft, weltgewandt, Liebe zur Natur.

– Arbeitswut, Festlegung und Fixierung, Genauigkeit bis zur Pedanterie, Sturheit, Geldproblem (entweder Verschwendungssucht oder Geiz), Festhalten an Glaubens- und Wertesystemen.

Jeder hat einen gesunden Menschenverstand und kann logisch denken. Bei der 44 sind diese angeborenen Fähigkeiten, dem Leben das Beste abzugewinnen und alltägliche Probleme zu lösen, besonders gut ausgeprägt. Diese Begabungen helfen dabei, die Intuition zu schulen, Dinge wahrzunehmen und die Ursachen zu erkennen. Existenzangst entsteht z. B. aus dem großen Bedürfnis nach Ruhm und Besitz. Finanzielle Probleme hängen oftmals mit der Einstellung zum Geld zusammen und entstehen aus falschen Gedankenmustern. 44er erleben viele Einschränkungen im Leben, die jedoch zur Stärkung des Charakters beitragen.

Lernaufgabe der Zahl 44: Überwinden Sie Ihren Hang zu Sturheit, Perfektionismus, Fanatismus und Geiz. Stehen Sie zu sich selbst, egal, was andere denken könnten. Lernen Sie, sich selbst zu lieben. Erkennen Sie die eigenen Schattenseiten als Wachstums-Chance und akzeptieren und verändern Sie diese. Lernen Sie, loszulassen. Vertrauensselig zu sein kann so manchen Verlust bringen. Lernen Sie aus Erfahrungen und achten Sie auf Ihr Bauchgefühl. Glauben Sie an Ihr Urvertrauen!

Doppelzahl 55

Thema: Freiheit – Kommunikation

+ großes Bedürfnis nach Freiheit, Abenteuer und Reisen, Veränderungen und Neuem; Tatendrang, Sinnlichkeit, Ordnungsliebe, große Glaubenskraft.

– Neigung zu autoritärem Auftreten, Ängste, wenig Ausdauer, Zersplitterung, Verbitterung, Helfersyndrom.

Menschen mit dieser Doppelzahl haben ein lebensnotwendiges Bedürfnis nach Freiheit, Abenteuer, Reisen und nach Neuem. Bei echter Freiheit geht es darum, sein Leben so zu leben, wie man es selbst möchte. Von Vorteil wäre, wenn die Familie, der Partner und die Freunde dies akzeptieren und unterstützen könnten. Gedanken sind immer frei, und jede Meinung, die aus dem Herzen kommt, darf ausgesprochen werden. Es gibt im Leben immer wieder Momente und Zeiten, die einem keine Möglichkeit für große Freiräume lassen, weil man Verantwortung gegenüber Menschen hat. Die Zeiten ändern sich aber auch wieder. Um ihre innere Leere auszufüllen, sammeln 55er oft Wissen und materielle Dinge aller Art. Sie sind meist gut gelaunt, stecken voller Energie, sind gütig und haben, wo es angemessen ist, einen ausgeprägten Gerechtigkeitssinn. 55er wollen oft zu viel auf einmal. Ziellose und spontane Handlungen führen zu Problemen.

Lernaufgabe der Zahl 55: Lernen Sie, Geduld zu haben und nein zu sagen. Nehmen Sie Ihre Gefühle wahr, akzeptieren Sie diese und sprechen Sie über sie. Entwickeln Sie den 6. Sinn. Hören Sie auf Ihre Intuition, denken Sie darüber nach, wägen Sie ab und setzen Sie es dann erst um. Behalten Sie Ihr Ziel vor Augen und konzentrieren Sie sich auf den Weg, der dort hinführt.

Die Quersumme der Zahlen von 1 bis 10 ergibt die Zahl 55, dadurch wird nochmals die Besonderheit dieser »mittigen« Zahl betont.

Doppelzahl 66

Thema: Lebenskraft – Durchsetzung

+ Harmonie und Frieden, Wahrheit und Gerechtigkeit, Familie, Liebe, Lebensenergie, Heilkraft, Sexualität, Häuslichkeit. 66er sind großzügig, wohltätig, vornehm, verständnisvoll, willensstark, entschlossen, zuverlässig. Sie lieben leidenschaftliche Diskussionen und Auseinandersetzungen.

– Durchsetzung um jeden Preis, Gefahr unbeherrschter Leidenschaften und Aggressionen, können dazu neigen, eigensinnig, stur, streitlustig, überbehütend und besitzergreifend zu sein.

66er haben ein idealistisches Wesen und eine soziale Gesinnung und besitzen eine geradezu unermüdliche Antriebskraft. Sie sind voller Vertrauen und verständnisvolle und gute Zuhörer. 66er setzen sich gerne für ihre Ideale, für eine bestimmte Sache oder die Lösung sozialer Probleme ein. Diese Eigenschaften können dazu führen, dass 66er andere manipulieren, um das zu bekommen, was sie selbst benötigen. 66er hatten oft zu beschützende Eltern und machen mit ihren eigenen Kindern meist wieder denselben Fehler. Sie sind überbehütend und besitzergreifend gegenüber ihren Partnern, Kindern usw. und werden deshalb immer wieder Enttäuschungen erleben, weil etwas nicht nach ihrem Plan läuft. Diese vermeintlichen »kalten Duschen« sind verborgene Geschenke. Zuvor lebte man in einer verdeckten Realität, nachdem diese nun aufgedeckt wurde, kann man endlich die Wahrheit erkennen.

Lernaufgabe der Zahl 66: Sie sollten mehr an sich selbst denken und sich gut um sich kümmern. Sport, Bewegung, Musik und Rhythmus ist gut, um Verspannungen abzubauen. Machen Sie sich keine unnötigen Sorgen und lassen Sie Ihre Mitmenschen leben, wie es deren Vorstellungen entspricht. Setzen Sie Ihre Talente weise und produktiv ein, damit sie zum Erfolg führen.

Doppelzahl 77

Thema: Mystik – Lebensfülle

+ Urvertrauen ins Leben, Intuition, Weisheit, Intelligenz, Vitalität, Kreativität, analytisches Denken, Traumdeutung, Individualismus, musikalische Fähigkeiten, Selbstvertrauen. Interesse an Religion, außersinnlicher Wahrnehmung (ASW) und Spirituellem. Bewusster Weg nach innen, Liebe zur Natur und zu Tieren.

– Selbstverneinung, Aufopferung, Illusionen, Genusssucht, Gefühl von Einsamkeit.

Je nach Situation geben sich 77er frei und fröhlich oder vorsichtig und ernst. Sie haben viel Verständnis für andere Menschen und sind deshalb sehr beliebt. Sie sind bekannt für ihr praktisches Denken und ihre Gründlichkeit. Menschen mit der Zahl 77 lieben die Annehmlichkeiten des Lebens, sie suchen den Luxus und Bestätigungen im Außen. Die Extravaganz führt zur Zerstreuung, denn 77er sind Suchende. Sie neigen zu Selbsttäuschung und zur Täuschung ihrer Umwelt, da sie ihre wahren Gefühle nicht zeigen. Sie können nach außen fröhlich wirken und im Innern tief traurig sein.

Lernaufgabe der Zahl 77: Legen Sie Ihre Maske ab, kehren Sie aus der Welt der Illusionen auf den Boden der Tatsachen zurück. Selbsterkenntnis können Sie durch Besinnung auf sich selbst erfahren. Suchen Sie nach der Wahrheit im eigenen Herzen, vertrauen Sie sich dem Fluss des Lebens an und leben Sie Ihre Kreativität aus. Lernen Sie aus Erfahrungen und stehen Sie sich dabei nicht selbst im Weg. Durch Takt und Diplomatie reifen Sie zu einer starken Persönlichkeit. Therapeutische Tätigkeiten bringen Erfüllung.

Doppelzahl 88

Thema: Gerechtigkeit – Ausgleich

+ Lebensfreude, Erotik, Harmonie, Mut, Stärke, Macht, Organisation, Geschäft und Besitz, große Anziehungskraft, kraftvolle Persönlichkeit, Scharfsinn – 88er können Situationen gut einschätzen.

– Fühlt sich in Gesellschaften nicht wohl, Geldproblem: entweder geizig oder verschwenderisch, übertriebene Harmonie (heile Welt), Beziehungsschwierigkeiten, Statusbewusstsein, muss alles selbst erfahren, um anderen glauben zu können.

88er legen ein übertriebenes Harmoniestreben an den Tag, dies kann »um des lieben Friedens willen« zur Flucht aus der Realität oder sogar zur Selbstaufgabe führen. Musische Aktivitäten können diese innere Unruhe befriedigen. 88er stellen sehr hohe Anforderungen an sich selbst und andere, dadurch überschätzen sie sich oft. Die 8 ist eine karmische Zahl, die mit Machtmissbrauch in Beziehungen im früheren Leben zu tun haben könnte und deshalb oft zu Schwierigkeiten in gegenwärtigen Beziehungen führt.

Lernaufgabe der Zahl 88: Legen Sie Stolz, Masken, Eitelkeit und Bequemlichkeit ab. Üben Sie keine Macht aus, kontrollieren und manipulieren Sie andere nicht. Machen Sie sich unabhängig von weltlichen Besitzansprüchen. Durch Verständnis, Toleranz, Akzeptanz, Selbst- und Nächstenliebe können diese Hindernisse überwunden werden. Erlösen Sie sich aus dem Zwang des hohen Anspruchs und gehen Sie mit Selbstbewusstsein und Herz an Ihre Aufgaben heran. Erwecken und leben Sie Ihr inneres spirituelles Wesen, Ihr wahres Ich. Hören Sie auf Ihre innere Stimme und planen Sie weise Ihre Zukunft. Setzen Sie Theorie in Praxis um und handeln Sie. Lernen Sie aus Ihren Erfahrungen, setzen Sie Ideen um. Erkennen Sie an, dass jeder Mensch über seine eigene Wahrheit verfügt, bedingt durch alle Erfahrungen und Lernprozesse, die er gemacht hat. Akzeptieren Sie, dass unterschiedliche Wahrheiten nebeneinander bestehen können. Lassen Sie Ihre Vergangenheit los. Leben Sie Ihre Beziehungen liebevoll und bringen Sie Geben und Nehmen in Balance.

Doppelzahl 99

Thema: Universale Liebe – Mitgefühl

+ Liebe zur Menschheit und zur ganzen Schöpfung, Selbstliebe, Dynamik, Kontaktfähigkeit, Vermittler, großer Denker, Idealismus, Geduld, vielseitige Begabungen.

– Kritisch, ungeduldig, bequem, leichtsinnig, unruhig, empfindlich reizbar, allzu mitleidig, neunmalklug.

Die Doppelzahl 99 steht für Toleranz, für die bedingungslose Liebe zur Menschheit und zur ganzen Schöpfung – bedingungslos geben und selbstverständlich tun. 99er fühlen sich am wohlsten in einer harmonischen Umgebung und wirken deshalb oft vermittelnd und ausgleichend auf ihr Umfeld ein. Es besteht die Tendenz zu Mitleid und Selbstmitleid, was jedoch weder dem einen noch dem anderen weiterhilft. 99er nehmen Eindrücke und Vorahnungen von Menschen und Situationen wahr. Sie haben die Kraft zu heilen und so das Leiden der Mitmenschen zu lindern.

Lernaufgabe der Zahl 99: Haben Sie Ihr Ziel klar vor Augen, dann können Sie sich, trotz Ihrer vielseitigen Begabungen und Visionen, nicht verzetteln. Flexibilität, Verständnis, Toleranz und Selbstliebe sind gefragt. 99er sollten Verhaltensmuster und althergebrachte Normen über Bord werfen. Der Weg muss Schritt für Schritt gegangen werden, damit sie sich transformieren und Altes abschließen können, um für einen Neubeginn bereit zu sein. Mit Körperbewusstsein und der Verwirklichung des Selbst werden alle Dinge möglich. Um einer Erschöpfung bei fortlaufender mentaler Anstrengung vorzubeugen, sind körperliche Betätigungen oder Sport der nötige Ausgleich. Genießen Sie aber auch die Ruhe und die heilsamen Kräfte der Natur. Seien Sie neugierig auf das Leben und haben Sie Vertrauen in die Zukunft.

99er haben oft eine gute Beziehung zu einem der beiden Großväter. Dieser unterstützt Sie auch nach seinem Tod weiterhin aus dem Jenseits. Bitten Sie um Rat, insbesondere wenn es um besondere Fähigkeiten und Geschicke des Großvaters geht, die er im Diesseits gehabt hat.

Doppelzahl 00

Thema: Wandlung – Neubeginn

+ Neubeginn, unbegrenzte Möglichkeiten, Wandlung bis hin zur Vollendung, großes geistiges Wachstum, Sehnsucht nach dem Grenzenlosen, Jenseitigen – Erinnerungen an frühere Leben. Kann rasch das Wesentliche vom Unwesentlichen unterscheiden, ist fürsorglich, zuverlässig, aufopfernd und vermittelnd.

– Dominierende Persönlichkeit, Gedanken-Chaos. Kann autoritär, verletzlich und verletzend, unruhig und abhängig sein.

Zwei Nullen, z. B. im Geburtsdatum, deuten auf ständige Veränderungen, Herausforderungen und Wandlungen im Leben hin. Die Nullen drängen uns liebevoll aber bestimmt, Ganzheiten zu erschaffen. Ein Friedenskreis kann nur geschlossen werden, wenn jeder einzelne anfängt, mit sich selbst ins reine zu kommen. 00er haben ein gutes Gedächtnis und eine große Vorstellungskraft. Sie haben die Fähigkeit, vor Gruppen oder Publikum zu sprechen. Ein Handeln zum Wohle aller bringt auf Dauer materielle Erfolge.

Lernaufgabe der Zahl 00: Streben Sie nach Weisheit und Vollkommenheit, denken Sie in größeren Dimensionen und bringen Sie Ihr ureigenstes Potential zum Ausdruck, so entsteht Lebensfülle. Leben Sie nicht nach den Erwartungen anderer. Nehmen Sie die eigenen Gefühle wahr, akzeptieren, leben und sprechen Sie diese aus. Hören Sie auf Ihr Herz und nehmen Sie die stetigen Wandlungen und Herausforderungen des Lebens an.

Von den Doppelzahlen zu den Meisterzahlen

Das Geheimnis des Glücks liegt nicht im Besitz, sondern im Geben.
Wer andere glücklich macht, wird glücklich.
André Gide (französischer Schriftsteller)

Meisterzahlen sind Doppel-Kombinationen der Zahlen 1, 2, 3 und 4, z. B. 11, 22, 33 und 44, aber auch drei oder vier gleichen Zahlen: 111, 2222, 333, 4444 usw. Durch ihre Doppelung sind sie eine Verstärkung der jeweiligen Grundzahl. Die positiven Aspekte der Zahlen kommen bei den Meisterzahlen in gesteigerter Form zum Ausdruck. Sie sprechen die Gegensätze in uns an, die wir in Einklang bringen sollten. Das Außen und das Innen, den Körper und den Geist…

Sollten Sie eine Meisterzahl in Ihrer Namensanalyse haben, empfehlen wir Ihnen, sich zuerst die jeweiligen Doppelzahlen anzusehen. Also bei einer 11 zuerst die Doppelzahl 11 und danach die Meisterzahl 11.

Doppelzahlen bewegen sich auf der irdischen, materiellen Ebene, Meisterzahlen beschäftigen sich mit Motiven, die auf der spirituellen Ebene stattfinden. Menschen mit einer Meisterzahl werden so lange vom Schicksal geprüft, bis das Lernziel der entsprechenden Zahl erfüllt ist. Das heißt: Die Energien dieser Meisterzahlen sind solange blockiert, bis die positiven Aspekte gelebt werden. Durch die Erfahrungen und Lernprozesse, die gemacht werden, können die Menschen zum Vorbild und Ratgeber für ihre Mitmenschen werden. Die natürliche Energie der einfachen Zahl wird durch Verdoppelung des Einflusses eine solche Klarheit erhalten, dass man die Endform als meisterlich bezeichnen kann. Wir sind verbunden mit unserem Höheren Selbst, integrieren das göttliche Wissen in unser Leben und erhöhen dadurch die gesamte Schwingung. Das spirituelle Leuchten wird vollkommen in unseren feinstofflichen Körper integriert. Wir verschmelzen sozusagen mit unseren Seelenanteilen und werden zum Meister.

Eine Meisterschaft erreichen wir nicht nur, weil wir etliche Bücher verschlungen, ein paar Kurse besucht oder gar Einweihungen erhalten haben. Die Meisterschaft ist ein langwieriger Entwicklungs-, Erfahrungs- und Erkenntnisprozess, der viel Arbeit auf der körperlichen, seelischen und geistigen Ebene bedeutet.

Eine meisterliche Persönlichkeit zu sein, kann bedeuten,
- verständig, klug und weise zu handeln,
- sein Lebensziel zu kennen und es auch zu leben,
- in vollkommenem Einklang mit sich selbst zu sein,

- Urvertrauen zu haben und sich vom Göttlichen führen lassen,
- seine Gesamt-Zahlen positiv zu leben,
- das höchste Potential seiner Schicksalszahl zu leben,
- Kopf, Herz- und Bauchgefühl in Einklang zu haben,
- zum Wohle aller zu handeln,
- aus dem Herzen zu leben und bedingungslos zu lieben.

Meisterzahl 11

Die Meisterzahl 11 ist 10 + 1. Die Kraft der 1 ist um das Bewusstsein der vorangegangen Zahlen erhöht. Sie symbolisiert den Neubeginn auf einer höheren Stufe. Die 11 ist eine Leitzahl mit spiritueller Bedeutung. Sie ist die Zahl der Propheten und Märtyrer. Der Märtyrer steht für den verstärkten Machtanspruch der 11er Menschen, die aus dem Ego heraus handeln. Sie möchten für die Nachwelt unsterblich werden. Der Prophet handelt aus Demut und mit Voraussicht, im Sinne seiner Mitmenschen und mit Rücksicht auf seine Umwelt. Die 11er erhalten ihr Wissen aus ihrem Höheren Selbst und ihrer Verbindung zur Mutter Erde.

Die 11er dürfen viel verwandeln und verändern, sie sind sehr erfinderisch und zeigen einen gesunden Ehrgeiz. Die Zahl 11 verstärkt vorhandene Talente, gibt Stärke und Mut. 11er wirken inspirierend und sind energisch, wenn es um die Umsetzung von Neuem und Ungewöhnlichen geht. 11er sind Pioniere auf ihrem Gebiet. Sie zeigen sich als Vorbilder, sind verantwortungsbewusst und optimistisch. Diese Meisterzahl repräsentiert Charakterstärke, Begeisterungsfähigkeit, Individualität, Sensitivität und Intuition. Für 11er sind alle Menschen gleich, egal welches Geschlecht, welchen Glauben oder welche Lebensweise sie haben. Die Mysterien des Lebens und die Erkenntnisse der Wiedergeburt sind ihnen vertraut. 11er besitzen eine starke außersinnliche Wahrnehmungskraft, sie beschäftigen sich alltäglich mit spirituellen Themen, bleiben sich selbst treu und folgen ohne Kompromisse ihrer Intuition. Teilen 11er ihre Erfahrungen mit ihren Mitmenschen, entsteht Erkenntnis, die zur Weisheit führen kann. Mit dem Bewusstsein, dass das Göttliche in jedem von uns enthalten ist und die eigene Spiritualität gelebt wird, strahlen 11er ein spirituelles Leuchten aus, das andere dazu bringt, ihre eigenen Kräfte hervorzubringen und mit diesen zu leben. Die wirkliche Meisterung des Lebens liegt im Dienen.

Meisterzahl 22

Die Meisterzahl 22 steht für physische und geistige Meisterung des Körpers. Viele Sportler haben diese Meisterzahl. 22er sind sehr sensitiv und intuitiv. Sie arbeiten mit großer Konzentration, Disziplin und Ausdauer, sie können ihre Ideen problemlos umsetzen. Ihre Macht und ihr Einfluss sind weitreichend.

22er sind sanfte und liebenswürdige Menschen, sie sind sehr friedliebend, visionär und wirken ausgeglichen und zufrieden. Die Herausforderungen dieser Meisterzahl liegen darin, alle Zweifel und Verzweiflungen zu meistern und den eigenen inneren Frieden zu finden, um ihn dann mit anderen teilen zu können. 22er stehen mit beiden Beinen fest im Leben, dadurch können sie sich entfalten und Ideen erden; sie sind gewissenhaft, ordentlich und haben alles fest im Griff. Mit Beharrlichkeit und Disziplin werden Träume und Visionen Wirklichkeit. Das Bestreben der 22 ist es, die Welt zu einem besseren Ort zu machen, dafür nimmt sie Projekte zum Nutzen der Menschheit in Angriff. Ihre intellektuellen Fähigkeiten sind dabei von großem Nutzen. 22er haben die Möglichkeit und die Mächtigkeit, tiefe Veränderungen herbeizuführen, neue Ideen in die Welt zu bringen, der Menschheit zu helfen und sie heiler zu machen.

Meisterzahl 33

Die Meisterzahl 33 steht für den Frieden im Innen und Außen, für die innere Freiheit und die Unabhängigkeit. Menschen mit dieser kreativen und spirituellen Meisterzahl sind oft hoch entwickelte Seelen, die spezielle Aufgaben im Zusammenhang mit Liebe, Sexualität und spiritueller Entwicklung haben.

33er sind auf künstlerischem Gebiet hochtalentiert und vielseitig begabt, phantasievoll und vom Glück begünstigt. Sie lieben alles Schöne, haben einen scharfen Verstand und einen überdurchschnittlichen Geruchssinn. Sie sind zielsicher und direkt, sie ziehen andere Menschen an und werden von diesen geliebt und verehrt. 33er haben es geschafft, innere Ausgeglichenheit zu finden, sind positiv eingestellt und verbreiten diesen Frieden in der Welt. Die 33 strahlt ein inneres Leuchten aus, das ihre Mitmenschen positiv inspiriert. 33er zeigen Entschlusskraft und Standfestigkeit, sind ehrgeizig, geduldig, lebhaft und geistreich. Diese Gaben ermöglichen es, Großes zu leisten und zu verwirklichen. Die 33 hat die Fähigkeit, Menschen Freude zu bereiten und stellt ihr Leben oft in den Dienst an Mitmenschen, z. B. in der Medizin oder Heilkunst. Sie stellt eigene Bedürfnisse hinten an, um ihre Lebensaufgabe zu erfüllen, sie kämpft für den Weltfrieden und hilft, bessere Lebensbedingungen schaffen.

Meisterzahl 44

Die 44 ist eine seltene Meisterzahl, die mit viel Arbeit auf der physischen und psychischen Ebene verbunden ist. Sie erfordert Tapferkeit und Erfindungsreichtum, um anderen als gutes Beispiel voranzugehen. Die 44 steht für Stärke und vollständige geistige Kontrolle über das eigene Leben auf Erden.

44er sind grundsolide, praktische Menschen mit einer Begabung für Verwaltung und Organisation. Disziplin spielt für sie auf allen Gebieten des Lebens eine wichtige Rolle. 44er haben die Fähigkeit, Probleme zu lösen und dabei fleißig und hart zu arbeiten. Sie verrichten ihre Tätigkeiten voll Freude und mit Motivation, ohne Lob und Anerkennung von außen zu erwarten oder gar Macht auszuüben. Sie klopfen sich lieber selbst einmal auf die Schultern, als darauf zu warten, dass es andere tun. 44er sind erdverbunden und können sich im Grünen besonders gut und schnell erholen; sie gehen mit Leichtigkeit und großer Freude durchs Leben. Mit Geduld, Toleranz und Demut begegnen sie hilfesuchenden Menschen. Ihr Umfeld vertraut den 44ern blind und meint, diese könnten ihre Probleme lösen und die Welt für sie wieder in Ordnung bringen – aber jeder muss für sein Leben selbst die Verantwortung übernehmen. 44er haben ein feines Gespür für Situationen, was ihnen hilft, das Richtige zum richtigen Zeitpunkt zu tun. Sie sind vernünftig, sehen den Tatsachen ins Auge und können Praktisches hervorragend mit dem Philosophischen vereinigen. Durch ihre formgebende Kraft, ihre Ausdauer und ihre Liebe zu sich selbst werden die 44er zum Vorbild und zur Stütze für andere Menschen.

Die Bedeutung der Zahlen von 10 bis 52

Unsere Träume können wir erst dann verwirklichen,
wenn wir uns entschließen, einmal daraus zu erwachen.
Josephine Baker (französische Tänzerin und Sängerin)

Zweistellige Zahlen haben sowohl Kraft und Einfluss in ihrer kombinierten Form als auch in ihrem einfachen Zustand – als Quersumme, z. B. 52: 5 + 2 = 7. Die zusammengesetzte Form können wir erst dann richtig verstehen, wenn wir die Bedeutung und den Einfluss der 9 Grundzahlen* kennen. Die Zehnerzahl, in o. g. Fall die 5, dominiert merklich das Ansehen der gesamten zusammengesetzten Zahl. Sie ist sozusagen die Führungszahl der zweistelligen Zahlen und gibt ihre Bedeutung in erhöhter Form dazu.

Nachfolgend möchten wir Ihnen gerne die Zahlen von 10 bis 52 (denn 52 Wochen hat das Jahr) vorstellen.

* Die Bedeutung der Zahlen in ihrer komprimierten Form können Sie in dem Kapitel »Die Bedeutung der Zahlen von 0 bis 9« nachlesen.

Die **10** ist die Zahl der ewigen Schöpfung. Sie ist die Zahl der Wandlung bis hin zu einem neuen Zyklus, zu einem Neubeginn auf einer höheren Ebene, was das Loslassen von Altem nach sich zieht. Die 10 beinhaltet alle Zahlen von 1 bis 9, dies deutet auf vielseitige Begabung hin. Sie bringt große Energien, geistige Beweglichkeit, Geschicklichkeit, Zielstrebigkeit, Konzentration, intellektuelle Interessen, Fleiß, Tatkraft, Veränderungsbereitschaft und Mut zu Neuem. Die 10 hat große energetische Reserven, bringt Gewinn und Glück.

– Die 10 neigt zu Empfindlichkeit, Ehrgeiz, Arbeitswut und altmodischem, autoritärem Auftreten.

Die Leitzahl (= Meisterzahl) **11** steht für Inspiration, Intuition und Spiritualität. Sie bringt einen erfindungsreichen und kreativen Geist, Scharfsinn, Idealismus, Fortschritt, mediale Fähigkeiten und Sensitivität.

– Die 11 neigt dazu, Vorhaben und Pläne auszuplaudern, bevor sie realisiert wurden. Sie zeigt Intoleranz, Leichtsinn und kann sich ins Unkontrollierbare verirren.

Weiteres zu dieser Zahl finden Sie in den Kapiteln über die »Doppel- und Meisterzahlen«.

Die Zahl **12** steht für das neue Jerusalem, das auf 12 Fundamenten gebaut wurde (siehe »Die Bedeutung der Symbolik der Zahlen von 0 bis 13«). Die 12 ist die Zahl der inneren Stärke, der Menschlichkeit, Nächstenliebe, Demut, Philosophie, Weisheit, Hilfs- und Dienstbereitschaft. Sie bringt Gutmütigkeit, Vergebung und Verständnis. Sie ist ausdrucksstark, offen, aktiv und vielseitig. Die 12 lässt den eigenen Weg finden, schwimmt gerne gegen den Strom und ist Glaubenssystemen gegenüber vollkommen tolerant.

– Die 12 tendiert dazu, jede Schwingung, jede Tätigkeit zu verlangsamen. Sie neigt zu Aufopferung, leidet unter Intrigen und kann nur schwer ihre eigene Meinung vertreten.

Die **13** ist die Zahl der Venus, der Weiblichkeit und der weisen Frauen. Es gibt häufig 13 Monde in einem Jahr. Die 13 bringt Ordnungsliebe, Fleiß, Führungsqualitäten, ständige Erneuerungen und Wandlungsfähigkeit. Kreative Ideen werden idealistisch umgesetzt. Sie kann leidenschaftlich Ideale und Standpunkte vertreten. Die 13 bringt ein großes Potential für die bedingungslose Liebe mit, die bis hin zur Vollkommenheit geht. Mit ihrer Toleranz kann sie Vorbild sein und somit Erfolg ernten.

– Die 13 neigt zu plötzlichen, impulsiven Veränderungen, bricht gerne Regeln, Neigung zu Unehrlichkeit, Egoismus, Pessimismus und Aggressivität. Sie orientiert sich materiell und ist eher introvertiert.

14 ist die Zahl des Helfens und des Heilens. Sie bringt Kontaktfreude, Selbstbewusstsein, Selbstdisziplin, Erfolg durch Optimismus, Glück auf materieller Ebene durch Spekulationen oder eigenen Unternehmungen. Ihr Ziel ist es, zu reisen, neue Wege zu finden, geistiger Führer und Lehrer zu sein. Die 14 bringt lebhafte Phantasie und viel Energie und Vitalität mit. Balance halten ist wichtig.

– Die 14 neigt zu Pessimismus und Rebellion. Es besteht Suchtgefahr.

Die **15** ist die Zahl der Auferstehung (15. Station des Kreuzweges) und zudem eine sehr weibliche Zahl, sie ist der Gottesmutter Maria und der babylonischen Liebes- und Himmelsgöttin zugetan. Die Zahl 15 hat eine kräftige magnetische Ausstrahlung, die eine starke Ausdehnung entwickeln kann. Sie bringt Diskretion, Vertrauenswürdigkeit, hohe Sensibilität, Vitalität, rednerisches Talent und Überzeugungskraft. Die 15 lässt Wissen leicht aufnehmen und behalten; die Erfolgsleiter kann damit beschwingt erklommen werden. Die 15 ist begeisterungsfähig, hat künstlerisches Talent, starke spirituelle Kräfte, will Selbstakzeptanz und sich verwirklichen.

– Die 15 tendiert zu Verführung, Maßlosigkeit und Eigensinn. Sie versucht sich Vorteile zu verschaffen und ihren Willen durchzusetzen.

Die 15 gleicht einem Katholiken, der alles tut, was er nicht tun darf,
aber jeden Sonntag zur Messe geht, um seine Sünden zu bereuen.
Johann Heyss (brasilianischer Autor)

16 ist die Zahl der geistigen Stärke, der körperlichen Durchsetzungskraft und der Lernbereitschaft – sie lernt aus Erfahrungen. Sie strebt nach Perfektion und Vervollkommnung der eigenen Persönlichkeit. Die 16 hat Einfühlungsvermögen, hochgradige seherische Begabung, hohe Intelligenz, ist dynamisch und wissbegierig. Lernen und Lehren sind ihre Aufgaben. Im Leben der 16 gibt es häufige und plötzliche Veränderungen, denn sie trennt die »Spreu vom Weizen«. Materielle Verluste sind unbedeutend. Sie entfernt aus ihrem Leben, was nicht gut für sie ist.

– Die 16 hat Scheu, öffentlich aufzutreten, ist impulsiv, strebt in viele Richtungen, was zu Zersplitterung führen kann.

17 ist die Zahl der Hoffnung und des Vertrauens in die Zukunft, der kosmischen Ordnung, der Glaubenskraft und der Lebensfülle. Sie bringt Wahrheitsliebe und lässt mutig alle Hindernisse überwinden. Sie ist ein guter Unterhalter und Realist. Sie geht ihre eigenen spirituellen Wege und sucht des Rätsels Lösung. Besondere Fähigkeiten führen möglicherweise zu Ruhm.

– Die 17 neigt zu Nachgiebigkeit, ist ein Ja-Sager, leicht beeinflussbar, führt vieles nicht zu Ende und schwebt oft über den Dingen.

Die **18** ist eine doppeldeutige Zahl, sie steht für Licht und Finsternis, für Sonne und Mond. Sie repräsentiert auch die Ganzheit. Die Zahl 18 bringt Klarheit, Stärke und Mut, ist hilfsbereit und tüchtig. Sie hat eine starke Traumtätigkeit und kann daraus gut Erkenntnisse in den Alltag integrieren. Wir finden hinter der Dunkelheit und der Ungewissheit das Heil, das Licht und damit die Erlösung.

– Die 18 neigt zu Ängsten und Zweifeln, Manipulation, Chaos und Großspurigkeit. Sie vermeidet Wege, die zu starken Gefühlen führen. Dadurch müssen oft große Umwege in Kauf genommen werden.

Die **19** ist die Zahl der Sonne und des Lebens. Sie ist willensstark, bringt Zufriedenheit, Glück und Freude mit sich. Zuversicht und Kreativität wirken erfüllend und führen somit immer wieder zu unbekannten Aspekten im Leben. Ein scharfer Verstand, gepaart mit vielen Ideen, lässt die 19 immer wieder kontinuierliches Wachstum erfahren. Sie zieht Liebe und Erfolg an.

– Die 19 neigt zu Selbstmitleid, Übermut, übertriebener Risikofreude, Inkonsequenz und Unruhe. Sie handelt oft schneller, als sie denken kann. Sie kann ein Doppelleben führen und sollte deshalb ihre Gefühle beherrschen lernen.

Die **20** ist die Zahl der seelischen Entwicklung, der Gnade und der Erlösung. Sie ist eine ganzheitliche, seelische Zahl – die Zahl der Wiedergeburt, der Regeneration und der Erneuerung. Die 20 steht für den Neubeginn auf einer höheren, spirituellen Ebene. Sie bringt hohe Intuition, inneres Sehen, Vorahnungen, starke Sensibilität und Aufmerksamkeit mit sich. Diplomatie, Gespräche und freundschaftliche Beziehungen sind ihre Begleiter. Sie hilft, Entscheidungen zu treffen.

– Leider neigt die 20 auch zu Stagnation und fehlender Erdung. Sie kontrolliert gerne.

Die **21** ist die Zahl der Welt und der Vollständigkeit – sie verbindet das Weibliche mit dem Männlichen. Die Zahl 21 hat eine große mystische Bedeutung (3 x 7), denn sie kann eigene magische Kräfte entwickeln: Sie steht für die 3einigkeit der Weisheit, und die 7 symbolisiert alles Wissen auf Erden. Mit der Zeit wird Schwäche durch Erfahrung und Einsicht transformiert. Sie bringt Charisma, positiven Ehrgeiz, Karriere, vielseitiges Interesse, einen ausgeprägten Familiensinn und eine positive Einstellung zum Leben.

– Die 21 neigt zu Erfolgsdenken, Ignoranz und Skepsis. Sie kann geizig und selbstsüchtig sein.

Die Leitzahl **22** steht für die Selbstheilung und ist die Zahl der Meisterung über den Körper. Sie steht für geistige Höhe, für Phantasie, Visionskraft und Inspiration. Die 22 ist sensibel sowie intuitiv und zeigt Wege für eine bessere Welt. Sie kann Probleme lösen, die unlösbar scheinen.

– Es besteht die Gefahr des »Abhebens« und eine Neigung zu Süchten. Sie ist häufig leichtsinnig und nervös.

Weiteres zu dieser Zahl finden Sie in den Kapiteln über die »Doppel- und Meisterzahlen«.

Die **23** ist eine Zahl von tiefer, mystischer Bedeutung. Die 23 verbindet die 2 (weibliche Kraft) mit der 3 (männlichen Kraft), es entsteht eine feurige Energie, die ein hohes Potential an Kreativität freisetzt. Handlungen und Befehle erfolgen mit Klugheit und Intelligenz. Sie zeigt eine geniale Begabung, in großen Dimensionen zu denken. Die 23 ist tolerant, vielseitig begabt, hochspirituell, hat eine starke Wunsch- und Suggestivkraft, rednerisches Talent und vielseitige Interessen. Sie hat eine schnelle Auffassungsgabe, viel Courage und Abenteuerlust. Die enorme Energie der 23 lässt spontan sein, neue Dinge ausprobieren und sich für Neues begeistern.

– Die 23 hat Angst vor Veränderungen. Sie ist ein Prinzipienreiter, hastig, unbesonnen und geht gerne Risiken ein. 23er sind Rebellen und neigen zu hitzigen Worten und Taten.

24 ist die Zahl der Vollkommenheit und Ganzheit. 24 Stunden hat der Tag. Sie ist die Zahl der Freundschaft und des Glücks in Partnerschaften. Die 24 ist sehr fürsorglich, hat Familiensinn, schöpferische und musische Begabung und liebt einen großzügigen Lebensstil. Sie kann sehr gut die Theorie mit der Praxis verbinden und gibt, wenn nötig, Hilfestellung.

– Die 24 ist aber auch rachsüchtig, eifersüchtig, misstrauisch und ziemlich bequem. Partnern gegenüber ist sie sehr dominant und manipuliert gerne.

Die Zahl **25** deutet auf eine Grenze, einen Wandel hin. Meist ist dies ein bedeutender Schritt in der Entwicklung, innere Wahrheiten können erwachen. Die 25 zeigt vielfältige Begabungen, ist spontan und geprägt von starker Vitalität, Ehrlichkeit und innerer Stärke. Sie ist aufmerksam für Details, hat eine gut entwickelte Beobachtungsgabe und eine hellseherische Veranlagung.

– Die 25 ist sehr kritisch, fanatisch, instabil, zeigt wenig Willen und lernt nicht gerne aus Fehlern. Die Zahl 25 steht auch für Spekulationsverluste.

Die Zahl **26** ist die Zahl der Zuversicht und des Optimismus. Sie lässt ungeahnte Kräfte mobilisieren, positiv denken und mit Vertrauen den Lebensweg beschreiten. Die 26 ist vital, sehr sportlich, enthusiastisch, gefühlvoll, feinfühlig und besitzt eine starke Anziehungskraft auf ihre Umgebung. Sie lernt durch Erfahrungen, lässt weise werden und gut kommunizieren.

– Die 26 neigt zu Wutanfällen, Pessimismus, Abkapselung und Melancholie, ist reizbar, stur und konservativ.

+ / – Beziehungen sind oft karmisch bedingt. In unserem Seelenbewusstsein ist das Bedürfnis hinterlegt, Sachen, Dinge und Vorfälle aus vergangenen Leben aufzulösen. Deshalb suchen wir uns oft unbewusst Partnerschaften, in denen wir diese Angelegenheiten bereinigen können.

27. Es ist die Zahl großer spiritueller Stärke, des Glücks und der Harmonie. Sie lässt hinhorchen, gerecht und weise sein. Sie ist eine stabile Persönlichkeit und hat Erfolg. Die 27 bringt Medialität, Phantasie und Entschlossenheit und behält die Übersicht im Chaos. Sie hat einen Sinn für Schönheit und Kunst.

– Die 27 steht für Ungeduld, Unentschlossenheit und Intoleranz.

28. Sie ist die Zahl der Vollendung, der Erneuerung und der sich ständig regenerierenden Natur. Sie ist spontan, zielstrebig, ehrgeizig, willensstark und idealistisch und hat die Fähigkeit, negative Umstände zu verbessern und Dinge zu sehen, wie sie wirklich sind. Die 28 hilft, eine positive Erwartungshaltung einzunehmen.

– Die 28 ist aufbrausend perfektionistisch und anspruchsvoll, sie neigt zu Ängsten, Widersprüchen, Selbstüberschätzung und benötigt Aufmerksamkeit.

Die Zahl **29** deutet auf anspruchslose Hilfsbereitschaft und geistige Höhe hin. Sie zeigt Stärke und Stabilität, hat Inspiration und Anziehungskraft, lässt Ziele verfolgen. Sie liebt die Gesellschaft und ist ein Idealist und Visionär. Mit Weitsichtigkeit kommen viele Talente ans Tageslicht, aus denen man großen Nutzen ziehen kann.

– Die 29 neigt zu mangelnder Menschenkenntnis, kann ungeschickt, aggressiv, ängstlich, unzuverlässig, dickköpfig und arrogant sein.

Erdung ist für die 29 sehr wichtig.

Die Zahl **30** deutet auf einen überdurchschnittlichen Geist sowie auf künstlerische, wissenschaftliche, religiöse und philosophische Interessen und Veranlagungen hin. Sie ist sehr redegewandt und zeigt vielseitige Begabungen. Sie ist gleichmütig, charmant und liebenswürdig. Die 30 hat eine starke Anziehungskraft und liebt die Gesellschaft. Sie strebt nach Vollkommenheit und macht aus dem Überfluss des Lebens das Beste. Erfolg und Anerkennungen werden folgen.

– Die 30 neigt zu Verzögerung und Verminderung der beschriebenen Qualitäten. Sie kapselt sich gerne ab.

31. Diese Zahl ist hochspirituell, sie bedeutet Erleuchtung von innen und Erkenntnis in der materiellen Welt. Sie unterstützt die Selbstverwirklichung und bringt künstlerisches Talent mit. Auf der einen Seite ist die 31 sehr selbstbewusst, auf der anderen Seite zeigt sie ihre Sensibilität. Sie erlebt viel, hat eine gute Intuition und erhält dadurch große Weisheit. Sie kann gut kooperieren und delegieren.

Die 31 strahlt machtvolle Liebe aus.

– Die 31 stellt gerne Regeln auf, steht für Einsamkeit, ist nachtragend und manchmal hyperaktiv.

Die **32** ist in der Kabbala eine vollkommene Zahl. Sie ist eine Zahl voll Bewegung und originellen Ideen. Sie bedeutet Heldentum, schenkt Überwindungskraft und ist eine Art Quelle des Lichts. In der Freiheit findet die 32 ihr Gleichgewicht. Sie bringt große Glaubens- und Wunschkraft,

– aber auch viel Ungeduld mit sich.

Die **33** ist die 3. Leitzahl und gilt als höhere Oktave der Venus – eine Liebesschwingung auf der höchsten Ebene. Sie ist die Zahl der Lebensjahre Jesu Christi. Sie steht für Liebe, Barmherzigkeit, Opferbereitschaft und Entschlossenheit. Ihr Ziel ist es, anderen zu dienen. Die 33 ist nicht an Luxus interessiert, sondern an der höheren Entwicklung der Geisteskraft. Sie hat eine intuitive Begabung, eine starke Urteilskraft und einen ausgeprägten Pioniergeist. Die 33 erhält Unterstützung aus der göttlichen Ebene, hat eine magnetisch anziehende Ausstrahlung, pflegt gute Freund- und Partnerschaften. Sie kann andere inspirieren und geht mit gutem Beispiel voran.

– Die 33 ist oft instabil und lässt sich als »Fußabtreter« missbrauchen.

Weiteres zu dieser Zahl finden Sie in den Kapiteln über die »Doppel- und Meisterzahlen«.

Hinter der **34** stecken verborgene Mysterien des Lebens. Sie ist die Zahl der Eingebung, der Inspiration aus dem Kosmos und des Lernens aus Erfahrungen. Sie bringt vielseitige Begabung und hohe geistige Kraft mit sich. Die 34 möchte die materielle und spirituelle Welt zusammenführen. Sie strebt nach Unabhängigkeit, ist vertrauenswürdig, ehrlich und hat einen analytischen Verstand. Die 34 ist eine begehrte Persönlichkeit, die offen für Fragen ist und die richtigen Antworten weiß.

– Die 34 kann das hohe Tempo, das sie vorlegt, oftmals nicht halten. Sie neigt zu Ungeduld und Selbstüberschätzung, ist impulsiv, egoistisch und ignorant.

Die Zahl **35** bringt Fleiß und Pflichtbewusstsein mit sich. Sie zeigt Hingabe an alle Aufgaben, die man ihr stellt. Sie hat einen eigenen Kopf und versteht sich durchzusetzen. Die 35 ist gutmütig, strahlt Weisheit aus, hat einen ausgeprägten Instinkt für das, was andere brauchen, und kann diese Bedürfnisse meist befriedigen. Emotionales Gleichgewicht ist wichtig.

– Die 35 lässt Dingen gerne ihren Lauf, ist unentschlossen, zweifelnd und undiszipliniert.

Die **36** ist eine künstlerische Zahl. Mit ihr kann man gut Ideen realisieren und seine eigenen Wege gehen. Sie zeigt sich selbstlos, gelassen und zufrieden mit dem, was das Leben ihr bietet. Die 36 hat große geistige Kräfte, übernimmt Verantwortung, ist tolerant und erfinderisch. Sie hat Fähigkeiten Neues zu entdecken.

– Schattenseiten der 36 liegen in ihrem großen Geltungsbedürfnis. Sie ist selbstsüchtig, verschwenderisch, unehrlich und triebhaft, dies drängt sie ins Abseits.

Die **37** ist eine ausgesprochene Erfolgszahl. Sie lässt sich in alle Richtungen ausdehnen und den Lebenswunsch erfüllen. Das großzügige und emotionale Naturell ist der 37 angeboren. Sie bringt Glück in Partnerschaften und Spekulationen, man hat ein Händchen für Geldangelegenheiten und Erfolg im Beruf. Die 37 ist stark, schöpferisch, hat Tatkraft, einen starken Willen, originelle Ideen und hervorragende Führungsqualitäten.

– Die 37 kann egozentrisch, gewalttätig und sehr dominierend sein.

Die Zahl **38** ist sehr sensitiv und sensibel, fleißig, hilfsbereit und großherzig. Sie ist eine spirituelle Zahl und hat die Gabe der Visionen und Träume. Sie weist darauf hin, dass wir unsere Fähigkeiten entwickeln und auf angemessene Weise nutzen sollten. Die 38 vereinigt das Bewusstsein mit dem Unterbewusstsein. Sie hat eine intensive, mächtige Spiritualität und Verbindungen zur geistigen Welt.

– Die 38 erledigt gerne zwei Dinge auf einmal und ist oftmals stark materiell orientiert. Sie neigt zu Nervosität, Zwietracht, ist unmoralisch, reserviert und introvertiert.

Die **39** ist die Zahl der Gegensätze. Diese Zahl verleiht dem Menschen eine auffällige Aufnahmefähigkeit und Menschenkenntnis. Sie bringt poetische Fähigkeiten, eine hohe Intuition und eine große Beobachtungsgabe mit. 39er sind empfindsam, idealistisch, romantisch, philosophisch veranlagt und mit einem scharfen Verstand gesegnet. Die 39 will viel Liebe schenken und steht im Dienst des Nächsten.

– Die 39 kann verwöhnt, faul, unsensibel und unbeständig in der geistigen Entwicklung sein und neigt zu überstürzten Handlungen.

40 ist die Zahl der Abgeschiedenheit und der Vorbereitung auf Neues. Sie ist die Zahl des Eremiten und des Einweihungswegs. Durch Hindernisse wird Wissen vertieft, und Möglichkeiten tun sich auf. Die 40 sammelt sich und konzentriert sich auf die Verwirklichung ihrer Pläne. Sie ist fair, organisiert, diszipliniert und hat eine mathematische Begabung. Die 40 ist ein Friedensstifter.

– Die 40 beharrt auf Traditionen, ist unflexibel und hartnäckig. Sie hat eine oftmals egozentrische Denkweise und wirft ihr Geld gerne mit beiden Händen zum Fenster hinaus. Sie stiftet Verwirrung und Unordnung.

Die Zahl **41** steht für Kraft, Aufstieg und Einweihung. Sie lässt den Lebenssinn finden, verleiht konzentriertes Denken und lässt zu tiefergehenden Erkenntnissen vordringen. Die 41 formt aus Gedanken und Ideen materielle Formen. Sie hat Freude an Veränderungen und eine gute Verbindung zu den Geisthelfern im Kosmos. Sie besitzt magische Kräfte und den göttlichen Schutz. Inspiration und Energie bringen einträgliche Ergebnisse.

– Leider ist die 41 auch sehr beeinflussbar. Sie neigt zu verkrampftem Verhalten und verachtet mitunter das Leben.

Die Zahl **42** ist die Zahl der Auflösung von Altem und der praktischen Umsetzung von Neuem. Sie fördert die Kooperation, das Geben und Nehmen, zeigt Tatkraft, Mut und Initiative. Sie ist mystisch, sensibel, fleißig, lebensfroh, großzügig und leistungsfähig. Die 42 fördert die Liebe und die Kunst und lässt kreative Talente aufblühen. Sie ist charmant und gastfreundlich und genießt die Gesellschaft von Freunden.

– Die 42 neigt zu übertriebenem sportlichem Ehrgeiz und ist oft zu risikofreudig. Die althergebrachten Zwänge, denen sich die 42 unterwirft, verursachen Verzweiflung, Zwiespältigkeit oder Einsamkeit.

Die **43** ist eine erfolgsbringende Zahl, sie verhilft dem kosmischen Licht zum Durchbruch. Sie ist die Zahl der Heilung und setzt starke, intuitive Kräfte frei. Die 43 zeigt dynamische Intelligenz, Konzentrationsfähigkeit, Entschlossenheit und bringt vielfältige Talente mit sich. Sie verhilft zu Wachstum und einer neuen Weltanschauung.

– Oft mangelt es der 43 an Menschenkenntnis. Sie neigt zu Empfindlichkeiten, Gefühlsausbrüchen, Zorn und Völlerei.

Die Zahl **44** ist eine Leitzahl und stellt deshalb auch hohe Anforderungen an sich und ihr Umfeld. Die 44 verleiht eine beachtliche geistige Erkenntnisfähigkeit. Sie ist ausdauernd, konsequent, tapfer, geduldig, intuitiv und umsichtig. Sie entwickelt sich stetig weiter, hat einen gesunden und logischen Menschenverstand und bringt Erfolg bei nützlichen Unternehmungen.

– Die 44 ist materiell orientiert und zeigt einen übergroßen Ehrgeiz, der in Arbeistwut ausarten kann. Sie gibt starken Gefühlen nach, die häufig enttäuscht werden.

Weiteres zu dieser Zahl finden Sie in den Kapiteln über die »Doppel- und Meisterzahlen«.

Die Zahl **45** ist stark schöpferisch und hat eine mediale Energie, die zu hoher übersinnlicher Entwicklung führen kann. Sie ist verschwiegen, intellektuell, kreativ und hat bemerkenswerte Führungseigenschaften, die ihr zu guten Positionen im Beruf verhelfen.

– Allerdings ist die 45 leicht beeinflussbar, ängstlich, ungeduldig, stolz und lässt sich aus der Ruhe bringen. Sie lebt verstärkt in der Vergangenheit und neigt zu Trägheit und Bequemlichkeit.

Die Zahl **46** bringt Diplomatie, Ausstrahlung, Menschenkenntnis, einen starken Willen, Intuition und Enthusiasmus mit. Sie lässt rationales Denken und die intuitive Einschätzung von Problemen zu. Die 46 ist ein geborenes Führungstalent, hat hohe Ideale und steht gerne im Mittelpunkt.

– Störend wirken sich bei der 46 ihre Rücksichtslosigkeit, ihre Härte, Unnachgiebigkeit und ihr Neid aus.

Beruflich deutet die Zahl **47** auf Fleiß und geistige Interessen hin. Sie schenkt Ausstrahlungskraft, ist anpassungsfähig, liebevoll, hat hohe Ideale, gute Visionen und ein großes kreatives Potential. Ihr starker Wille und ihre enorme Durchsetzungskraft lässt Pläne und Projekte realisieren.

– Leider mangelt es ihr an Menschenkenntnis, deshalb ist sie oft zu vertrauensvoll. Die 47 neigt zu Sorgen, Täuschungen und Enttäuschungen und lässt sich dazu verleiten, Luftschlösser zu bauen. – Ziele sind wichtig.

Die Zahl **48** steht für eine hohe emotionale Veranlagung. Sie ist belebend, fair, aufrichtig, beharrlich, zuverlässig, freundlich und sanft. Die 48 vermittelt künstlerischen, ästhetischen Sinn und Talent, sie lässt Gedanken und Ideen materialisieren und praktisch umsetzen. Sie will ihren geistigen Horizont und ihr Wissen erweitern. Die 48 hat ein großes Herz für Tiere.

– Die 48 neigt zu Grübelei, Selbstisolation und innerer Zerrissenheit. Sie trifft ungern Entscheidungen, ist wankelmütig und will konservativ leben. Der weltliche Erfolg und die materiellen Güter werden oft zu wenig gewürdigt. Sie verbirgt viele seelische Belastungen und karmische Verkettungen.

Die Zahl **49** steht für vollendete seelische und geistige Entwicklung. Sie bringt Integrität und Führungsqualitäten mit sich und ist trotz widriger Bedingungen – oder gerade deshalb – meist vielseitig begabt und sehr erfolgreich. Durch materiellen Erfolg stellt sich oft auch körperliches Wohlbefinden ein.

– Die 49 bringt Einsamkeit und Abkapselung vom Leben, sie zeigt sich nervös, schüchtern, unaufrichtig, zügellos, verträumt und träge. Es liegt eine Neigung zu Pedanterie und Unzufriedenheit vor.

Die Zahl **50** bedeutet Menschlichkeit. Sie steht für Intellekt, Zufriedenheit und Harmonie im Leben. Die 50 offenbart vielseitige Begabungen, starke Wunsch- und Glaubenskraft. Sie schenkt Intuition und innere Erkenntnisfähigkeit und hilft Wesentliches von Unwesentlichem zu unterscheiden. Sie unterstützt dabei, die

Probleme der Mitmenschen zu verstehen. Die 50 ist kreativ und einfallsreich und erfährt Glück und Erfüllung.

– Die 50 ist oftmals ein Gerechtigkeitsfanatiker. Sie neigt zu Unbeständigkeit, Verschwendung und übernimmt ungern die Verantwortung.

51 Diese Zahl steht für Führungseigenschaften in Politik und großen Organisationen. Sie ist fleißig, pflichtbewusst, aufgeschlossen und hat ein gesundes Urteilsvermögen. Die 51 schenkt Intuition und eine hohe Anziehungskraft, lässt entdecken und entfalten, geschickt verhandeln, individuell organisieren und moralisch handeln. Die 51 hat ein ethisch fühlendes Herz, das u. a. auch hilft, innere Ängste zu überwinden.

– Es mangelt der 51 an Fingerspitzengefühl und Takt. Sie zeigt sich zu ernst, ist ungerecht und rücksichtslos, hat eine schroffe Art und neigt zu exzessiven Ausschweifungen und Übertreibungen.

Die Zahl **52** steht für Wechsel und Umbrüche, in privaten und geschäftlichen Bereichen – wie Umzüge, Berufs- und Stellenwechsel. Sie steht für hohe Intelligenz, Initiative, Großzügigkeit und Vertrauen. Die 52 lässt Zusammenhänge besser verstehen, ist human, geduldig, ausgeglichen und ausdauernd.

– Es besteht eine Neigung zu Nervosität, Verzettelungen und Unsicherheiten. Die 52 handelt impulsiv und aus dem Affekt heraus, zeigt wenig Durchhaltevermögen, ist engstirnig, überkritisch und oft in emotionalem Stress.

Andere wichtige Zahlen

144. Die Zahl 12 symbolisiert das Ganze, und 12 x 12 ergibt 144. Unter anderem steht diese Zahl deshalb als Symbol für Stabilität und Vollkommenheit.

666. Warum sollten wir diese Zahl hier ausschließen. Sie ist allgegenwärtig. In der Offenbarung des Johannes (Apokalypse) 13, 18 steht:

»Hier ist die Einsicht: Wer Verstand hat, der berechne die Zahl des Tieres; denn es ist eines Menschen Zahl, und seine Zahl ist sechshundertsechsundsechzig.«

Viele berühmte Namen werden mit der Zahl 666 in Verbindung gebracht: römische Kaiser, Geistliche, Politiker. In jedem Zeitalter gab es ein Feindbild, und jedem konnte man auf kreative Art die Zahl 666 zurechnen. Diese Berechnungen gehen aber auf keine einheitliche Zahlentabelle zurück, sondern werden auf vielfältigste Art und Weise errechnet. Wenn man will, kann man in allem das Negative sehen.

Die 666 ist nichts anderes als die Verdreifachung der Grundzahl 6 und deren Grundeigenschaften. Dabei handelt es sich meist um Energieblockaden (siehe Kapitel »Doppelzahlen«) wie z. B. unbeherrschte Leidenschaften, Aggressionen, Hinterlist, Streitlust oder Untreue, die in den Ausgleich gebracht werden sollten.

Errechnen wir doch einmal die Quersumme der Zahl 666.

6 + 6 + 6 = 18
1 + 8 = 9

Denken wir an die Bedeutung der Zahl 9, sie ist eine göttliche Zahl und steht für die Transformation, die Erfüllung und Vollendung. Sie symbolisiert den Übergang in eine neue Ebene, einen höheren Bereich, zu einem höheren Bewusstsein.

Man kann also auch die Zahl 666 so oder so auslegen. »*Eine Zahl, die sowohl heilige als auch profane Aspekte aufweist, je nach Standpunkt.*« *Johann Heyß (brasilianischer Autor)*

Die Zahl **888** ist der Zahlenwert des griechischen Wortes für Christus. Da die Zahl 8 ohnehin Christus zugeordnet ist, ist sie in der dreifachen Kombination ein erhöhtes Symbol für ihn, denn man sollte auf der Erde für alles, was ist, sein Herz geöffnet haben.

8+8+8 = 24, die Zahl der Vollkommenheit und des Gleichgewichts.

Die Zahl **1000** ist das Symbol für eine große Menge und steht für die Ewigkeit. Man sagt z. B. Tausende von Sternen, tausenderlei, tausendfach… Ein Tausendsassa ist ein vielseitig begabter Mensch. Diese Zahl kommt im tausendjährigen Königreich, im Tausendfüßler und in vielen Heilpflanzen wie z. B. dem Tausendgüldenkraut vor.

Die Zahl **1001** steht für die Unendlichkeit und das Unermessliche. So wie die Geschichten aus 1001 Nacht, die für die Endlosigkeit stehen.

Mit der Zahl **2000** verbindet man das Millennium, die Jahrtausendwende. Die Zahl »2«, die der Weiblichkeit zugeordnet ist, wird uns nun eine kleine Ewigkeit begleiten. Die vielen Nullen deuten auf Wandel, viel Bewegung, auf Erneuerungen und Veränderungen hin.

Die Zahl **2012** setzt sich aus 20, die für Gnade, Erlösung, Wiedergeburt und Erneuerung und der 12, die für Vollendung steht, zusammen. Zur Wintersonnwende des Jahres 2012 geht das Eiserne Zeitalter, das Zeitalter des Planeten Mars, zu Ende, und das kupferne Zeitalter der Venus wird beginnen. Im Jahr 2012 endet der Kalender der Mayas, dies deutet auf einen Neubeginn hin. Rund um diesen Zeitraum wird eine neue, große Energie auf die Erde einwirken, um das Bewusstsein der Menschheit zu erhöhen und kollektiv in die nächste Ebene zu heben. Es stehen große Veränderungen bevor. Lassen wir uns überraschen! Gewiss ist, dass wir unsere innere Ausrichtung auf die bedingungslose Liebe fokussieren sollten. Die 2012 hat als Quersumme die 5, die Zahl der Freiheit, was auch bedeutet, offen zu sein für Neues.

Die karmischen Zahlen

Es ist in der Liebe wie mit Pflanzen: Wer ernten will, muss säen.
Jeremias Gotthelf (Schweizer Schriftsteller)

Die karmischen Zahlen 13 / 4, 14 / 5, 16 / 7, 19 / 10 / 1 sind besondere Zahlen. Sie bringen uns zur Vollkommenheit, zur Erleuchtung und lassen uns Meisterschaft erlangen. Sie zeigen uns, was wir für uns und unsere Seele tun können, um in den Ausgleich zu kommen. Karmische Zahlen bedeuten intensive Prüfungen, die bewusst gewählt wurden, um dominierende Muster und Prägungen aufzulösen, Fehler wieder gutzumachen und um unserer Seele eine Weiterentwicklung zu ermöglichen. Danach können wir uns mit größerem Verständnis in höhere Ebenen emporschwingen.

Herausforderungen sind: Geduld und Demut lernen; sich mit einem »Dein Wille geschehe« dem Fluss des Lebens anvertrauen, durch Erfahrung lernen, sich auf das eigene Urteil verlassen; Selbst- und Nächstenliebe umsetzen, bewusst den Weg vom Kopf zum Herzen gehen, Probleme als Chancen wahrnehmen, Verantwortung für das eigene Denken, Fühlen und Handeln übernehmen – dies alles hat mit Karma und mit Weiterentwicklung zu tun.

Karmische Zahl 13 / 4

Motto: Transformation

Allgemeine Bedeutung: Die 13 ist die Zahl der Venus und der weisen Frauen. Die Zahl 13 steht auch für den Neubeginn: Altes abschließen und für Neues bereit sein.

Karmische Bedeutung: Die 13 / 4 hat mit Arbeit auf der physischen Ebene zu tun. Im Leben stehen immer wieder plötzliche und unvorhergesehene Änderungen, Wandlungen, Neuerungen und Prüfungen an. Diese Wechsel sollten mit Freude vollendet werden, ohne Lob von außen zu erwarten. Dabei kann es sich unter

anderem auch um Berufs-, Familienstand-, Orts- oder Landeswechsel handeln. Um diesen Situationen gewachsen zu sein, wird Zeit, Kreativität und Spiritualität benötigt, damit sich Erfolg einstellen kann. Wir sollten uns auf anstehende Aufgaben und Ziele konzentrieren. Denkmuster, Prägungen und Vergangenes loslassen, so können Fehlentscheidungen in der Vergangenheit korrigiert werden. Für ihre Mitmenschen können 13 / 4er eine echte Inspiration sein, vorausgesetzt, dass sie ausgeglichen, tolerant und hilfsbereit sind und gelernt haben, sich gut auszudrücken. So ist die 13 wirklich glückbringend.
Affirmation: Ich werde Schwierigkeiten und Veränderungen mit Mut und göttlicher Führung meistern.

Karmische Zahl 14 / 5

Motto: Freiheit
Allgemeine Bedeutung: Die Zahl 14 ist die Zahl der Selbstdisziplin, die uns das richtige Maß finden lässt, um Heilung zu erlangen.
Karmische Bedeutung: 14 / 5er haben meist wenig Verständnis für sich selbst und ihre Mitmenschen. Sie erleben gewisse Muster immer wieder neu, um sich dann endgültig davon befreien zu können. Durch Veränderungen im Denk- und Verhaltensmuster können sie sich aus der Starre lösen und anderen Menschen helfen, ihre Ängste vor Neuerungen zu überwinden. Sie können aus unerwarteten Begebenheiten das Beste machen, Ordnung ins Leben bringen, tatkräftig mit anpacken, den Verpflichtungen nachkommen und den goldenen Mittelweg finden. Erfolg stellt sich ein, wenn die innere Stimme Gehör findet, Träume mit Optimismus verwirklicht werden, die Impulsivität gezügelt und die Balance gefunden wird.
Affirmation: Ich nehme mein Leben so an, wie es ist. Ich leben meine Freiheit auf allen Ebenen.

Karmische Zahl 16 / 7

Motto: Toleranz
Allgemeine Bedeutung: Die 16 ist die Zahl der emotionalen Lernbereitschaft. Sie lässt aus altmodischen Gefügen und vorgegebenen Mustern ausbrechen.
Karmische Bedeutung: Die 16 / 7 steht für die Weisheit der Liebe und führt zum Verstehen der bedingungslosen Liebe. Diese Zahl lässt uns wissen, dass alle Menschen liebenswert sind, und verstehen, dass jeder Mensch seinen eigenen Weg gehen und seine Lektionen lernen muss. Jeder muss Verantwortung für sein Handeln und seine Fehler selbst übernehmen. Wiederholen wir Muster aus unserer Vergangenheit, dann werden wir zornig, ungeduldig, egoistisch oder nervös.

Die 16 / 7 hilft uns dabei, einige emotionale Lektionen zu erfahren, um alte Strukturen aufzubrechen, gewohnte Lebensweisen hinter uns zu lassen und überholte Weisheiten und Dogmen abzuschütteln. Wir kommen in unserer Entwicklung einen großen Schritt weiter, und dies lässt uns neue Horizonte entdecken.

Anerkennung finden wir nicht im Außen, sondern nur im Inneren. Besinnen wir uns in schwierigen Situationen auf unsere eigene Kraft und Stärke.

Um für den Wandel bereit zu sein, sollten wir unser Herz öffnen, auf dessen Stimme hören, um zur bedingungslosen Liebe zu finden. Die 16 / 7 unterstützt uns dabei, alle Beziehungen zu prüfen, zu intensivieren oder zu beenden, sei es in der Partnerschaft, in der Familie, im Freundes- und Bekanntenkreis oder im Geschäftsleben. Die 16 / 7 ist die Zahl der Wiedergeburt, des Fortschritts und des großen Wachstums. Alles, was sich im Leben ereignet, will unseren Geist lehren, erweitern und befreien. Die Sexualenergie entsteht in unserem zweiten Chakra (es liegt knapp unterhalb des Bauchnabels) und ist in der Chakrenlehre eine sehr machtvolle Energie. Man nennt sie die Schöpferenergie. Sexualität sollte transformiert werden, damit diese Energie frei fließen kann, z. B. für Partnerschaften oder für kreative Tätigkeiten, ebenso für geistiges und spirituelles Wachstum. Wir können unseren Geist zur Weisheit und unser Herz zur Liebe führen.
Affirmation: Ich öffne mich für die bedingungslose Liebe.

Karmische Zahl 19 / 10 / 1

Motto: Dienen und genießen
Allgemeine Bedeutung: Die 19 gilt als Zahl der Sonne und somit als Zahl des Lebens, der Freude und des Lebensglücks.
Karmische Bedeutung: Die 19 / 10 / 1 ist auch die Zahl des Dienens und der Demut. 19er können starke, innere Spannungen zwischen den eigenen Bedürfnissen und den Bedürfnissen anderer Menschen erleben.

Beherrschen wir unsere impulsiven Gefühle, gehen wir liebevoll und mitfühlend mit uns und unseren Mitmenschen um, erhalten wir von unserem Umfeld Unterstützung und Verständnis. Schaffen wir dies nicht, stehen wir oftmals alleine da, fechten unseren Kampf mit uns selbst aus, sind störrisch und auf uns fixiert. Mit Feingefühl, Einfühlungsvermögen und Mitgefühl werden wir unser Ziel erreichen. Wir können unabhängig sein und dennoch auf den Rat von anderen hören oder deren Hilfe annehmen. Sind die Schleier erst einmal gelüftet und haben wir die Sonne in unser Leben gelassen, kann uns die 19 zeigen, was in uns steckt, nämlich Selbstbewusstsein, Großzügigkeit und Zuversicht. Wir tragen die Fähigkeit in uns, erfolgreich zu sein, sobald wir unser Herz öffnen und den Herzensweg gehen, um sich weiterzuentwickeln.

Jeder Neubeginn und jedes neue Ziel sollte gut überlegt und mit Willenskraft angegangen werden, im Irdischen wie im Geistigen. Mit jeder Veränderung und Weiterentwicklung beginnt ein neuer Zyklus auf einer höheren Ebene. Wir finden zur eigenen Mitte und ernten Freude, Einsicht und Erkenntnis. Um zur Ruhe zu kommen, konsequent zu sein und zu seinem inneren Frieden zu finden, können Autogenes Training, Meditationen usw. hilfreich sein.
Affirmation: Ich lasse die Sonne in mein Herz und strahle.

Korrektur des Namens

Wer andere erkennt, ist gelehrt.
Wer sich selbst erkennt, ist weise.
Wer andere besiegt, hat Muskelkräfte.
Wer sich selbst besiegt, ist stark.
Wer zufrieden ist, ist reich.
Wer seine Mitte nicht verliert, der dauert.
LAOTSE (CHINESISCHER PHILOSOPH)

Jede Veränderung eines Namens sollte die Übereinstimmung zwischen Namens-, Herz- oder Persönlichkeitszahl und der Schicksals- oder Geburtstagszahl verbessern.

Bei einer Namensänderung sollten Sie einige Aspekte beachten:

- Im Idealfall sollte die Namenszahl mit der Schicksalszahl übereinstimmen. Dann ist sich die Person selbst treu.
- Wenn dies nicht der Fall ist, sollten mindestens Namens-, Herz- oder Persönlichkeitszahl mit der Schicksals- oder Geburtstagszahl übereinstimmen.
- Irgendeine Übereinstimmung mit dem Schicksalsweg, dem Lebensziel oder der Seelenmotivationszahl wirkt harmonisierend, wenn die Qualitäten dieser Zahlen auch wirklich gelebt werden.
- Besteht außer mit dem Schicksalsweg keine Übereinstimmung, sollte eine Korrektur des Vornamens in Erwägung gezogen werden. Bei einer Schicksalszahl 8 und einer Namenszahl 4 oder umgekehrt, empfiehlt es sich, den Vornamen zu verändern. Innerhalb weniger Monate kann das Leben durch eine Namens-Korrektur harmonischer und freudvoller werden.
- Haben Sie eine 8 als Namenszahl? Dann bedeutet dies, dass Sie in Ihrer Familie gefangen sind, das heißt, sich für sie aufopfern und sich nicht selbst verwirklichen können. Ihr 8er-Name birgt Schwierigkeiten für Ihr geistiges Weiterkommen.
- Wenn Sie die 4 als Namenszahl und 8 als Schicksalszahl (oder umgekehrt) haben, dann ist möglich, dass Sie diese Kombination nicht zur Ruhe und nicht in den Ausgleich kommen lässt. Sie hängen in der Materie, im Verstand, in den Traditionen fest und haben evtl. Probleme, Reinigungsprozesse und weitere Entwicklungen zu erfahren.
- Für Neugeborene wäre es ideal, wenn der gesamte Name (die Namenszahl) identisch mit der Schicksalszahl ist. Dadurch wird der Lebensweg einfacher, und Situationen können unkomplizierter gehandhabt werden.
- Das gleiche gilt auch für Tiernamen, sofern man den genauen Geburtstag kennt.

Welche Möglichkeiten haben Sie?

- Bei zusammengesetzten Vornamen kann einfach der eine oder andere Name weggelassen werden, z. B. bei Hans-Peter nur noch Hans oder nur Peter oder Hape – zusammengesetzt aus den beiden Silben Ha(ns) Pe(ter) – wie *Hape Kerkeling*.
- Rechnen Sie sich doch einmal Ihren »vergessenen« zweiten, dritten oder gar vierten Vornamen aus. Sehen Sie, welche verborgenen Talente in Ihnen schlummern. Eventuell weist dieser nicht beachtete Namen auf eine Veranlagung hin, die Sie selbst nicht an sich wahrnehmen. In den weiteren Vornamen, die wir mit auf den Weg bekommen haben, liegen vielleicht Fähigkeiten brach, die ans Licht geholt werden wollen oder aber auch Schwierigkeiten, die Sie loslassen dürfen. Sie haben die Möglichkeit, Ihren Zweitnamen zu Ihrem ersten Namen dazuzunehmen oder nur Ihren zweiten Vornamen zu benutzen. Rechnen Sie es sich durch und vergessen Sie dabei nicht Ihre Schicksalszahl.
- Der Anfangsbuchstabe des zweiten Vornamens kann, wie bei den Amerikanern üblich, dazugesetzt werden. Da dieser Buchstabe nur geschrieben und nicht gesprochen wird, ist die Wirkung weniger groß. Ausnahme hier dürfte z. B. *Johannes B. Kerner* sein, dessen »B« (zumindest im journalistischen Bereich) auch gesprochen wird.

Beispiele für Namensänderungen können z. B. auch sein:

Brigitta – Brigitte – Gitta – Gitte
Christian – Chris – Kristian
Cornelia – Conny – Conni
Daniela – Dani – Dany – Ela
Elisabeth – Betty – Lisa – Liz – Lisbeth
Leonhard – Leo – Leon – Hardy
Michaela – Michi – Micha
Maria – Mary – Marie
Stefanie – Steffi
Sophia – Sofia
usw.

Haben Sie vielleicht auch den Mut, einen völlig neuen Namen zu wählen? Setzen Sie Ihrer Phantasie keine Grenzen.

Jede Namensänderung sollte im Einklang mit dem Geburtsdatum und der Namenszahl stehen. Meine Namenszahl (Sabine Schieferle) stimmt z. B. nicht mit meiner Schicksalszahl überein, genausowenig wie die Herz- oder Persönlichkeitszahl mit der Geburtstagszahl. Aber fast alle meine Zahlen finden sich untereinander wieder. Die Zahl 5 ist für mich eine wichtige Zahl. Sie begegnet mir verstärkt in meiner Familie und in meinem Freundeskreis und auch in vielen anderen Zusammenhängen. Meinen Namen möchte ich nicht ändern, sondern alle Zahlen in Harmonie und mit Erfahrung bis hin zur Vollkommenheit leben. Das ist mein Ziel. Möchte man seinen Namen also nicht ändern, aus welchen Gründen auch immer, gibt es sicherlich für jeden eine Möglichkeit, seinen Namen in den Ausgleich zu bringen. Zur Stärkung Ihres Namens können Sie sich mit Affirmationen, Heilsteinen und Symbolen beschäftigen.

Unsere Bitte: Lassen Sie sich vor einer Namensänderung von einem erfahrenen Numerologen beraten.

Eine andere Möglichkeit ist, wie Editha es beispielsweise gemacht hat, seinen neuen Namen öffentlich anzunehmen, selbst zu verinnerlichen, ihn mit den Energien der neuen Zahl in seinem Leben zu integrieren und diese in der Außenwelt zu leben. Den alten Namen streichen Sie in Gedanken durch. Verwenden Sie diesen nur, wenn Sie amtliche Dokumente unterschreiben müssen. Bitten Sie die Familie, Freunde, Bekannte und Kollegen, den neuen Namen mit Achtung und in Liebe anzunehmen.

Offizielle Namensänderungen durch die zuständigen Ämter sind oftmals sehr schwierig durchzuführen. Bitte erfragen Sie Ihre Möglichkeiten in dem für Sie zuständigen Amt.

Auch durch eine Vornamensänderung können sich das Weltbild und der Charakter eines Menschen innerhalb weniger Monate verändern.

Korrekturmöglichkeiten

Bei einem Namenswechsel spielen zahlreiche Gründe eine Rolle, z. B.

- Künstlernamen, Pseudonyme (Beispiele auf der nächsten Seite)
- Angst vor Verfolgung, Zeugenschutz
- Die Absicht, schwierige, ungewöhnliche oder fremdsprachige Namen zu vereinfachen
- Eintritt in eine Ordensgemeinschaft
- Der Wunsch, lange Namen zu verkürzen
- Der eigene Name wird bereits von einem anderen erfolgreich benutzt. Beispiel: Der amerikanische Schauspieler Michael Keaton heißt richtig: Michael John

Douglas. Bekanntermaßen gibt es bereits einen Schauspieler, der unter diesem Namen Berühmtheit erlangt hat: Michael Douglas.
- Eine Geschlechtsumwandlung

Bevor man sich nun z. B. einen Künstlernamen zulegt oder gar einen offiziellen Namenswechsel vornimmt, sollte man sich zuerst genau erkundigen, ob der gewünschte Name schon vorhanden, genutzt oder gar mit Markenrechten belegt ist. Einen Künstlernamen kann man sich in seinem Pass eintragen lassen, sofern man nachweisen kann, dass man unter diesem Namen bekannt ist. Eine Änderung des Passes ist natürlich mit Arbeit und Kosten verbunden. Offizielle Namensänderungen finden erst nach einem psychologischen Gutachten statt.

Dank der neuen Medien sind wir auf eine Vielzahl von Arten gestoßen, wie Pseudonyme entstehen können. Vielleicht ist dies auch für Sie interessant.

- »Anagramme«: Die Buchstaben eines Wortes werden in einer anderen Reihenfolge angeordnet, z. B. »legen« wird zu »Engel«.
- »Ananyme«: Der Name wird rückwärts gelesen.
- »Pseudoandronyme«: Die Frau nimmt einen Männernamen an.
- »Pseudogynonym«: Der Mann agiert unter einem Frauennamen.
- »Traduktionym«: Der Name wird in eine andere Sprache übersetzt.
- »Geonym«: Namen werden nach einem (Geburts-)Ort) benannt; zum Beispiel: Jürgen von der Lippe, geborener Hans-Jürgen Dohrenkamp aus Bad Salzuflen, Kreis Lippe.
- »Aristonym«: Der Name wird durch eine Adelsbezeichnung aufgewertet, z. B. Hella *von* Sinnen, bürgerlich Hella Kemper).
- »Phraseonym«: Der Name wird in die Form einer Redewendung gebracht. Bekanntes Beispiel Farin Urlaub, bürgerlich Jan Ulrich Max Vetter, Sänger der Rockband »Die Ärzte«.

Es gibt Personen, die dauerhaft unter einem Pseudonym leben. Andere legen sich dieses nur für eine gewisse Lebens- und Schaffensperiode zu. Künstlernamen und deren Namensanalyse gelten allerdings nur dort, wo sie tatsächlich auch verwendet und präsentiert werden. Im Privatleben bevorzugen die meisten Künstler ihren richtigen Namen. Es bedeutet aber auch, dass diese Personen in ihrem Leben zwei verschiedene Rollen spielen. Sicherlich ist es oft schwierig, geschäftlich und privat zu trennen, deshalb fehlt es oft an Klarheit im Leben. Sensible Menschen, darunter viele Künstler, spüren jede Diskrepanz in ihrem Namen und legen sich deshalb gerne einen Künstlernamen oder einen harmonisch klingenden Namen zu.

Hier einige uns allen bekannten Berühmtheiten:

Sarah Connor = Sarah Terenzi, geb. Lewe
Marilyn Monroe = Norma Jean Mortensen Baker
Romy Schneider = Rosemarie Magdalena Albach-Retty
Michael Douglas = Michael Demsky
Willy Brandt = Herbert Ernst Karl Frahm
Maria Callas = Maria Anna Cecilia Sofia Kalogeropoulos
Mahatma Gandhi = Mohandas Karamchand Gandhi
Ivan Rebroff = Hans-Rolf Rippert
Toni Schumacher = Harald Anton Schumacher
Meg Ryan = Margaret Mary Emily Anne Hyra

Alle Menschen, die in eine Ordensgemeinschaft eintreten, bekamen früher einen neuen Namen, meist den Namen eines Heiligen und mussten diesen in Demut annehmen. Der Lebensweg dieses Heiligen wurde zum Vorbild genommen, um das eigene Wirken zu unterstützen. Wir haben in einem Kloster nachgefragt, warum und weshalb man einen neuen Namen bekommt. Heutzutage ist es den Schwestern freigestellt, ob sie ihren weltlichen Namen behalten oder einen neuen annehmen. Früher hat man eine Namensänderung theologisch mit dem Hinweis auf die Heilige Schrift begründet. Dort ist vom neuen Menschen die Rede, der sich zum Positiven verändern möchte.

Bekanntestes Beispiel ist hier wohl der Papst. Sein eigentlicher Name lautet Joseph Alois Ratzinger. Als Papst gab er sich den Namen Papst *Benedikt XVI.* Die *symbolische* Bedeutung ist, dass der Papst nicht mehr der gleiche Mann ist, wie vor der Wahl. Denn er hat als Papst eine neue Aufgabe angetreten und deshalb sollte auch der Name ein dazu passender sein. Aus der Wahl des Namens leiten Außenstehende die Ziele des neuen Papstes ab. Sie untersuchen die charakteristischen Eigenschaften von früheren Päpsten und Heiligen mit dem gleichen Namen. *Papst Benedikt XVI.* nahm bei seiner Namenswahl Bezug auf Benedikt XV. sowie den Patron von Europa *Benedikt von Nursia. Mutter Teresa* hieß mit bürgerlichem Namen Agnes Gonxhe Bojaxhi. Sie nahm ihren Ordensnamen zu Ehren von Theresa von Ávila und Therese von Lisieux an.

Kinder werden oft nach Heiligen, Verwandten, Paten oder sogar Filmstars benannt. Eltern möchten deren Eigenschaften gerne in ihren Kindern verwirklicht sehen oder wollen z. B. den Verwandten Ehre erweisen. Der Träger eines Vornamens knüpft, ohne dass er es will oder es ihm und seinen Eltern bewusst ist, an alle Träger dieses Vornamens an. Sie übernehmen damit sowohl positive als auch negative Schwingungen, denn der Name ist ein Energieträger.

Die Erwartungshaltung an manche Namen ist sehr hoch: Ein Raphael kann nun mal nur ein Engel sein, oder? Je stärker die Hoffnungen sind, die einem Menschen entgegengebracht werden, desto größer ist der psychische Druck, der auf ihm lastet. So ist es nicht verwunderlich, dass schon Kinder und Jugendliche ihren

Vornamen ändern wollen. Tendenziell haben sehr viele von diesen Kindern eine 8 als Namenszahl, oder sie übernehmen die Schwingungen ihres Namenspaten.

Verwechseln Sie dies aber nicht mit den üblichen Namensänderungsphasen, die irgendwann in der Pubertät auftreten und womit sich Ihr Kind von seinem Umfeld und der Familie abnabeln will. In dieser Zeit stecken Jugendliche in einer Identitätskrise und wissen noch nicht, »wer sie sind«, »was sie erwartet« oder »was sie sein möchten«.

Abkürzungen sind – nicht immer, aber oftmals – Einschränkungen. Menschen mit abgekürzten Namen sind meist noch nicht bereit, ihr volles Potential auszuschöpfen und zu leben. Für jeden Buchstaben, der fehlt, fehlt der Seele Energie zur Reifung. Manchmal kürzt man auch unbewusst seinen Namen ab, weil er besser zu passen scheint. Alle Kürzungen des Geburtsnamens symbolisieren ein Abweichen von der eigentlichen Lebensaufgabe. Manche Lektionen wollen wir nicht leben und lehnen sie deshalb ab, indem wir sie aus unserem Namen und unserem Leben streichen.

Was wir dabei aber nicht bedenken, ist, dass wir uns dafür andere Faktoren ins Leben holen. Mit fortschreitender Bewusstwerdung nehmen viele wieder ihren »normalen« Namen an. Sie sind nun bereit, sich mit ihren Aufgaben und folglich auch deren Chancen auseinanderzusetzen. Oft verändern auch andere Menschen unseren Namen, kürzen diesen ab. Es sind meist liebevoll gemeinten Abkürzungen bei (Klein)kindern, z. B. Benni, statt Benjamin, Klausi, statt Klaus usw. Allerdings sollten diese spätestens im Erwachsenenalter abgelegt werden, da der »große« Mensch sonst in der Kleinkindrolle hängen bleibt. Die »richtigen« Namen werden am besten schon von Kindheit an gesagt, damit die dazugehörigen Anlagen frühzeitig in uns reifen und ihr volles Potential entfalten können.

Um in den Ausgleich zwischen Namenszahl und Schicksalszahl zu kommen, kann aber gerade auch eine Verkürzung des Vornamens wichtig sein, so wird aus Thomas ein Tom (Beispiele siehe Seite 172).

Durch einen Namenswechsel, z. B. durch eine Heirat, verändert sich auch unser Lebensziel, wir erhalten neue Aufgaben und Lebensthemen. In der neuen Familie kommen wir mit neuen Traditionen, neuen Wertevorstellungen, neuen Prinzipien usw. in Berührung. In der neuen Familie und mit den neuen Lebensthemen können wir uns wohlfühlen, oder das Gegenteil kann auftreten. Im Außen verändern sich unsere Lernziele, ebenso wandelt sich unser Rollen- und Aufgabenbild. Bei einem Doppel-Namen bringen sich beide in die Beziehung mit ein. Mit der Numerologie können solch bedeutsame Lebensabschnitte bewusst zu unseren Gunsten geformt werden. Unser Geburtsname bleibt als Basis immer erhalten.

Sie sehen, es gibt vielfältige Möglichkeiten, seinen Namen zu ändern und zu seinem Vorteil zu gestalten, wenn es mit Herz und Verstand erfolgt.

Teil 4: Weitere Berechnungsmöglichkeiten

Jahres- und Monatszahlen

Mehr als die Vergangenheit interessiert mich die Zukunft,
denn in ihr gedenke ich zu leben.
Albert Einstein (deutscher Physiker)

In diesem Kapitel berechnen wir unsere persönlichen Jahres- und Monatszahlen. Unser ganz persönliches Jahr beginnt an unserem Geburtstag und dauert ein Jahr – bis zu unserem nächsten Geburtstag. Wir erhalten für dieses Jahr eine neue, eigene Energie. Deshalb erstellt man an jedem Geburtstag einen aktuellen Jahreszyklus mit den jeweiligen Jahres- und Monatsaufgaben. Die Jahreszahl beinhaltet Stärken und Herausforderungen, die uns durch das errechnete Jahr begleiten werden. Sie beschreibt auch unseren Entwicklungsbeitrag für die Evolution in dieser Welt.

Die persönliche Jahreszahl und Monatszahlen verraten uns z.B.:
- welche Aktivitäten und Unternehmungen in diesem Zeitraum besonders günstig sind.
- wann für einen Neubeginn der beste Zeitpunkt ist.
- wann Sie ein Projekt abschließen sollten.
- wann für Sie die beste Zeit zu verreisen ist.
- wann der ideale Zeitpunkt ist, ein Familienfest zu gestalten.
- wann Sie sich auf Ihre finanziellen Angelegenheiten konzentrieren sollten.

Alle 9 Jahre wiederholen sich die Jahresaufgaben. Die Grundthemen sind die gleichen, jedoch spielen sie sich dann auf einer höheren Ebene ab. Durch Weiterentwicklung können wir andere Situationen bewältigen, durch Erfahrungen haben wir die Möglichkeit, andere Lösungen zu finden.

Berechnung der universellen Jahreszahl

Wir können mit dieser Berechnung auch das universelle Jahr, das für jeden gültig ist, berechnen. Hier nehmen wir einfach die aktuelle bzw. die für Sie interessante Jahreszahl, z. B. 2010.

2010 = 2 + 0 + 1 + 0 = 3

Das Jahr 2010 steht für uns alle unter dem Einfluss der Jahreszahl 3.

Berechnung der persönlichen Jahreszahl

Um die persönliche Jahreszahl auszurechnen, nehmen wir anstelle des Geburtsjahres das laufende oder das gewünschte Jahr und bilden die Quersumme.

Beispiel:
Ich bin am 16.9.1975 geboren. Die von mir gewünschte Jahresberechnung ist der Zeitraum vom 16.9.2010 bis 16.9.2011. Also errechne ich meine persönliche Jahreszahl mit dem Datum: 16.9.2010, bestehend aus meinem GeburtsTAG, meinem GeburtsMONAT und dem zu betrachtenden JAHR.

16.9.2010 = 1 + 6 + 9 + 2 + 0 + 1 + 0 = 19/10/1

Meine persönliche Jahreszahl für den oben genannten Zeitraum 16.9.2010 bis 16.9.2011 lautet also 1. Während dieses Zeitraumes werden mich die Qualitäten dieser Zahl jeden Monat begleiten.

Die nächste persönliche Jahresberechnung von mir ist im Zeitraum vom 16.9.2011 bis 16.9.2012.

16.9.2011 = 1 + 6 + 9 + 2 + 0 + 1 + 1 = 20/2

Die Zahl 2 wird mich in diesem Zeitraum Monat für Monat begleiten.

Jahreszahlen von 1 bis 9

Der Beginn eines neuen 9er-Zyklus':

Die **Jahreszahl 1** beinhaltet den Neuanfang. Werden Sie zum Pionier. Starten Sie mit Energie, Selbstbewusstsein und Entschlusskraft in neue Vorhaben. Mit neuen Ideen bringen Sie frischen Wind in bereits begonnene Projekte oder können alte Probleme lösen. Definieren und legen Sie Ihre Ziele klar fest. Die persönliche

Weiterentwicklung ist in einem 1er Jahr sehr wichtig. Lassen Sie sich von Ihrem Mut, Ihren Ideen und Visionen leiten. Seien Sie aktiv, kreativ und schöpferisch bei der Umsetzung, so gehen Ihnen Ihre Aufgaben leicht von der Hand. Alles, was Sie in diesem Jahr beginnen, hat realistische Chancen, sich erfolgreich zu entwickeln. Stehen Sie zu sich selbst, lassen Sie sich nicht von anderen ablenken. Mit Selbstliebe und Individualität gehen Sie Ihren Weg, und so erobern Sie die Welt.

Affirmation: Ich bin aktiv und erreiche mein Ziel!

Die Jahreszahl 1 unterstützt Sie dabei,

- mit Dynamik Neues zu beginnen,
- sich in Liebe durchzusetzen,
- zum Gemeinwohl nach Höherem und Größerem zu streben,
- sich persönlich und geschäftlich weiterzubilden,
- Veränderungen anzunehmen,
- zu sich selbst zu stehen und an sich zu glauben,
- alleine, aber nicht einsam zu sein,
- in Einklang zu sein, um in Toleranz und Demut nach der Devise »dein Wille geschehe«, Ihren Weg zu gehen,
- Ordnung und Freiräume in Ihrem Leben zu schaffen,
- sich Zeit für Ihre Ideen zu nehmen.

Die **Jahreszahl 2** ist ein Jahr der Beziehungen, der Zusammenarbeit und der Hilfsbereitschaft. Die Zahl 2 stellt Partnerschaften in den Vordergrund. Sie sind kooperativer, geselliger und werden neue Leute kennenlernen. Begegnen Sie Menschen positiv und aufgeschlossen. Jede Art von Begegnung lässt Sie Wissen und Erkenntnisse sammeln, daraus kann Fruchtbares entstehen. 2er Jahre stehen für Gefühle und Sensitivität. Stärken Sie Ihre Verbindung zu Ihrem Inneren, achten Sie auf Ihre Visionen sowie auf außersinnliche Wahrnehmungen und nehmen Sie Ihre Träume bewusst wahr. Sie sollten die Erkenntnisse, die Sie dabei gewonnen haben, umsetzen. Lassen Sie sich nicht von Zweifeln und Ängsten beirren. Vertrauen Sie darauf, dass Ihre Intuition Sie leitet und Sie zu gegebener Zeit richtig agieren und reagieren lässt. Wenn »Geben und Nehmen« ausbalanciert ist, können Sie mit Leichtigkeit für »zwei« arbeiten.

Affirmation: Ich vertraue meiner inneren Stimme und lasse mich führen!

Die Jahreszahl 2 unterstützt Sie dabei,

- Ihre Berufung zu finden,
- Ihre Wahrnehmung zu entfalten und Ihre Sensibilität unter Kontrolle zu bringen,
- sich mit anderen auszutauschen, Teamarbeit zu forcieren,
- sich selbst und andere zu motivieren,

- sich für Begegnungen zu öffnen,
- Ihrer eigenen Wahrheit und Stärke zu vertrauen,
- zur Ruhe zu kommen (spazieren gehen, autogenes Training, Meditation...),
- klare Gedanken und Ziele zu haben und dafür die Verantwortung zu übernehmen,
- Vorstellungen und Ideen aufzunehmen und zu verarbeiten,
- nein sagen zu lernen und wenn nötig, Grenzen zu setzen.

Die **Jahreszahl 3** bringt Ihnen Glück, Freude und Fröhlichkeit. Seien Sie kreativ, es ist ein ideales Jahr, um neue Ideen und neue Herausforderungen auszuprobieren. Verwirklichen Sie Ihre künstlerischen Ambitionen. Mit Energie setzen Sie die Pläne, die Sie in den Vorjahren geschmiedet haben, um. Mit Optimismus, Tat- und Entschlusskraft konzentrieren Sie sich dabei auf ein Projekt. Die Sehnsucht nach echter Liebe und Freude verleiht Ihnen eine positive Ausstrahlung. Freuen Sie sich auf gesellschaftliche Aktivitäten und gute Unterhaltung. In einem 3er Jahr sind Sie oft auf der geistigen Suche und wollen sich auf diesem Gebiet weiterentwickeln. Hinterfragen und durchleuchten Sie die Zusammenhänge des Lebens. Erkennen Sie die Antwort.

Affirmation: Ich bin zielstrebig, kreativ und kommunikativ!

Die Jahreszahl 3 unterstützt Sie dabei,

- Beziehungen und Freundschaften zu pflegen und gesellig zu sein,
- Talente und Begabungen zu entdecken,
- Seminare und Fortbildungen zu besuchen,
- zu lernen, was das beste für Sie, Ihren Körper, Ihre Familie und Ihre Mitmenschen ist,
- sich den Schattenseiten zu stellen und die eigenen Unvollkommenheiten anzunehmen und zu transformieren,
- fröhlich, beweglich, großherzig und glücklich zu sein,
- Veränderungen willkommen zu heißen,
- Ihre Mutterbeziehung aufzuarbeiten,
- Ihr Gefühls-Chaos zu bewältigen,
- sich von abhängigen Beziehungen und negativen Verbindungen zu lösen und den Seelenpartner zu finden.

Die **Jahreszahl 4** bringt viel Arbeit für Sie. Mit Struktur, Organisation und Ordnung geht Ihnen diese viel leichter von der Hand. Erledigen Sie anstehende Tätigkeiten pflichtbewusst, zuverlässig und konzentriert. Pläne, die Sie in den letzten Jahren reifen ließen, werden nun in die Tat umgesetzt. Gehen Sie mit Entschlossenheit, Fleiß und Ausdauer an die Umsetzung. Jahre mit der Zahl 4 sind auch hervorragend dazu geeignet, um Kassensturz zu machen, Ihre Finanzen und Versicherungen zu prüfen und evtl. Änderungen zu treffen. Die Liebe zur Natur können Sie in diesem Jahr besonders leicht entdecken und sich in ihr auch gut erholen.

Affirmation: Ich verwirkliche mich und handle mutig!

Die Jahreszahl 4 unterstützt Sie dabei,

- entschlossen zu handeln und Projekte zu realisieren,
- neue, ungeahnte Kräfte zu erschließen,
- die Leichtigkeit des Seins zu erleben,
- Verantwortung zu übernehmen und Ausdauer zu zeigen,
- im Hier und Jetzt zu leben,
- eine gesunde Beziehung zum Geld zu schaffen,
- alles mit Freude und Liebe zu tun,
- bestehende Werte neu zu definieren,
- anfallende Renovierungen in Angriff zu nehmen,
- die Erde und die Natur zu achten und zu lieben.

Freiheit, Reisen und Abenteuer, das steht für die **Jahreszahl 5**. Es ist notwendig, sich Neuerungen anzupassen, Grenzen zu sprengen, gute Gelegenheiten wahrzunehmen und sich Freiräume zu schaffen. Bleiben Sie dabei ruhig und gelassen und üben Sie sich in Geduld. Überlegen Sie gut, handeln Sie entschlossen und zweckdienlich. Genießen Sie das Leben, pflegen Sie alte Freundschaften und lernen Sie neue Freunde kennen. Sie sammeln Wissen und sind auf persönliches Wachstum bedacht. Denken und handeln Sie positiv. Mit Toleranz und Aufgeschlossenheit kommen Sie schneller voran. Überwinden Sie Ihre Ängstlichkeit und freuen Sie sich an unerwarteten, angenehmen und großzügigen Überraschungen. Widmen Sie Ihrem körperlichen Wohlbefinden die verdiente Aufmerksamkeit, insbesondere den Füßen, z. B. mit einer Fußreflexzonenmassage.

Affirmation: Ich glaube und vertraue auf meine höhere Führung!

Die Jahreszahl 5 unterstützt Sie dabei,

- neugierig auf das Leben zu sein,
- Grenzen zu sprengen und offen für Neuerungen zu sein,
- Ihr Wissen weiterzugeben und Menschen zu führen,
- neue Bekanntschaften zu schließen,
- mit Menschen zu kommunizieren, Gespräche zu suchen,
- Geduld zu entwickeln und nicht alles auf einmal zu wollen,
- Verbindung zu den eigenen Gefühlen aufzubauen, sie wahrzunehmen, zu akzeptieren und sie anderen mitzuteilen,
- aus dem Chaos in die Ordnung zu finden,
- die Kraft der spirituellen Gedanken zu nutzen,
- Lust an der Bewegung zu finden, aktiv zu sein, Sport oder Yoga zu treiben.

In der **Jahreszahl 6** stehen die Lebensenergie und das Vollkommenheitsstreben im Vordergrund. Willkommene Ruhe kehrt nach einem unruhigen und abwechslungsreichen Vorjahr ein. In einem 6er Jahr erweisen Sie oft anderen einen Dienst oder leisten Arbeiten für das Gemeinwohl. Pflichtbewusstsein, Leistungswillen und Verantwortung treiben Sie an. Haben Sie Zivilcourage und üben Sie sich dennoch in Toleranz und Demut. Lösen Sie Missklänge und Reibereien in Wohlgefallen auf. Schenken Sie Ihren Mitmenschen etwas von Ihrer Liebe, Wärme und Aufmerksamkeit und Sie werden diese in vielfacher Form von den unterschiedlichsten Personen zurückerhalten. Erfüllen Sie Ihr Leben mit Liebe und Harmonie. Lernen Sie, Widersprüche aufzugeben und Gegensätze zu vereinen. Hören Sie auf Ihr Gefühl und treffen Sie klare Entscheidungen. Ein 6er Jahr ist auch gut geeignet, um Ihr Heim zu renovieren, zu verschönern, aufzuräumen und »auszumisten«.

Affirmation: Ich erfreue mich des Lebens und lebe in der Liebe!

Die Jahreszahl 6 unterstützt Sie dabei,

- zu erkennen, wie wichtig Familie ist und sich mit ihr, wenn nötig, auszusöhnen,
- andere zu beraten und zu unterstützen,
- die Balance zwischen Beruf und Familie zu finden,
- zur Wahrheit zu stehen, Verantwortung zu übernehmen und Rat anzunehmen,
- jedes Urteilen und Verurteilen loszulassen,
- jemanden zu umarmen, anderen Menschen nahe zu sein,
- sich wenn nötig abzugrenzen,
- Ihr Haus oder Ihre Wohnung neu zu dekorieren oder zu gestalten,
- Feste zu feiern, zu singen, zu tanzen, fröhlich zu sein,
- sich sportlich zu betätigen.

Die **Jahreszahl 7** steht für den bewussten Weg in Ihr Innerstes, um Weisheit, Spiritualität, Glück und Frieden zu finden und um sich selbst zu verwirklichen. Sie streben nach einer hohen Lebensqualität und möchten Ihr Dasein in vollen Zügen genießen. 7er Jahre stehen für die persönliche Weiterentwicklung. Schulen Sie Ihren Geist und eignen Sie sich neues Wissen an. Haben Sie Vertrauen ins Leben, dadurch kann sich Ihre Kreativität, Ihre Vitalität und Ihr Optimismus entfalten. Bringen Sie Ihr Handeln und Reden in Einklang und glauben Sie an Ihren Erfolg. Die 7 konfrontiert Sie mit Dingen der letzten Jahre, die noch nicht erledigt und aufgearbeitet wurden. Gefühlsmäßig wird viel von Ihnen verlangt. Sie werden sich vieler Dinge bewusst. Ihre Intuition, Ihre Intelligenz und Ihre Weisheit helfen, die richtigen Entscheidungen zu treffen. Überwinden Sie Ihre Einsamkeit durch das »All-Eins-Sein«. Realisieren Sie die erträumte, ideale Partnerschaft.

Affirmation: Ich schöpfe aus der Fülle des Lebens!

Die Jahreszahl 7 unterstützt Sie dabei,

- die Verbindung zu Ihrem Innersten aufzunehmen,
- Ihrer Intuition zu vertrauen und ihr zu folgen,
- sich auf allen Ebenen weiter zu entwickeln,
- am richtigen Ort, zur richtigen Zeit das Richtige zu tun,
- kreativ zu sein und Ihre Talente zu vervollkommnen,
- sich mit Mystik, Spiritualität, Meditation, autogenem Training, Yoga usw. zu beschäftigen,
- Begeisterung und Hingabe für etwas zu empfinden,
- das Gefühl der Einsamkeit zu überwinden,
- zu entspannen und sich zu erholen,
- ein gesundes und natürliches Leben zu führen.

Die **Jahreszahl 8** steht für geschäftliche und materielle Belange, innere Entschlossenheit und positive Mächtigkeit. Sie haben das Glück auf Ihrer Seite. Ein 8er Jahr wird von finanziellen Angelegenheiten begleitet. Alte Investitionen oder Pläne tragen jetzt Früchte. Um weiterhin erfolgreich und beweglich zu sein, ist Arbeit auf allen Ebenen notwendig. Achten Sie darauf, dass Sie sich nicht übernehmen. Sie verspüren evtl. auch das Bedürfnis, Wurzeln zu schlagen und langfristige Sicherheiten zu schaffen. Klären Sie Konflikte, übernehmen Sie Verantwortung, zeigen Sie Initiative, Mut und Stärke. Achten Sie auf Ihre Partnerschaften, sowohl geschäftlich als auch privat. In diesem Jahr haben Sie die richtigen Energien, um wieder ins Gleichgewicht zu kommen und um einen Ausgleich in Ihre materiellen und spirituellen Bedürfnisse zu bringen. Verfolgen Sie Ihren Weg achtsam, gelassen und zentriert, damit Sie Erfüllung und Harmonie im Leben finden. In einem 8er Jahr ernten Sie, was Sie auf allen Ebenen gesät haben.

Affirmation: Ich behalte einen klaren Kopf und treffe faire, verantwortungsvolle Entscheidungen!

Die Jahreszahl 8 unterstützt Sie dabei,

- sich mit der Vergangenheit auszusöhnen,
- Verantwortung, für Ihr Leben, Ihr Denken, Fühlen und Handeln zu übernehmen,
- 8erbahnen zu vermeiden und in die Balance zu kommen,
- fair, gerecht und mutig zu sein,
- das Herz zu öffnen,
- sich selbst und Ihre Mitmenschen zu lieben und zu akzeptieren wie sie sind,
- sich im Verzeihen zu üben und sich entschuldigen zu lernen,
- Probleme als Herausforderung zu sehen,
- Ihre finanziellen Angelegenheiten zu regeln und eine gesunde Beziehung zum Geld zu schaffen,
- eine Wohnung, ein Haus oder ein Grundstück zu kaufen.

Die **Jahreszahl 9** besitzt die Kraft der Erneuerung und der Transformation, es ist ein Jahr mit viel Aktivität und Bewegung. Mit Gelassenheit und Geduld erreichen Sie mehr, dennoch sollten begonnene Projekte vollendet und abgeschlossen werden. Prüfen Sie, wo Sie im Leben stehen. Eventuell ist eine Umorientierung oder eine Loslösung von der Vergangenheit nötig. Jetzt ist der richtige Zeitpunkt, um sich von Personen, Plänen, altem Ballast u.ä., mit denen Sie sich nicht mehr verbunden fühlen, zu trennen und sich, auch innerlich, davon zu verabschieden. Ihr Mitgefühl, die Möglichkeiten der Vergebung und der bedingungslosen Liebe zu allen Menschen werden in diesem Jahr gestärkt und gefördert. Ehrlichkeit, Flexibilität und Großzügigkeit ebnen Ihnen den Weg. Machen Sie sich bereit, neue Ideen, Pläne und Vorhaben für das kommende Jahr zu schmieden.

Affirmation: Ich finde das Wesentliche in der Einfachheit!

Die Jahreszahl 9 unterstützt Sie dabei,
- Transformation zu erfahren,
- eigene Wertevorstellungen zu leben
- Maß zu halten in allen Dingen,
- anderen zu geben, ohne selbst Erwartungen zu hegen,
- hingebungsvolle Liebe zu leben und nicht nur davon zu träumen,
- immer nur dann zu helfen, wenn um Hilfe gebeten wird,
- neugierig auf das Leben zu sein,
- geistig flexibel zu sein, Sprachen zu lernen oder aufzufrischen,
- zu reisen, neue Leute kennenzulernen und Unbekanntes zu entdecken,
- Ihrem Forscherdrang in den Geisteswissenschaften oder der Psychologie nachzugehen.

Welche Aufgaben und Entwicklungen erwarten Sie in den Monaten von Januar bis Dezember?

Die Numerologie hilft Ihnen dabei, die Ausführung Ihrer Entscheidungen zum richtigen Zeitpunkt anzugehen. Denn nur dann können Sie Ihr volles Potential ausschöpfen und mit wenig Kraft und Energie viel erreichen. Denn:

Nichts ist so kraftvoll,
wie eine Idee,
deren Zeit gekommen ist.
Victor Hugo (französischer Schriftsteller)

Die Monatszahl weist auf Lernprozesse hin, die im jetzigen Leben wichtig sind und gemacht werden sollten.

Januar bis März:

In diesen drei Monaten steht die Aufarbeitung der letzten drei Monate des vergangenen Jahres und die Vorbereitung auf das folgende Jahr an.

Januar:

Der Januar steht für: Selbstbestimmung, Neubeginn und Aktivität. War im Oktober für Sie etwas besonders wichtig, haben Sie sich ein Ziel gesetzt, haben Sie Ihre Pläne umgesetzt? Haben Sie den Mut, die Stärke und Willenskraft, diese Vorhaben nun umzusetzen. Überlegen Sie, in welchen Bereichen Sie mehr Selbständigkeit erlangen können – ohne das Team, die Gemeinschaft zu verlieren. Treffen Sie Entscheidungen auch einmal aus dem Bauch heraus, leben Sie unabhängig und bewusst im Jetzt. Mit Individualität und Eigenständigkeit können Sie Ihren Lebensraum erweitern, Sie erhalten neue Ideen und Chancen. Lassen Sie sich inspirieren. Als Führungskraft sollten Sie vorurteilsfrei und verständnisvoll agieren. Je offener und ehrlicher Sie sind, desto offener und ehrlicher werden Ihre Mitmenschen sein. Die Liebe zur Menschheit und selbstloses Dienen sind besonders wichtig. Kümmern Sie sich auf gleiche Weise um Ihr körperliches, wie auch um Ihr geistiges und seelisches Wohlbefinden.

Der Monat Januar, die Monatszahl 1 unterstützt Sie dabei,

- sich inspirieren zu lassen,
- tolerant, verständnisvoll und entgegenkommend zu sein,
- sich aktiv und schöpferisch zu betätigen,
- auf Sauberkeit zu achten und Ordnung zu halten,
- mit Selbstvertrauen und Selbstbewusstsein Entscheidungen zu treffen.

Februar:

Der Februar ist der spirituellste Monat des Jahres. Hier ist es wichtig, nach innen zu sehen und auf die Intuition zu vertrauen. Spielen Sie Ihre Visionen und Träume in Gedanken durch. Planen Sie. Formulieren Sie Ihre Wünsche und Ziele. Bleiben Sie dennoch mit Ihren Gedanken im Hier und Jetzt und schweifen Sie nicht zu weit in die Ferne. Lernen Sie, sich wertzuschätzen und zu respektieren, dann können Ihnen auch Ihre Mitmenschen Anerkennung entgegenbringen. Waren Sie im November zu gutmütig und erwarten nun Dankbarkeit für die Liebe, die Sie entgegengebracht haben? Suchen Sie sich neue Anregungen und Herausforderungen. In welche Partner- und Freundschaften möchten Sie Zeit investieren? Dann können Sie Ihre Hilfsbereitschaft, Toleranz und Ihr Feingefühl zeigen. Überwinden Sie Ängste und Zweifel. Lernen Sie, spontan und flexibel zu werden.

Der Monat Februar, die Monatszahl 2 unterstützt Sie dabei,

- Ihre Sensitivität zu schulen, Visionen zu haben, auf Ihre Intuition zu hören, auf Träume zu achten und diese verstehen lernen,
- Launen, Zweifel und Unentschlossenheit abzulegen,
- realistischer und optimistischer zu denken,
- diplomatisch und rücksichtsvoll zu sein,
- etwas für sich selbst zu tun.

März:

Der März ist ein Monat der Kreativität, der Initiative, der Spontaneität und der Selbstverwirklichung. Er ist ideal, um Konflikte zu klären und zu vergeben. Welche Themen behindern Sie in Ihrer Entfaltung? Kommunizieren Sie diplomatisch, freundlich und sprechen Sie über die Werte, die Ihnen wichtig sind im Leben. Klare Gedanken bringen Sie an Ihr Lebensziel. Die geistige Suche und das Heilwerden sollten im Vordergrund stehen. Was war im Dezember, waren Sie eventuell zu sehr mit weihnachtlichen Aktivitäten beschäftigt? Konzentrieren Sie sich auf die Projekte, die Ihnen am Herzen liegen und Vergnügen bereiten. Zeigen Sie Tat- und Entschlusskraft, so entstehen Zufriedenheit, Liebe, Stärke und Lebensfreude. Sie erhalten Lob und Anerkennung von außen, was wiederum zu großem Glücksgefühl und Erfolg führen kann.

Der Monat März, die Monatszahl 3 unterstützt Sie dabei,

- Emotionen ins Gleichgewicht zu bringen,
- sich auch einmal zurückzunehmen und sich mit seinen Schatten zu beschäftigen,
- Initiative zu zeigen, kreativ und geistig aktiv zu sein,
- auf Ideen Taten folgen zu lassen – zu handeln,
- zu erkennen, was wirklich wichtig für Sie ist.

April:

Die Ideen, die Sie in den letzten Monaten keimen und reifen ließen, sind nun bereit für die Aussaat. Fragen Sie sich, welche Verhaltensmuster Sie ändern müssen, um Ihr Ziel zu erreichen und um Ihre Angst vor Versagen zu überwinden. Fokussieren Sie Ihr Ziel und setzen Sie im April Ihre Ideen in die Tat um. Bleiben Sie an diesen Projekten dran, hegen und pflegen Sie diese. Ein hohes Maß an Konzentration und Disziplin hilft Ihnen, anstehende Arbeiten gewinnbringend zu erledigen. Gehen Sie Schritt für Schritt voran. Stellen Sie sich den Herausforderungen und nehmen Sie Veränderungen an. Lernen Sie, zu verzeihen und zu vergeben. Ihre Intuition weist Ihnen den Weg. In der Natur können Sie neue

Kraft und Energie tanken, damit Sie wieder mit Euphorie und Begeisterung am Leben teilhaben können.

Der Monat April, die Monatszahl 4 unterstützt Sie dabei,
- mit Ausdauer und Disziplin an die Arbeit zu gehen,
- unabhängig zu sein von dem, was andere denken,
- Pausen einzulegen, sich zu erholen, die Natur zu genießen und aufzutanken,
- Probleme auch einmal von der anderen Seite zu sehen und neu zu definieren,
- finanzielle Angelegenheiten zu regeln.

April und August:

Im August ernten wir, was wir im April gesät haben.

»Samen« sind Projekte, Ideen, Vorstellungen, Wünsche, Visionen, Gedanken..., die wir im April freigesetzt haben. Die Früchte, Erkenntnisse und Ergebnisse davon erhalten wir im Monat August. Dies bedeutet auch, dass Sie für alle getroffenen Entscheidungen und deren Auswirkungen die Verantwortung übernehmen. Säen Sie also nur das, was Sie auch wirklich ernten möchten.

In diesen beiden Monaten ist das Lernen, Arbeiten und das Abschließen von Projekten besonders wichtig – sei es schulisch, privat oder beruflich, auch im Fühlen und Denken.

> Meine persönlichen Beobachtungen im April und August: Im April fanden viele Artikel, Ausschnitte und Bücher ihren Weg zu mir. Neue Erkenntnisse fielen mir zu, die ich gut in meine Arbeit integrieren konnte. Ganz besonders im August gingen die Arbeiten an diesem Buch ganz leicht von der Hand. Ich konnte viele Dinge ein- und verarbeiten: Es waren arbeitsreiche, intensive und erkenntnisreiche Monate.

Mai:

Der Mai ist ein idealer Zeitpunkt, um sich selbst zu befreien, unabhängig zu sein, Neues zu wagen oder kennenzulernen. In diesem Monat können Sie am besten Ihre wahre Berufung finden, Neuerungen planen oder sich selbst neu erfinden. Haben Sie den Mut, in die Tiefe zu gehen, und setzen Sie dann Prioritäten. Überlegen Sie sich, wie Sie sich mehr Raum und Zeit verschaffen können. Welche Veränderungen sind dafür notwendig und liegen im Rahmen des Möglichen? Fokussieren Sie Ihre gesamte Wahrnehmung und alle Sinne auf das, was Sie erreichen möchten. Durch sinnvolle und auch körperliche Aktivitäten beugen Sie dem Gefühl der Langeweile und der inneren Leere vor. Erkennen Sie die Wichtigkeit der Kommunikation, nur so werden Spannungen abgebaut und Missverständnisse ausgeräumt. Genießen Sie Ihr Leben, lassen Sie sich verwöhnen und gehen Sie liebevoll mit Ihrem Körper um.

Der Monat Mai, die Monatszahl 5 unterstützt Sie dabei,
- das gesellschaftliche Leben zu aktivieren,
- Gespräche zu suchen und sich im Mitteilen zu üben,
- Verbindung zu den eigenen Gefühlen aufzunehmen und Vertrauen zu lernen,
- zu ihren Gedanken, Gefühlen und zu sich selbst zu stehen,
- nein sagen zu lernen, Geduld zu entwickeln und nicht alles auf einmal zu wollen.

Mai und Juli:

Diese beiden Monate sind eine gute Zeit, um zu verreisen, um Ausflüge zu machen und die Freiheit zu genießen. Mit der Urkraft von Mutter Erde – der Erdverbundenheit und der Achtung vor allen Lebewesen – können Sie neue Energie tanken und Ihre Kräfte wiederbeleben. Hürden und Hindernisse können leichter überwunden werden. Mit frischen Erkenntnissen können Sie Ihre Identität erneuern.

Juni:

Der 6. Monat ist ein Monat der Liebe – des Mitgefühls, der Selbst- und Nächstenliebe. In der Liebe geht es nicht nur um die Liebe in der Partnerschaft, es geht auch um die Herzensliebe zu seinen Mitmenschen oder der Liebe zu bestimmten Dingen wie Kunst, Musik, Sport usw. Wir sind erst dann in der Lage, einen anderen zu lieben, wenn wir uns selbst lieben. Genießen Sie den Augenblick. Überlegen Sie, wie Sie Harmonie und Frieden in Ihr Leben bringen können. Akzeptieren Sie dabei auch die Meinung der anderen und halten Sie nicht stur an Ihrer eigenen fest. Lernen Sie Unvollkommenheit zu akzeptieren. Unterstützen Sie mit viel Liebe Ihre Mitmenschen. Hohe Ideale, Vorstellungen und Ziele wollen umgesetzt werden.

In diesen Monat haben Sie besonders viel Spaß und Freude an häuslichen Dingen. Alltagsrituale wie Kochen, Putzen, Bügeln, Garten- und Reparaturarbeiten gehen Ihnen leicht und mit Liebe von der Hand. Achten Sie auf gesunde Ernährung. Der Gemeinschaftssinn ist ebenfalls sehr ausgeprägt, d. h., dieser Monat ist ideal für Familienfeste und -treffen, gemeinsame Aktivitäten wie Spieleabende, Ausflüge usw. Sie können ein wundervoller Gesellschafter, eine gute Mutter bzw. ein guter Vater sein und etwas mit (Ihren) Kindern unternehmen. Halten Sie sich fit, gehen Sie schwimmen oder Radfahren und genießen Sie Massagen. Wann haben Sie das letzte Mal mit Ihrem Partner getanzt? Achten Sie auf ein gutes Körpergefühl, leben Sie Ihre Sexualität, lächeln Sie, seien Sie fröhlich und fühlen Sie sich geliebt.

Der Monat Juni, die Monatszahl 6 unterstützt Sie dabei,

- spontan zu sein, um neue Erkenntnisse zu erlangen,
- zur Wahrheit zu stehen und jeden Tag tolerant und liebevoll zu sein,
- mit Leichtigkeit und mit Liebe Ihren täglichen Pflichten nachzukommen und den Alltag zu meistern,
- jedes Urteilen und Verurteilen aufzugeben,
- loszulassen von konservativen und vorgegeben Meinungen, eingefahrenen Abläufen, denn jeder Druck erzeugt Gegendruck.

Michaela, eine »Mitschülerin« aus unserem Numerologie-Kurs, erzählte begeistert: »Als ich mich in der Monatszahl 6 befunden habe, konnte ich besser kochen. Ich habe mit den Karotten gesprochen, die Kartoffeln liebevoll geschält, den Salat achtsam gewaschen und mein Essen schmeckte viel besser als sonst. Meine Familie war begeistert.« So erfährt man Selbstbestätigung und Liebe. Liebe heißt auch, glücklich zu sein.

Juli:

Der Monat Juli ist exzellent dafür geeignet, um sich mit der Metaphysik zu beschäftigen und Spiritualität in den Alltag zu integrieren. Lassen Sie die vergangenen Monate Revue passieren. Jede Krise, jede neue Chance, jede Erfahrung ist eine Möglichkeit zum Umdenken, zum Bessermachen. Tun Sie auch etwas für Ihre Gesundheit! Fasten Sie und entgiften Sie Ihren Körper, um vital zu bleiben. Gesundes Essen, Sport und autogenes Training tun Körper, Geist und Seele gut. Engagieren Sie sich für die Umwelt, pflegen Sie Ihren Garten und Ihre Blumen. Haben Sie Respekt vor allem Leben.

Der Monat Juli, die Monatszahl 7 unterstützt Sie dabei,

- aus allem, was geschieht, auch aus dem Leidvollen zu lernen, danke zu sagen und auch bitten zu lernen, denn »Bittet, so wird euch gegeben«,
- Ihre wahren Gefühle zu zeigen und auch Trauer und Schmerz zuzulassen,
- Ihre Selbstheilungskräfte zu aktivieren, Bereitschaft und Offenheit für neue Heilmethoden zu zeigen,
- ein gesundes und natürliches Leben zu führen, einen Yoga- oder einen Meditationskurs zu besuchen,
- das Leben in der freien Natur zu genießen, sich für Umweltprobleme zu sensibilisieren.

August:

Der August ist der Monat der Gerechtigkeit, des Ausgleichs und der Partnerschaften, in jeglicher Beziehung. Es ist aber auch der Monat der Trennungen. Sie können Beziehungen, Begrenzungen, einengende Strukturen erkennen, loslassen und beenden. Im August beschäftigen Sie sich intensiv mit allen Ebenen Ihres Seins. Ordnen Sie Ihre finanziellen Angelegenheiten. Treffen Sie Entscheidungen mit dem Herzen, und Ihre Bemühungen führen Sie zum Erfolg. Lernen Sie, mit Ihrer Autorität umzugehen. Finden Sie die Balance zwischen Ihren Gefühlen und Ihren Handlungen, zwischen Freizeit und Arbeit. Laden Sie jemanden ein, den Sie verwöhnen möchten. Zeigen Sie Verlässlichkeit. Geben Sie auch auf sich »acht«. Tun Sie etwas für sich, besuchen Sie z. B. ein Museum oder eine Ausstellung, um Ihren Sinn für Kunst zu befriedigen. Gehen Sie achtsam mit Ihrem Körper um, genießen Sie einen Friseurbesuch oder lassen Sie sich von einer Kosmetikerin verwöhnen.

Der Monat August, die Monatszahl 8 unterstützt Sie dabei,

- zwischenmenschliche Beziehungen zu pflegen oder zu überdenken,
- Achtsamkeit für sich und andere zu empfinden, Verantwortung zu übernehmen und Verlässlichkeit zu zeigen,
- das Herz zu öffnen, sich und die Mitmenschen zu lieben und zu akzeptieren,
- Urteile hinter sich zu lassen, wertfrei zu werden,
- Angebereien zu vermeiden, wie: mein Haus, mein Auto, meine Yacht usw.

September:

Der September ist ein Monat der Dynamik, der Flexibilität, der Kontaktfähigkeit und der Wandlung hin zur Erneuerung. Nutzen Sie Ihre Menschenkenntnis und Ihre vielseitigen Begabungen, auch für sich selbst. Dies lässt Sie viele ungeahnte Möglichkeiten entdecken und Interesse an neuen Entwicklungen zeigen. Leben Sie Ihr Leben mit Hingabe und Herzenswärme, denn schon in der Bibel steht: »Liebet eure Feinde…« (Lukas 6, 27). Denn dann hören sie auf, Feinde zu sein. Dazu gehört auch die Liebe zu sich selbst. Gehen Sie gefühlvoll und freundschaftlich mit sich um. Moralische und ethische Qualitäten treten wieder in den Vordergrund. Geben Sie, ohne Erwartungen zu haben. Sprechen, fühlen und handeln Sie ehrlich und aufrichtig, seien Sie Vorbild für Ihre Mitmenschen und agieren Sie, wenn Sie darum gebeten werden, als Vermittler in schwierigen Situationen. Veränderungen können anstehen, schließen Sie deshalb »alte« Herausforderungen, Aufgaben und Projekte ab. Halten Sie die Augen offen für alles, was kommen wird, zügeln Sie Ihre innere Unruhe und übertreiben Sie nicht. Kraft und Energie schöpfen Sie aus der Ruhe und der Stille, in die Sie immer wieder zurückkehren können.

Der Monat September, die Monatszahl 9 unterstützt Sie dabei,

- die bedingungslose Liebe als Ziel zu sehen,
- Maß zu halten in allen Dingen,
- Konflikten friedlich und diplomatisch entgegenzutreten,
- weltoffen, geduldig, großzügig und voller Elan zu sein,
- zu wissen, dass jeder Mensch genau das Schicksal in sich trägt, das ihm eine optimale Entwicklung gewährleistet.

Oktober bis Dezember:

Mit dem 10. Monat beginnen Sie den Kreislauf der Zahlen von 1 bis 9 von neuem, nur auf einer höheren Ebene und mit dem Bewusstsein der vorangegangen Monate. Die letzten 3 Monate des Jahres dienen deshalb dem Rückblick auf das vergangene Jahr und der Vorbereitung auf das folgende Jahr.

Oktober:

Der richtige Zeitpunkt für neue Herausforderungen und Veränderungen ist gekommen. Die 10/1 bringt immer eine Wandlung oder einen Neubeginn mit. Kompliziertes und Chaotisches lässt sich nun auflösen, regeln und in geordnete Bahnen lenken. Leben Sie bewusst und achten Sie auf Ideen und Geistesblitze. Überlegen Sie sich, was im nächsten Jahr für Sie wichtig ist, und werden Sie sich Ihrer Ziele bewusst. Nutzen Sie dafür Ihre Vorstellungskraft und visualisieren Sie den Weg zu Ihren Zielen. Nehmen Sie Ihre eigenen Bedürfnisse wahr und handeln Sie entsprechend. Vertreten Sie Ihre Meinung, werden Sie unabhängig von anderen. Lernen Sie zu sagen, *wie* Sie sich fühlen, *was* Sie wahrnehmen, *was* Ihnen fehlt oder weh tut… Üben Sie sich im Sprechen vor Publikum oder Gruppen, halten Sie z. B. in Ihrer Abteilung einen Vortrag über eine neue Idee oder ein neues Produkt, eröffnen Sie den Herbstbasar mit einer Ansprache oder begrüßen Sie alle Familienmitglieder beim Erntedankfest. Der Monat Oktober ist ideal, um einmal einen Blick in die Zukunft zu werfen, z. B. mit Engel- oder Tarotkarten. Was können Sie tun, um Ihr Lebensziel zu erreichen?

Der Monat Oktober, die Monatszahl 10 unterstützt Sie dabei,

- eine Aus- oder Weiterbildung zu beginnen,
- zu sich selbst zu stehen,
- Ruhe in Ihr (Gedanken-)Chaos zu bringen,
- Bilanz zu ziehen und Ihr Ziel für das nächste Jahr zu bestimmen,
- flexibel, zuverlässig und fürsorglich zu sein.

November:

Der November ist ein Monat der Sensitivität, der Stille und der Besinnung, er wird auch der Transformation zugeordnet. An Allerseelen und Allerheiligen gedenken wir der Toten und ihrer Wandlung in den nächsten Seinszustand. Die 11 steht für das Loslassen und die Freigabe von irdischen Belangen. Sie ist deshalb ideal für die innere Besinnung, die Selbstreflexion und das Anerkennen seiner Vor- und Nachteile. Der November unterstützt Sie dabei, Ihre Intuition wahrzunehmen und sich vieler Dinge bewusst zu werden, die abgeschlossen gehören. Ideen, Pläne und Vorhaben sollten nicht vorschnell ausgeplaudert werden. Im November ist man verstärkt abhängig von der Stimmung der Umgebung. Unterstützen Sie andere Menschen durch Gedanken, Fürbitten und Gebete in diesem Monat besonders stark.

Der Monat November, die Monatszahl 11 unterstützt Sie dabei,

- sich auf sich selbst zu besinnen und zu schätzen, was man hat,
- die Vergangenheit loszulassen, sich von Kummer, Schwermut, Leid und Groll zu trennen und voller Gottvertrauen im Hier und Jetzt zu leben,
- Vergebung zu üben und Dienst am Nächsten zu tun,
- an der Verwirklichung Ihrer Ideen zu arbeiten,
- sich an das eigene Licht zu erinnern.

Dezember:

Der Dezember ist ein Monat der Lebensfreude und Spontaneität. Ergreifen Sie die Initiative. Sie haben alle Möglichkeiten. Es geht nicht nur darum, seine Energie beim Plätzchenbacken, Dekorieren und Geschenkeeinpacken zu zeigen. Nein, es geht auch um die Kreativität, mit der Sie Ihren Mitmenschen und sich selbst Freude bereiten können. Überlegen Sie, wie Sie Ihre Ideen, Aufgaben und Projekte möglichst erfolgreich umsetzen, wie Sie Ihre Phantasie fließen lassen können. Es ist aber auch ein Monat der Besinnung und der Nächstenliebe, ein Monat der geistigen Suche und des Heilens. Was ist Ihnen wichtig? Was wünschen Sie sich für Ihre Partnerschaft, für Ihre Familie? Nutzen Sie diesen besonderen Monat zum Rückblick und zur Vorausschau. Lassen Sie sich nicht aus der Fassung bringen, achten Sie darauf, dass Sie sich von all der Hektik und dem Stress in diesem Monat nicht anstecken lassen. Nehmen Sie sich ein gutes Buch, eine Tasse Tee, eine flauschige Decke und machen Sie es sich in Ihrem Lieblingssessel gemütlich.

Spätestens nun, zum Jahresabschluss, sollten Sie sich neu ausrichten und lernen, Fülle und Reichtum anzunehmen.

Der Monat Dezember, die Monatszahl 12 unterstützt Sie dabei,

- sich Zeit für sich zu nehmen, zu genießen und danke zu sagen,
- auch einmal nein zu sagen,
- kreativ zu sein und neue, ungeahnte Kräfte zu erschließen,
- zurückzublicken und mit Vorfreude nach vorne zu sehen,
- Ihr Umfeld z. B. mit einer Räucherung zu reinigen und von Altlasten, von Vergangenem und von allen Ärgernissen des vergangenen Jahres zu befreien.

Der 12. Monat ist der Abschluss eines (Kalender-)Jahres.

Berechnung der persönlichen Monatszahlen

Anhand der Beschreibungen der persönlichen Monatszahlen erkennen wir, welche Aktivitäten und Pläne sich zum jeweiligen Zeitpunkt für uns günstig auswirken.

Für die Berechnung der persönlichen Monatszahl benötigen wir unseren Geburtstag und Geburtsmonat, dazu nehmen wir das Jahr, das wir deuten wollen. Das Jahr, das an unserem Geburtstag beginnt, oder ein künftiges Jahr (immer am Geburtstag beginnend) können wir auf diese Weise berechnen. So wissen wir, was uns erwartet. Wir können aber auch ein vergangenes Jahr berechnen, um nachzuvollziehen, ob Ereignisse in Verbindung mit unseren Aufgaben standen.

Die **persönliche Monatszahl** berechnen wir, indem wir zu unserer »normalen« Monatszahl die Jahreszahl des Jahres addieren, das wir deuten wollen.

Wenn wir also am 16. September Geburtstag haben, können wir zum Beispiel die Monatszahlen für den Zeitraum vom 16.9.2008 (Geburtstag) bis zum 16.9.2009 berechnen. Zuerst berechnen wir die Jahreszahl:

Berechnung Jahreszahl:

16.9.2008
$1 + 6 + 9 + 2 + 0 + 0 + 8 = 26$
$2 + 6 = 8$

Mit dieser Jahreszahl berechnen wir nun die einzelnen Monate, hier zum Beispiel den Januar:

Berechnung persönliche Monatszahl:

Der Januar hat die Zahl 1.
Die oben errechnete Jahreszahl lautet 8.
$1 + 8 = 9$

Die für den Januar errechnete persönliche Monatszahl lautet somit 9.

Die auf eine Einzelzahl reduzierte Quersumme ergibt die Monatszahl, die uns die maßgebliche Energie des Monats zeigt. Wir haben aber auch die Möglichkeit, die ganze Zahl (z. B. 13 statt der komprimierten 4) anzusehen, insbesondere dann, wenn sie uns förmlich ins Auge springt.

Januar:	1 + 8 =	**9**	**Juli:**	7 + 8 =	15 / **6**
Februar:	2 + 8 =	10 / **1**	**August:**	8 + 8 =	16 / **7**
März:	3 + 8 =	11 / **2**	**September:**	9 + 8 =	17 / **8**
April:	4 + 8 =	12 / **3**	**Oktober:**	10 + 8 =	18 / **9**
Mai:	5 + 8 =	13 / **4**	**November:**	11 + 8 =	19 / 10 / **1**
Juni:	6 + 8 =	14 / **5**	**Dezember:**	12 + 8 =	20 / **2**

Wir haben nun die Schwingung des jeweiligen Monats, der Jahreszahl und natürlich der persönlichen Monatszahl in unserem Leben. Deshalb müssen wir diese drei Zahlen nun miteinander in Verbindung bringen.

Januar:

Monatszahl 1 + Jahreszahl 8 = persönliche Monatszahl **9:**
Was bringt die Zahl 9 mit in diesen Monat?
Verantwortung, Abschluss, Neuordnung, Selbstentwicklung
Neues Jahr, neues Spiel – neues Glück. Dies ist kein langweiliger Monat. Verantwortung übernehmen, für sich und andere. Unstimmigkeiten klären und sich selbst treu bleiben. Auf die innere Wahrnehmung achten, denn ein großes, kreatives Schöpfungspotential braucht vielfältige Anregungen.

Februar:

Monatszahl 2 + Jahreszahl 8 = persönliche Monatszahl **10 / 1:**
Was bringt die Zahl 10/1 mit in diesen Monat?
Neubeginn, Ideen entwickeln, Initiative zeigen
Auf Ideen im Alltag achten, umsetzen, was man selbst für wichtig und richtig erachtet, und dabei Initiative zeigen. Potential nutzen und sich auch über Kleinigkeiten freuen. Ehrlich, fair, bescheiden und emotional unabhängig sein. Bewusst und aktiv die innere Freiheit und Unabhängigkeit leben. Sich selbst treu bleiben.

März:

Monatszahl 3 + Jahreszahl 8 = persönliche Monatszahl **11/2:**
Was bringt die Zahl 11/2 mit in diesen Monat?
Partnerschaft, Wahrnehmung, Intuition, sich führen lassen
Dieser Monat unterstützt dabei, sich fallen zu lassen, nicht nur zu agieren, sondern sich auch einmal führen zu lassen. Für zwei arbeiten, trotzdem die Stille suchen und auch einmal passiv sein. Streit nicht aus dem Weg gehen, sondern ihn diplomatisch, taktvoll und einfühlsam lösen. Gespür für Zusammenhänge entwickeln. Sich nicht ausnutzen lassen, denn kooperatives Arbeiten geht mit Mut, Selbstvertrauen und Selbstbewusstsein besser voran.

April:

Monatszahl 4 + Jahreszahl 8 = persönliche Monatszahl **12/3:**
Was bringt die Zahl 12/3 mit in diesen Monat?
Spontaneität, Kreativität. Optimismus
Die 12/3 ist die Zahl der Menschlichkeit, der Nächstenliebe, der Demut, der Hilfs- und Dienstbereitschaft. Aufs Herz hören. Offenheit zieht andere Menschen magisch an. Optimismus, Begeisterung und Lebensfreude zeigen. Sich auf seine Stärken konzentrieren. Freunde einladen und die Geselligkeit genießen. Leben und Lieben, das sind die Dreh- und Angelpunkte in diesem Monat. Kreativität, Lebensfreude und Selbstausdruck. Wie wäre es mit einem Töpferkurs in der Toskana oder einem Aquarellkurs in Frankreich? Bitte daran denken: Ein größeres Projekt ist ausreichend!

Mai:

Monatszahl 5 + Jahreszahl 8 = persönliche Monatszahl **13/4:**
Was bringt die Zahl 13/4 mit in diesen Monat?
Weiblichkeit, Sinnlichkeit, Selbstliebe und Toleranz
Mai, der Monat für Verliebte und die ideale Zeit, sich als Frau verwöhnen zu lassen. 13, die Zahl der Weiblichkeit, hin zur positiven Wandlung seiner Eigenarten. Sich bei Vertragsabschlüssen beraten lassen. Wünsche realisieren, Liebe und Partnerschaft pflegen, endlich einmal schick essen gehen, einen Verwöhntag einlegen, den Garten neu bepflanzen, einen Pannenkurs machen u. v. a. Auf die Gleichberechtigung zwischen Mann und Frau achten und auch einmal den Partner oder die Kinder kochen lassen. Nicht urteilen, nicht werten und keine zu hohen Erwartungen an den Lebenspartner haben.

Juni:

Monatszahl 6 + Jahreszahl 8 = persönliche Monatszahl **14/5:**
Was bringt die Zahl 14/5 mit in diesen Monat?
Freiheit, Bildung, Erweiterung des Horizonts, Toleranz, Gelassenheit
Freiheit, Reisen, Abenteuer, neues Erleben – ein idealer Zeitpunkt um in (Bildungs-)Urlaub zu fahren und den Horizont erweitern. Anderen Kulturen und neuen Bekanntschaften mit Respekt und Toleranz begegnen. Neue Wege für sich suchen. Freiräume im Alltagsleben organisieren, die eigene Freiheit genießen. Die Selbstdisziplin, die die 14/5 mitbringt, hilft, konkrete Ziele zu setzen und zu verwirklichen.

Juli:

Monatszahl 7 + Jahreszahl 8 = persönliche Monatszahl **15/6:**
Was bringt die Zahl 15/6 mit in diesen Monat?
Familiensinn, Liebe, liebevolle Durchsetzung
Das Zaudern und Überlegen hat ein Ende. Man weiß, was man will, deshalb ist es Zeit, zu handeln. Friedlich und entspannt Konflikte lösen. Sich von alten Zwängen und Grundsätzen befreien. Mit Optimismus und Idealismus Ziele umsetzen. Heim und Familie stehen diesen Monat hoch im Kurs. Das Zuhause verschönern oder verändern, mit etwas Überzeugung sind für die Renovierung auch genügend Helfer bei der Hand. Kunst und schöne Dinge im Leben wieder schätzen lernen. Musik, Tanz und Sport tun gut. Erotik, verbunden mit Liebe, ist Wohlbefinden für Körper, Geist und Seele.

August:

Monatszahl 8 + Jahreszahl 8 = persönliche Monatszahl **16/7:**
Was bringt die Zahl 16/7 mit in diesen Monat?
Widersprüche und Konflikte überwinden, Entschlossenheit, Zielsicherheit
In jeder Krise steckt eine Chance. Überfällige Konflikte kehren immer wieder, bis man sich damit auseinandersetzt und mit Liebe zum Abschluss bringt. Dies gilt ebenso für ungünstige Arrangements und veraltete Vorstellungen. Frischen Wind ins Leben bringen und aus Erfahrungen lernen. Die Meinung anderer akzeptieren. Verbesserungen und Neuerungen planen. Beziehungen intensivieren, sowohl privat als auch geschäftlich. Geduldig sein und sich Ruhe und Entspannung gönnen. Meditieren und sich über geistige und menschliche Werte Gedanken machen.

September:

Monatszahl 9 + Jahreszahl 8 = persönliche Monatszahl **17/8:**
Was bringt die Zahl 17/8 mit in diesen Monat?
Zuversicht und Weitsicht haben, Verantwortung, Ausgleich
Ausgleich zwischen spirituellen Erfahrungen und materiellen Interessen schaffen. Das bedeutet nichts anderes als: In der Ruhe liegt die Kraft und die positive Möglichkeit, sich klug zu entscheiden, zu nutzen. Sich nicht von Statussymbolen verführen lassen und endlich einmal tun, was einem Spaß macht. Mit positiver »Mächtigkeit« und Dynamik kommt man auf seinem Weg stetig vorwärts. Hinaus in die Natur gehen und bei Spaziergängen im ersten Herbstlaub Kraft schöpfen. Diesen Monat sollte man sich mit allem Schönen umgeben und sein Leben in vollen Zügen genießen.

Oktober:

Monatszahl 10 + Jahreszahl 8 = persönliche Monatszahl **18/9:**
Was bringt die Zahl 18/9 mit in diesen Monat?
Auf die innere Stimme hören, Orientierung, Veränderung
Offen und neugierig sein für Neues und auch einmal Beschränkungen umgehen. Seinen Visionen vertrauen und auf Träume achten. Der richtige Weg liegt vor uns. Oberflächlichkeiten sind unwichtig, die Tiefe zählt. Sich öfter an einen ruhigen und stillen Ort zurückziehen, um in sich zu ruhen. Für Klarheit im Leben sorgen und erstaunt sein, was wir alles vollbringen können.

November:

Monatszahl 11 + Jahreszahl 8 = persönliche Monatszahl **19/10/1**
Was bringt die Zahl 19/10/1 mit in diesen Monat?
Rückblick, Abschluss, Wandlung und Neubeginn, verbunden mit Zielstrebigkeit, Mut, Zuversicht und Selbstsicherheit
Weisheit, Großzügigkeit und Herzlichkeit werden diesen Monat groß geschrieben. Es ist die Zeit der Versöhnung. Die einfachen Lösungen sind dabei oft die besten. Entscheidungen und Veränderungen sollten nur für sich selbst getroffen werden. (Neu-)Ordnung bringt Heilung. Das Leben selbstbewusst, zuversichtlich und mutig in die Hand nehmen, sich Freiräume für alles, was Freude bereitet, schaffen und sich geborgen fühlen. Zur eigenen Mitte finden.

Dezember:

Monatszahl 12 + Jahreszahl 8 = persönliche Monatszahl **20/2:**
Was bringt die Zahl 20/2 mit in diesen Monat?
Taktgefühl, Intuition, Entschlossenheit, Beziehungen
Die Zahl 20/2 ist die Zahl der Erneuerung und des Neubeginns durch Diplomatie und Gespräche. Hilfsbereitschaft zeigen. Lösungen für Probleme finden, sich von Hindernissen befreien und kooperieren. Hilfe erhalten wir dabei von unserer Intuition und der starken Sensibilität, die in diesem Monat besonders ausgeprägt sind.

Unser Tip: Lesen Sie noch einmal Ihr Jahresthema und Ihre Monatszahlen durch. Was Sie am meisten anspricht und Ihnen wichtig erscheint oder Wünsche, die Sie verwirklichen möchten, schreiben Sie in ein Notizbuch oder am besten in Ihren Kalender, damit Sie es nicht vergessen.

Wunscherfüllung durch die Kraft der Gedanken:

- Sie benötigen für jede Vision ein kleines Papier, formulieren Sie Ihren Wunsch positiv und in erfülltem Zustand, z. B. »Ich bin voller Elan und schließe mein Projekt erfolgreich ab!«
- Legen Sie das Blatt vor sich hin.
- Aktivieren und energetisieren Sie Ihre Hände, in dem Sie die Handflächen aneinander reiben, bis es leicht kribbelt.
- Legen Sie nun beide Hände neben das Blatt mit Ihrem Wunsch, die Handflächen einander zugewandt.
- Spüren Sie, wie die Energie zwischen Ihren Händen fließt.
- Stellen Sie sich nun Ihren Wunsch in erfülltem Zustand vor, strecken Sie die Arme, Handflächen zeigen nach oben, über Ihren Kopf und geben Sie dieses Herzensgefühl nun ans Universum ab.
- Bitten Sie darum, dass der Kosmos Ihren Wunsch entgegennimmt und zu Ihrem Wohl erfüllt.
- Wenn der richtige Zeitpunkt kommt, werden entsprechende Ereignisse eintreten und Menschen werden Ihnen begegnen, die Sie bei der Erfüllung Ihrer Vision begleiten und unterstützen.

Rhythmusjahre des »Inneren Kindes«

Unsere äußeren Schicksale interessieren die Menschen,
die inneren nur den Freund.
Heinrich von Kleist (deutscher Dichter)

Erfahrungen macht jeder Mensch in seinem Leben. Manche sind schön, manche lehrreich und manche auch traumatisch. Diese Erlebnisse prägen uns schon von Kindheit an und beeinflussen damit auch unser heutiges Verhalten. Unser »Inneres Kind« kann uns dabei helfen, alte Programme loszulassen. Unser Unterbewusstsein wird von unserem »Inneren Kind« gelenkt. Es hat seinen Sitz scheinbar in unserem Bauch und zeigt sich durch unser Gefühl und unsere Intuition. Es symbolisiert die im Bauch(hirn) gespeicherten Erinnerungen und Erfahrungen der eigenen Kindheit. Es lässt uns vor allem aber das ganze Spektrum der Gefühle, wie Freude und Schmerz, Glück und Traurigkeit, Zuneigung und Abscheu, Vertrauen und Angst, fühlen. Unser »Inneres Kind« geht seinen eigenen Lebensweg, entwickelt sich und wächst mit seinen Erfahrungen. Es benötigt Liebe, Zuwendung, Anerkennung und Lob, damit es spielen, lernen und lehren kann.

Anhand unseres Geburtsjahres können wir die ersten beiden Rhythmus-Jahre unseres Lebens berechnen. In diesen beiden Jahren wurde unser »Inneres Kind« von bestimmten Ereignissen geprägt. Blicken wir zurück, erinnern wir uns der Zeit, als wir in dem errechneten Alter waren. Wie war zu dieser Zeit unsere Kindheit? Durften wir Kind sein? Hatten wir Spaß und Freude? Waren wir glücklich? Oder wurden wir durch bestimmte Ereignisse in unserer Entwicklung gehemmt? Diese Kindheitserlebnisse beeinflussen unser heutiges Leben und unsere Handlungen, bis wir unser verletztes »Inneres Kind« wieder finden, in unser Leben lassen, es annehmen und liebevoll integrieren.

Wir können heute mit der Heilung beginnen, indem wir die ersten beiden Wandlungen berechnen. Dazu benötigen wir lediglich das Geburtsjahr. Die Berechnung erfolgt von hinten nach vorne, also von rechts nach links.

z. B. 1975.
Die erste Zahl von hinten, die **5**,
ist das erste Rhythmusjahr des »Inneren Kindes«.
Addieren Sie nun die letzten beiden Zahlen,
in diesem Fall also **5 + 7 = 12.**
Die Zahl 12 ist das zweite Rhythmusjahr.

Ist das 1. Rhythmusjahr z. B. eine 0, also bei Jahrgängen wie z. B. 1920, 1930, 1940, 1950, 1960, 1970, 1980, 1990, 2000..., findet man das erste »Innere Kind« in der pränatalen Phase bis zur oder während der Geburt, abschließend zum 1. Geburtstag. Vielleicht gab es in der Zeit der Schwangerschaft Probleme – sei es Streitigkeiten der Eltern, ungewollte Schwangerschaft, gesundheitliche Schwierigkeiten oder der Start ins Leben, die Geburt war kompliziert z. B. Steißlage, Nabelschnur um den Hals, Frühgeburt, o.ä.?

Rhythmusjahre müssen nicht immer Traumata sein, sie können auch Wandlungen in unserem Leben bedeuten. Im Kontakt zum »Inneren Kind« blicken Sie in Ihre Kindheit zurück und integrieren es somit in Ihr heutiges Leben.

Ein kindlicher Mensch ist kein Mensch, dessen Entwicklung stehengeblieben ist; ganz im Gegenteil: Er ist ein Mensch, der sich selbst eine Chance gegeben hat, sich noch weiterzuentwickeln, lange nachdem die meisten Erwachsenen sich bereits in den Kokon der Gewohnheiten und Konventionen für die mittleren Lebensjahre eingehüllt haben.

Aldous Huxley (englischer Schriftsteller)

Kontakt mit dem »Inneren Kind«

Kinder, die man nicht liebt,
werden Erwachsene, die nicht lieben.

Pearl S. Buck (amerikanische Schriftstellerin)

Das »Innere Kind« ist durch eine seelische Verletzung, z. B. wenig Liebe und Anerkennung, Missachtung, Liebesentzug, Verlassenwerden, Schläge usw. meist in einem bestimmten Alter in der kindlichen Entwicklung verletzt worden. So kapselt es sich möglicherweise ab und zieht sich zurück. Viele Menschen haben »gelernt«, den Zugang zu ihrem »Inneren Kind« zu versperren. Lässt man den Schmerz nicht zu, entwickeln sich Schuldgefühle, Blockaden usw. Ein abweisender Erwachsener, der sein »Inneres Kind« nicht annimmt, verhält sich, wie die Eltern und andere Bezugspersonen ihn geprägt haben. Der Erwachsene gibt die Prägungen an das »Innere Kind« weiter. Deshalb sollten wir mit unserem »Inneren Kind« zu jener Situation zurückgehen.

Wer sich seiner eigenen Kindheit nicht mehr deutlich erinnert, ist ein schlechter Erzieher.
Marie von Ebner-Eschenbach (österreichische Schriftstellerin)

Es ist wichtig, diese Kindheitserlebnisse ans Tageslicht zu bringen, sich damit auseinanderzusetzen und sich davon zu lösen. Tun wir es vor allem für uns selbst. Solange wir unser »Inneres Kind« nicht als eigenen Wesensteil erkennen und es in unser Leben integrieren und anerkennen, werden wir immer wieder unbewusst in alte kindliche Verhaltensmuster wie Trotz, Sturheit, Eigensinn usw. verfallen. Ein erster Schritt ist es, sich mit seinem Inneren Kind anzufreunden.

Durch die nachfolgenden Übungen können wir bewusst Kontakt zu unserem Inneren Kind aufnehmen, es nach und nach kennenlernen und ihm mit Anerkennung und Interesse begegnen. Wir lernen dadurch viel über unsere Verhaltensmuster und Emotionen. Das Ziel sollte die liebevolle innere Verbundenheit zwischen dem »Inneren Kind« und dem Erwachsenen sein. Dadurch erhalten wir wieder Zugang zur Quelle der Freude, zur Wahrnehmung und Intuition.

Visueller Kontakt mit dem »Inneren Kind«

Einen visuellen Kontakt oder eine Meditation kann alleine durchgeführt werden oder man lässt sich von einem Freund oder einer Freundin dabei unterstützen. Diese geführte Meditation sollte langsam und mit ruhiger Stimme vorgelesen werden. Dabei kann man selbst viel leichter abschalten und sich auf die Anforderungen konzentrieren.

- Nehmen Sie sich Zeit und Ruhe für diese Übung. Setzen Sie sich bequem hin, die Wirbelsäule ist aufgerichtet. Ihr Körper ist ganz entspannt und über die Füße mit Mutter Erde verbunden. Ihre Aufmerksamkeit ist nach innen gerichtet.
- Atmen Sie ein paar Mal tief ein und aus.
- Lassen Sie vor Ihrem inneren Auge eine Landschaft entstehen. Wie sieht diese aus, gibt es Pflanzen, Bäume, Blumen, ist dort ein Gewässer, sind andere Menschen da? Sehen Sie einen Weg oder eine Straße? Sind dort Hindernisse zu überwinden, oder können Sie problemlos darauf gehen?
- Jetzt kommen Sie zu einem Haus. Hat das Haus ein Dach, Fenster und Türen? Mit welcher Farbe wurde das Haus gestrichen, hat es einen Garten, gibt es einen Zaun, Bäume, Blumen…? Sehen Sie sich in Ruhe das Haus und die Umgebung an. Nehmen Sie alles in sich auf. Gehen Sie durch die Haustür. Schauen Sie sich im Flur um. Gibt es eine Stiege in den 1. Stock? Gibt es eine Treppe in den Keller? Wie viele Zimmertüren sehen Sie? Sind diese Türen offen oder geschlossen?

- Gibt es ein Wohnzimmer, eine Küche und ein Schlafzimmer? Wie sind die Räume eingerichtet? Gibt es außer Ihnen noch andere Menschen oder Tiere in diesem Haus?
- Wo befindet sich das Kinderzimmer? Betreten Sie nun dieses Zimmer. Wie sieht es aus, was fühlen Sie dabei, wie ist es eingerichtet, welche Farbe hat das Zimmer? Sind Blumen, Bilder oder andere liebevolle Details vorhanden, sehen Sie ein Kind im Zimmer? Nehmen Sie jede Kleinigkeit wahr. Begrüßen Sie Ihr »Inneres Kind«. Was fühlen Sie jetzt im Moment in Ihrem Herzen, wenn Sie Ihr »Inneres Kind« sehen? Fragen Sie nun das Kind, wie es ihm geht, ob es Ihnen etwas zeigen oder sagen will. Fragen Sie das kleine Kind, ob es etwas von Ihnen wissen will oder Sie ihm etwas Bestimmtes geben könnten. Lassen Sie dem Kind Zeit sich mitzuteilen. Öffnen Sie Ihr Herz für Ihr »Inneres Kind«. Vielleicht möchten Sie Ihrem »Inneren Kind« noch etwas schenken, ein Kuscheltier, eine Blume, ein Bilderbuch…? Bedanken Sie sich liebevoll bei Ihrem »Inneren Kind« und verabschieden Sie sich von ihm.
- Gehen Sie nun wieder durchs Haus in den Garten und von dort wieder zurück auf Ihren Weg. Wie empfinden Sie *nun* das Haus, den Garten und den Weg? Hat sich etwas verändert? Spüren Sie in sich hinein. Lassen Sie sich die Zeit, die Sie brauchen.
- Richten Sie dann Ihre Aufmerksamkeit wieder auf das Hier und Jetzt. Bewegen Sie nun langsam die Arme und die Beine, dann den Kopf. Atmen Sie ein paar Mal tief ein und aus und öffnen Sie nun langsam wieder die Augen.

Das Haus, das Sie soeben in Gedanken vor sich hatten und erfühlen durften, wird auch Seelenhaus genannt. Es ist Ihr Haus, Ihr Innerstes. Wie haben Sie das Haus wahrgenommen? Es kann innen dunkel und beklemmend oder hell und angenehm, muffig und schmutzig oder sauber und gepflegt gewesen sein.

Das soeben Erlebte und Gesehene können Sie aufmalen oder aufschreiben. Wiederholen Sie diese Übung immer wieder und beobachten Sie, wie sich der Kontakt zu Ihrem »Inneren Kind« verändert.

Das Ziel dieser Übung ist es, dass Sie Ihr »Inneres Kind« umarmen, liebkosen und es so lieben können, wie es ist.

Stehen Sie mit Ihrem Inneren Kind in liebevoller Verbindung, dann fühlen Sie sich eins mit sich selbst und Ihren Mitmenschen. Diese innere Verbundenheit ist eine große Kraftquelle, aus der Sie immer wieder schöpfen können. Bleiben Sie auch weiterhin mit Ihrem »Inneren Kind« in Kontakt, nehmen Sie sich Zeit dafür. Seien Sie die ideale Mutter bzw. der bestmöglichste Vater für Ihr »Inneres Kind«.

Da ist es egal, welche Methode Sie wählen, um etwas Neues über Ihre »Inneren Kinder« zu erfahren oder um die Problematiken, die diese Rhythmusjahre mit sich bringen, aufzulösen. Setzen Sie sich konsequent mit Ihren Erlebnissen auseinander. Traumata können verarbeitet und transformiert werden. Lassen Sie

Gefühle zu. Weinen befreit, Gespräche können Erleichterung bringen. Die Numerologie ist auch eine Art des geistigen Heilens und kann in der Seelenebene viel in Bewegung setzen. Wenn Ihnen bewusst wird, was hinter den Zahlen steht, verändert sich Ihr ganzes Selbst und somit Ihr ganzes Leben.

Anmerkung: Das Wohnzimmer zeigt, wie Sie sich nach außen präsentieren, die Küche, wie Sie für sich selbst sorgen. Das Schlafzimmer repräsentiert Ihre Partnerschaft, der Flur zeigt Ihnen, wie Sie mit Ihrer Umwelt in Kontakt treten. Der Keller steht für die Vergangenheit und die dunklen Seiten in Ihrem Leben und der 1. Stock für Ihre Spiritualität und Geistigkeit.

Affirmationen für das »Innere Kind«

- Ich lerne mein »Inneres Kind« kennen und integriere es in mein Leben.
- Ich umarme mein »Inneres Kind«.
- Ich nehme mein »Inneres Kind« an, so wie es ist.
- Ich danke meinem »Inneren Kind«, dass es ihm gut geht, es glücklich, humorvoll und friedfertig ist.

Heilsteine für das »Innere Kind«

Rosenquarz: Wenn wir nicht verzeihen können.
Er stärkt unsere Empfindsamkeit, unsere Herzenskraft und unsere Liebesfähigkeit. Er fördert unsere Selbst- und Nächstenliebe.

Amethyst: Wenn wir über die Situation sehr traurig sind.
Er hilft uns bei der Trauerbewältigung und unterstützt die Bewältigung von Verlusten. Der Amethyst fördert die Überwindungen von Verhaftungen, unkontrollierten Mechanismen und Suchtverhalten. Er klärt unsere innere Bilderwelt und damit das Traumerleben. Wenn man schlecht schlafen kann, empfiehlt es sich, einen Amethyst unter das Kopfkissen zu legen.

Bergkristall: Wenn wir uns nicht trauen, hinzusehen.
Er fördert die Klarheit und Neutralität, er verbessert die Wahrnehmung und das Verstehen. Der Bergkristall fördert die Entwicklung, die unserem »Inneren Kind«, unserem inneren Wesen entspricht. Er bringt tiefe Erinnerungen ins Bewusstsein und hilft, Probleme auf einfach Weise zu lösen. Er fördert unsere Selbsterkenntnis.

Chalcedon (gebändert): Wenn wir nicht über eine Situation sprechen können.
Er hat die Fähigkeit, uns nach innen hören zu lassen, um wahrzunehmen, was uns das »Innere Kind« sagen will. Ebenso lässt er uns in Kommunikation mit

Menschen, Therapeuten und Lebensberatern treten, und wir können uns mit ihnen über unsere Vergangenheit sprechen. Der Chalcedon bringt eine optimistische Grundstimmung und lässt uns über unsere Gefühle, Wünsche und Bedürfnisse sprechen.

Rhodonit: Wenn wir Hilfe brauchen. Rescue(Rettungs-)Stein.
Er befreit von seelischen Schmerzen, gärender Wut, andauerndem Ärger und bei Ängsten und Panikattacken. Er unterstützt uns, Traumatisierungen aufzulösen. Er hilft, Konflikte in konstruktiver Art zu überwinden, und bringt die Versöhnung. Der Rhodonit lässt erkennen, dass Streit sehr häufig aus mangelnder Selbstliebe entsteht.

Wenn Sie selbst bei der Erlösung Ihres »Inneren Kindes« nicht weiterkommen, sollten Sie sich nicht scheuen, professionelle Hilfe anzunehmen. Therapeuten, die gezielt mit dem »Inneren Kind« arbeiten, können Ihnen dabei helfen, z. B. mit einer Regression, einer Rückführung, einem Rebirthing oder einer Familienaufstellung.

Es ist nie zu spät für eine glückliche Kindheit.
ERICH KÄSTNER (DEUTSCHER SCHRIFTSTELLER)

Rhythmus- und Wandlungsjahre

Verstehen kann man das Leben rückwärts,
leben muss man es vorwärts.
SØREN KIERKEGAARD (DÄNISCHER PHILOSOPH)

Anhand unseres Geburtsdatums lassen sich eine Reihe von Rhythmus- und Wandlungsjahren berechnen. Dies sind Jahre, in denen bedeutende und einschneidende Ereignisse stattfanden oder stattfinden werden. Es sind meist diese Arten von Erfahrungen, die unsere sorgfältig geplanten Vorhaben über den Haufen werfen und uns zum Um- und Nachdenken bringen. Wir erhalten die Gelegenheit, unser Leben neu zu ordnen. In diesen Rhythmus- und Wandlungsjahren stellen wir die Weichen für die nachfolgenden Jahre.

Als Beispiel für eine Berechnung nehmen wir wieder das Geburtsjahr 1975:

1975 Wir errechnen die Quersumme (1+9+7+5 = 22) und addieren sie zum Geburtsjahr:
1975 + 22 = 1997.
Das ergibt die Jahreszahl 1997, das erste Wandlungsjahr.

1997 – 1. Wandlung
Wir errechnen wieder die Quersumme (1+9+9+7 = 26) und addieren sie zum Wandlungsjahr.
1997 + 26 = 2023.
Das ergibt die Jahreszahl 2023, das zweite Wandlungsjahr.

2023 – 2. Wandlung
Wir errechnen wieder die Quersumme (2+0+2+3 = 7) und addieren sie zum 2. Wandlungsjahr.
2023 + 7 = 2030.
Das ergibt die Jahreszahl 2030, das dritte Wandlungsjahr.

2030 – 3. Wandlung usw.

Die Zeiten dazwischen, von der einen zur anderen Wandlung, sind ebenso von Zahlen geprägt.

Der erste Zeitraum wird unterstützt von der **22**. Träume und Visionen begleiten unseren Weg. Zweifel und Unentschlossenheit möchten abgelegt werden, damit durch Entschlossenheit, Konsequenz und Zielstrebigkeit unsere Phantasien Wirklichkeit werden können.

Die Zeit von 1997 bis 2023 untersteht der 26 und damit der **8**. Hier steht harte Arbeit auf allen Ebenen an. Fleiß, Organisation, der innere und äußere Ausgleich, Harmonie und Lebensfreude möchten gelebt werden.

Bis zur 3. Wandlung, also nach 2023, begleitet uns die Zahl **7**. Die Zahl 7 ist ein Sinnbild für Weisheit und Lebensfülle. Die Jahre mit disziplinierter und harter Arbeit liegen hinter uns. Wir konnten Ausgleich in viele Situationen bringen. Die Zahl 7 unterstützt uns nun dabei, uns auch mit dem Seelischen auseinanderzusetzen und bewusst den Weg nach innen zu gehen. Wir kommen vermehrt und intensiver mit Spirituellem, Philosophischem und Mystischem in Berührung.

Menschen, die im 20. Jahrhundert geboren wurden, haben meist einen längeren Zeitraum bis zur 1. Wandlung. Dazwischen fanden selbstverständlich auch besondere Erfahrungen statt.

Im Zuge des 21. Jahrhunderts, das viele für das beginnende neue Zeitalter halten, sind Wandlungen und Neuerungen stetig zu erwarten. Wir werden feststellen, dass z. B. mit dem Geburtsjahr 2003 die Wandlungen in einem schnelleren Rhythmus erfolgen, als bei der vorherigen Darstellung.

2003 Wir errechnen die Quersumme (2+0+0+3 = 5) und zählen diese zum Jahr 2003 dazu.

2008 – 1. Wandlung
Wir errechnen wieder die Quersumme (2+0+0+8 = 10) und zählen diese wieder dazu.

2018 – 2. Wandlung
Wir errechnen wieder die Quersumme (2+0+1+8 = 11) und zählen diese wieder dazu.

2029 – 3. Wandlung usw.

Wenn wir jetzt vergleichen, haben beide Geburtsjahre bis 2030 drei Wandlungen. Von 2003 bis 2030 erfolgen diese Veränderungen aber schneller aufeinander als von 1975 bis 2030. Entwicklungen gehen im 21. Jahrhundert wesentlich schneller vonstatten.

Der erste Abschnitt, von Geburt bis zur 1. Wandlung, wird von den Energien der Zahl **5**, geformt. Diese Kinder sind sehr kommunikativ, begabt, intelligent und auf eine persönliche Freiheit bedacht. Sie sind oft sehr verschmust und brauchen eine gewisse Ordnung und Struktur in ihrem Leben. Es ist wichtig, Ihnen Selbstvertrauen zu geben, ebenso einen geordneten Tagesablauf.

Der zweite Abschnitt, ab 2008 wird von der Zahl 10, also der **1**, begleitet. Es ist die Zahl der Neuanfänge. In diesem Beispiel ist das Kind nun 5 Jahre, meist steht in diesem Alter das letzte Kindergartenjahr an. Es ist ein Vorschulkind geworden. Neue Wege werden gegangen. Die Zahl 1 begleitet durch die Schulzeit. Die Kinder lernen immer wieder Neues, erleben und entdecken immer mehr. In diesem Alter »wissen« sie (meinen sie zu wissen), was sie können. Sie sind zielstrebig und bauen Selbstbewusstsein auf. Sie strotzen vor Ideen, Kraft, Elan und Ausdauer.

Im dritten Abschnitt, von 2018 bis 2030, werden die Kinder bzw. in diesem Fall die Jugendlichen auf dem Weg zum Erwachsenen von der Zahl 11 begleitet. Sie sind selbstbewusst, haben eine starke Willenskraft und sind auf der Suche nach dem Ich. Die Wahrheit über sich selbst, über die anderen und über das ganze Leben will gefunden werden. Diese Jugendlichen sind oft zurückhaltend, labil, launisch oder auch aggressiv. Bedingt durch den Schulstress und die Forderungen nach Leistung sind sie häufig sehr kopflastig. Bei der Zahl 11 wird aber immer wieder nach der Intuition verlangt.

Alles in der Schöpfung unterliegt dem Gesetz des Wandels
– das gilt auch für den Menschen.
Sathya Sai Baba (ind. Weisheitslehrer)

Sollten Sie sich schwer zurückerinnern, dann empfehlen wir Ihnen ein »Insichgehen« oder auch Gespräche mit Verwandten und Freunden. Viele Erinnerungen werden so wieder wach. Legen Sie sich z. B. ein schönes Buch als Jahres-Chronik an. Dort notierten Sie alle wichtigen Ereignisse und Begebenheiten, die in den vergangenen Jahren stattgefunden haben. So können Sie später immer wieder nachlesen, was in einem bestimmten Jahr geschah.

Buchstaben – Schlüsselthemen und Bedeutung

Wer zu lesen versteht, besitzt den Schlüssel zu großen Taten, zu unerträumten Möglichkeiten.
Aldous Huxley (britischer Schriftsteller)

Nachfolgend möchten wir Ihnen die wichtigsten Schlüsselthemen und Bedeutungen der einzelnen Buchstaben aufzeigen. Bereits *Hildegard von Bingen* hat sich zu ihrer Zeit mit Schriftsymbolen zu Heilzwecken beschäftigt. Ihr Motto war: »Das heilende Prinzip liegt in jedem Menschen selbst verborgen.«

Zudem haben wir für Sie **Buchstaben-Affirmationen** zusammengestellt. Affirmationen sind positiv formulierte Sätze. Sie bejahen das Leben und haben eine bestimmte Schwingung, die wir gerne in unser Leben einladen möchten. Affirmationen helfen uns dabei, unsere Zweifel zu transformieren, unsere ganze Aufmerksamkeit auf unsere Ziele zu lenken und unsere negativen Gedanken in positive zu wandeln.

Wichtig ist:

- Affirmationen positiv, lebensbejahend und in der Jetzt- und Ich-Form zu formulieren. Negative Worte wie »nicht« oder »kein« werden im Unterbewusstsein überhört. So wird rasch aus einem »Ich bin nicht krank« ein »Ich bin krank«. Richtig formuliert, sollte es heißen: »Ich bin gesund.«
- Sich die Zeit zu nehmen und mit Freude die Affirmation zu wiederholen. Körper, Seele und Geist speichern unsere Visionen, Wünsche und Träume. Durch die Wiederholung wird unser positiv gewählter Gedanke in unserem Bewusstsein vertieft.
- Die Wahrheit und die Kraft in der Affirmation zu spüren und mit unseren Gefühlen zu verbinden. Je mehr wir unsere Gedanken fühlen, desto schneller erfüllen sich unsere Visionen und Wünsche.

- Ideale Zeitpunkte zum Sprechen der Affirmation sind abends vor dem Einschlafen und morgens nach dem Aufstehen. So gelten unsere ersten und letzten Gedanken unseren Visionen und Zielen.

Informationsübertragung auf Wasser

Wir können die Speicherkraft und Formbarkeit von reinem Wasser dazu nutzen, um Heilungsimpulse, z. B. in Form von Affirmationen, auf den Körper zu übertragen. Die gewünschten Informationen gelangen so schnell in jede Zelle des Körpers.

Schreiben Sie dazu Ihre Buchstaben-Affirmation gut lesbar auf einen Zettel und nehmen Sie diesen in die linke (Sende-) Hand, und in der rechten (Empfänger-) Hand halten Sie ein Glas Wasser. Stellen Sie sich nun vor, wie die linke Hand die Information an die rechte weiterleitet. Sie spüren, wie die Energie der Affirmation über Ihr Herzzentrum in das Glas Wasser übergeht. Sobald Sie das Gefühl haben, dass das Wasser genügend energetisiert ist, können Sie es nun schluckweise trinken und es genießen.

Falls gewünscht, kann dieser Vorgang am nächsten Tag erneuert oder auch nach einigen Tagen mit einer neuen Affirmation wiederholt werden.

Informationsübertragung auf Edelsteine

Für die Informationsübertragung sind auch Edelsteine hervorragend geeignet, diese können wir nach der Energetisierung z. B. in der Hosentasche oder als Anhänger bei uns tragen. Intuitiv wissen oder spüren wir, welche Steine uns besonders zuträglich sind. Passend zu unserer Affirmation suchen wir uns einen Edelstein aus, z. B. Rosenquarz für: »Ich erkenne mit meinem Herzen und lebe die Liebe.«

Die Energetisierung erfolgt wie beim Wasser beschrieben, nur dass wir die Information auf unseren ausgewählten Stein übertragen. Wenn dieser genügend Energie aufgenommen hat, tragen wir ihn bei uns, gerne auch in der Nacht.

Für jede Affirmation benutzen wir einen neuen Stein.

Wenn wir unsere Ängste erkannt haben, sie uns bewusst geworden sind, dann haben wir bereits damit begonnen, sie zu überwinden. Wir benötigen Kreativität und Glück, um in den Ausgleich zu kommen. Jede Vision muss mit einem positiven Gefühl verbunden sein. Geben wir unsere Gedanken und Ziele nach oben und vertrauen wir darauf, dass es geschieht. Der Kosmos gibt uns das, wofür wir *jetzt* bereit sind, was wir *jetzt* brauchen. Wenn es für uns wichtig ist und zu unserem Seelenplan gehört, wird es zur richtigen Zeit kommen. Vertrauen wir unserem Glück.

Die Buchstaben von A bis Z

A

Schlüsselthemen:
- Selbstbestimmung und Selbstakzeptanz
- Im Einklang mit sich selbst und dem göttlichen Willen sein
- Für andere da sein und Zuverlässigkeit zeigen

Bedeutung:
+ Schöpferisch, tatkräftig, ehrgeizig, intelligent; anderen helfen, ihren Weg zu finden. Vorbild sein und über sich selbst bestimmen.
– Missionarischer Eifer, Machtstreben, Sucht nach Ruhm, egoistisch, intolerant, rechthaberisch, explosiv, fehlende Selbstkontrolle.

Affirmationen:
- Ich bin tolerant und lasse die Meinung anderer zu.
- Ich übernehme die Verantwortung für mein Leben.
- Ich bin ruhig und gelassen.

B

Schlüsselthemen:
- Diplomatisch auftreten – jede Medaille hat zwei Seiten
- Zuversicht und Vertrauen
- Mut und Stärke zeigen

Bedeutung:
+ Lernbegierig, diplomatisch, hilfsbereit, anpassungsfähig, phantasiereich; gibt Sicherheit und Hoffnung; mediale Begabung ist vorhanden.
– Ängste und Zweifel, wankelmütig, oft überfordert, schwache Widerstandskraft, nervös, empfindet Weltschmerz.

Affirmationen:
- Ich glaube an mich und meistere mein Leben.
- Ich bin mutig, kraftvoll und lebendig.
- Ich vertraue darauf, dass alles in meinem Leben Sinn hat.

C

Schlüsselthemen:
- Natürliche Begabungen und Ideenreichtum nutzen und leben
- Begeistert sein und Erfolg haben
- Überzeugungskraft und Ausdauer haben

Bedeutung:
+ Glücklich, vielseitig, erfolgreich, starke Überzeugungskraft, charismatische Ausstrahlung, Stärke und Gesundheit; hilft, die natürlichen Begabungen umzusetzen; unterstützt bei der Verwirklichung des eigenen Potentials.
– Fremdbestimmt, willenschwach, ziellos und bequem.

Affirmationen:
- Ich gehe mutig und entschlossen meinen Weg.
- Ich bin offen für das Glück, und Erfolg stellt sich ein.
- Meine Schöpferkraft ist grenzenlos.

D

Schlüsselthemen:
- Beständigkeit zeigen und optimistisch sein
- Das Ziel im Auge behalten
- Vertrauen in die Zukunft haben

Bedeutung:

+ Verhilft zu Geduld und Hoffnung, bietet die Fähigkeit, loslassen zu können und konzentriert seinen Aufgaben nachzugehen.

– Gefühl, nicht am richtigen Platz zu sein, Festhalten an alten, seelischen Verletzungen, ungeduldig, inkonsequent, verbittert, mutlos.

Affirmationen:
- Ich vertraue und glaube an die göttliche Führung.
- Ich bin geduldig und lasse Dinge wachsen.
- Ich tue, was mir Freude macht.

E

Schlüsselthemen:
- Verlässlich und diskret sein
- Selbstbewusstsein und Selbstausdruck
- Innere Stärke haben

Bedeutung:

+ Gibt Sicherheit, Urvertrauen und innere Stärke, ist begeisterungsfähig, mutig, scharfsinnig, reiselustig und hat Glück in der Liebe.

– Hat Komplexe, verzettelt sich gerne, ist misstrauisch, zaghaft, niedergeschlagen und passiv.

Affirmationen:
- Ich bin mir meines Selbstes bewusst.
- Ich bin zuverlässig, stark und glaube an mich.
- Ich schöpfe aus der göttlichen Fülle.

F

Schlüsselthemen:
- Spiritualität, Lebenskraft und göttliche Kommunikation pflegen
- Bedingungslose Liebe
- Mitgefühl haben

Bedeutung:

+ Liebe zum Leben und zur Schöpfung, Gottesliebe, schenkt Warmherzigkeit und Fürsorge, Humor und Gelassenheit.
– Will beachtet werden, hat Existenzängste, das Materielle führt zu Gier, Geiz, Völlerei, Angst und Unruhe.

Affirmationen:

- Ich erkenne mit meinem Herzen und lebe die Liebe.
- Ich finde in der Einfachheit das Wesentliche.
- Ich bin in meiner Mitte.

G

Schlüsselthemen:

- Aufgeschlossenheit und Toleranz
- Individualität und Intelligenz
- Strahlend und harmonisch durchs Leben gehen

Bedeutung:

+ Fördert Toleranz und geistige Wachheit, ist harmonieliebend, aufgeschlossen, aufmerksam, reaktionsschnell, künstlerisch und technisch begabt.
– Verständnislos, egoistisch, unmotiviert, apathisch, misstrauisch, hochmütig, stolz, lässt sich ausnutzen; Desinteresse am Leben.

Affirmationen:

- Ich bin erfüllt mit Leichtigkeit.
- Ich vertraue auf meine innere Führung.
- Ich bin im anderen und der andere ist in mir.

H

Schlüsselthemen:

- Immer stetig voran zum Licht
- Erkenntnis und Selbsterkenntnis
- Glücklich sein und lächeln

Bedeutung:

+ Bringt Bewusstseinserweiterung, Ausgeglichenheit und Hoffnung.
– Emotional, unbeherrscht, unglücklich, melancholisch, verzweifelt, verschwenderisch, traurig, oft zu streng, steckt zurück.

Affirmationen:

- Ich liebe das Leben und bekomme alles, was ich brauche.
- Ich bin beschützt auf allen Ebenen.
- Ich befreie die reine Kraft in mir und entdecke das Neue.

I

Schlüsselthemen:
- Humanität und Hilfsbereitschaft
- Gegensätzliches in Einklang bringen
- Entscheidungen treffen können

Bedeutung:
+ Beständig, unterstützend, vermittelnd, interessiert, wissbegierig, reiselustig, gefühlvoll, philosophisch begabt.
– Missmutig, unzufrieden, verbittert und instabil.

Affirmationen:
- Ich bin mit allem verbunden und im Gleichgewicht.
- Ich übernehme Verantwortung für mein Leben.
- In meinem Herzen vereine ich die Gegensätze.

J

Schlüsselthemen:
- Spontan sein und Initiative ergreifen
- Verantwortungsbewusst und erfolgreich sein
- Chancen nutzen

Bedeutung:
+ Gute Urteilskraft, innere Stärke haben, Beständigkeit zeigen, großherzig sein.
– Hartherzig, arrogant, dickköpfig, zornig, kontrollsüchtig.

Affirmationen:
- Ich bin Schöpfer meines Lebens.
- Ich bin voller Zuversicht und Stärke.
- Ich lasse meine veralteten Vorstellungen los und öffne Herz und Geist.

K

Schlüsselthemen:
- Aktivität und Lebendigkeit ausstrahlen
- Glaube, Hoffnung, Liebe
- Außersinnliche Fähigkeiten: hellsichtig, hellhörig…

Bedeutung:
+ Lässt vertrauensvoll und weitsichtig in die Zukunft blicken, schenkt die Bereitschaft loszulassen, ist physisch und moralisch stark, geistig aufgeweckt, kreativ, aktiv, siegreich.
– Ängste aller Art, neurotisch, arrogant, oberflächlich, oft langweilig.

Affirmationen:
- Ich erkenne meine Schatten und lasse meine Vergangenheit los.
- Ich interessiere mich aufrichtig für das Leben meiner Mitmenschen.
- Ich erkenne mein eigenes Licht und mache es sichtbar.

L

Schlüsselthemen:
- Ausdauer, Geduld und Toleranz leben
- Harmonie
- Zufriedenheit

Bedeutung:
+ Gelassen, tolerant, demütig, erfolgreich, lebenslustig, ausdauernd.
– Frustriert, unzufrieden, gereizt, überheblich und kopflastig.

Affirmationen:
- Ich bin tolerant und großherzig.
- Ich bin bereit für das Glück.
- Ich genieße mein Leben.

M

Schlüsselthemen:
- Stärke und Kraft
- Gleichgewicht finden und Balance halten
- Wandlung

Bedeutung:
+ Fleißig, ordnungsliebend, schnell denkend, rednerisches Talent, schützt und zentriert in allen Lebenslagen.
– Einsam, verklemmt, impulsiv, kopflastig, Stillstand, der keine Veränderungen zulässt.

Affirmationen:
- Ich ruhe in mir und bin in meiner Mitte.
- Ich handle und gebe mein Bestes.
- Ich aktiviere mein Lebensziel und erfülle meine Lebensaufgabe.

N

Schlüsselthemen:
- Standhaft bleiben und die eigenen Ziele verwirklichen
- Entschlossenheit und Durchsetzungskraft
- Urvertrauen ins Leben haben

Bedeutung:
+ Phantasievoll, erfinderisch, kontaktfreudig, vital, fördert Durchsetzungskraft und die Fähigkeit, die eigenen Ziele zu verwirklichen.
– Überfordert, leicht beeinflussbar, zerstreut, unbeständig, pessimistisch und konzentrationsschwach.

Affirmationen:
- Ich bin zentriert und bleibe auf dem Boden der Tatsachen.
- Ich bleibe im Gleichgewicht.
- Ich behalte mein Ziel vor Augen.

O

Schlüsselthemen:
- Freude am Leben
- Vertrauen in die eigenen Fähigkeiten
- Mut, eigene Bedürfnisse zu äußern

Bedeutung:

+ Sinnlich, klug, weise, diskret, vertrauenswürdig, aktiviert den Mut, das eigene Potential auszuleben.

– Furcht vor Disharmonie auf allen Ebenen. Übermäßige Rücksichtnahme auf andere, unausgeglichen, depressiv.

Affirmationen:
- Ich bin lebendig und gesund.
- Ich akzeptiere meine Mitmenschen, wie sie sind.
- Ich bin mir meiner Verantwortung bewusst.

P

Schlüsselthemen:
- Selbst- und Nächstenliebe
- Warmherzigkeit und Freundlichkeit
- Veränderungen

Bedeutung:

+ Ehrgeizig, wissbegierig, dynamisch, ehrlich, aufrichtig, regt die Fähigkeit zu lieben an, lässt in der Gegenwart leben.

– Griesgrämig, stur, eifersüchtig, impulsiv, begünstigt Ängste vor Krankheiten, scheut öffentliche Auftritte.

Affirmationen:
- Ich vergebe mir und anderen.
- Ich glaube an mich und meinen Erfolg.
- Ich lasse Liebe zu und gebe sie weiter.

Q

Schlüsselthemen:
- Beliebt sein und gute Freude haben
- Tolerant und friedfertig
- Materielles ins Gleichgewicht bringen

Bedeutung:

+ Charmant, intuitiv, genügsam, gelassen, Wohlgefühl und Bescheidenheit, Schwierigkeiten werden schnell gemeistert.

– Unzufrieden, maßlos, streitsüchtig, gierig, hab- und genusssüchtig.

Affirmationen:
- Erfolg auf allen Ebenen begleitet mich.

- Ich ernte hundertfach, was ich für andere säe.
- Ich verwirkliche meine Herzenswünsche.

R

Schlüsselthemen:
- Das richtige Maß finden
- Gelassenheit
- Starke Vorstellungskraft

Bedeutung:
+ Romantisch, fröhlich und beweglich; gesunder Ehrgeiz, Hoffnung und Vertrauen.
– Träumerisch, unlogisch, genusssüchtig, launisch, ziellos; dreht sich – wie das Blatt im Wind – mal in die eine und dann in die andere Richtung.

Affirmationen:
- Ich bin sanftmütig und gelassen.
- Ich bin voller Fröhlichkeit und Lebensfreude.
- Ich nehme die Herausforderungen meines Lebens an.

S

Schlüsselthemen:
- Eigene Anerkennung führt zum Erfolg
- Kreativität entfalten
- Ordnung bringt Heilung

Bedeutung:
+ Zufrieden, ideenreich, starker Wille, schafft Zugang zu innerem Wissen, bringt Freude an Aktivitäten.
– Verwirrt, orientierungslos, inkonsequent, kritisch, bedrückt, übermütig.

Affirmationen:
- Ich nutze meine Chancen, und alles Positive fließt mir zu.
- Ich vertrete selbstbewusst meine Meinung.
- Ich umarme mein »Inneres Kind«.

T

Schlüsselthemen:
- Konsequent und voller Inspiration seinen Weg gehen
- Eigene Stärken erkennen
- Durchhaltevermögen zeigen

Bedeutung:
+ Ausdauernd, intuitiv, sensibel, originell und erfinderisch; hilft beim Loslassen von einengenden Dogmen und Verhaltensmustern.
– Bequem, missmutig, leicht entmutigt, fühlt sich minderwertig, kontrollsüchtig.

Affirmationen:
- Ich bin frei von alten Vorgaben, Glaubenssätzen und Wertvorstellungen.
- Ich bin stets freundlich und hilfsbereit.
- Ich öffne mich der wahren Liebe und lasse sie in meine Beziehungen einfließen.

U

Schlüsselthemen:
- Innere Freiheit und Unabhängigkeit
- Selbstliebe und Selbstakzeptanz
- Beständigkeit zeigen

Bedeutung:

\+ Tolerant, selbstlos, strahlt Stärke und innere Sicherheit aus, ermöglicht viele gute Chancen im Leben und verhilft zum Erfolg.

– Versagensängste, Strenge und Perfektionismus.

Affirmationen:
- Ich nehme mich an, so wie ich bin, und bleibe mir selbst treu.
- Ich setze um, was ich für wichtig und richtig halte.
- Ich folge dem Ruf meines Herzens.

V

Schlüsselthemen:
- Neue Begabungen und Talente erschließen
- Ausdauer und Durchhaltevermögen zeigen
- Über seinen eigenen Schatten springen

Bedeutung:

\+ Ebnet den Weg für Harmonie und Ästhetik im Leben, unterstützt die Verwirklichung von Ideen, hat viele Talente, starke moralische Grundsätze und Glück in der Liebe.

– Passiv, machtgierig, konservativ, angespannt, Auseinandersetzung mit finanziellen Themen.

Affirmationen:
- Ich wachse über mich selbst hinaus.
- Ich erwecke meine Schöpferkraft.
- Ich lasse unzeitgemäße moralische Richtlinien los.

W

Schlüsselthemen:
- Chancen wahrnehmen und nutzen
- Entschlossenheit zeigen
- Illusionen erkennen

Bedeutung:
+ Bringt Bewegung und Mystik ins Leben, lässt den Lebenssinn erkennen, philosophisch, intelligent, hat Selbstdisziplin und eine positive Mächtigkeit.
– Verliert sich selbst, rebellisch, eigenwillig, zu vertrauensselig, unrealistisch.

Affirmationen:
- Ich nehme mir die Zeit, die ich für mich brauche.
- Ich akzeptiere mich, wie ich bin.
- Ich erneuere mein Leben.

X

Schlüsselthemen:
- Offen für Menschen sein und Kontakte pflegen
- Begrenzungen auflösen, Gegensätze verbinden
- An sich selbst glauben

Bedeutung:
+ Verantwortungsbewusst, gerecht, aufrichtig, gibt Sicherheit und Geborgenheit, Autoritätsperson.
– Ungerecht, konservativ, abweisend, oberflächlich, triebhaft.

Affirmationen:
- Ich lasse Nähe zu.
- Ich gebe, und mir wird gegeben.
- Ich verbinde mich mit Mutter Erde und den hohen Ebenen des Lichts.

Y

Schlüsselthemen:
- Sich für das Spirituelle öffnen
- Mit der göttlichen Quelle verbunden sein
- Weisheit erlangen

Bedeutung:
+ Zufriedenheit, Liebe, Freude, Vertrauen, Klarheit, lässt Fülle zu, hat künstlerische Begabung, intuitiv und medial veranlagt.
– Anspannung, Traurigkeit, Enttäuschung, mangelnde Erdung, schwer durchschaubar, fühlt sich unverstanden und einsam.

Affirmationen:
- In der Stille finde ich das Wissen, das ich brauche.
- Ich realisiere meine Vorhaben.
- Ich vertraue auf die göttliche Führung.

Z

Schlüsselthemen:
- Überzeugungskraft, Motivation, Mut
- Neue Wege gehen und Veränderungen zulassen
- Vertrauen in die eigenen Fähigkeiten

Bedeutung:
+ Kämpft für Ideale, strahlt Vitalität aus, hat eine schnelle Auffassungsgabe, ist gelassen und ausgewogen.
– Pessimistisch, konservativ, unflexibel, verbittert, hat Angst vor vielem.

Affirmationen:
- Ich bin optimistisch und erlaube mir, dass Änderungen in meinem Leben stattfinden.
- Ich bin dankbar für jede neue Erfahrung.
- Ich weiß, dass das Leben mir das Beste schenkt.

Wandeln Sie die Minus-Energien, streichen Sie diese bewusst aus Ihren Gedanken. Leben Sie die positiven Bedeutungen Ihrer persönlichen Buchstaben.

Glück entsteht durch Aufmerksamkeit in kleinen Dingen,
Unglück oft durch Vernachlässigung kleiner Dinge.
Wilhelm Busch (deutscher Dichter und Zeichner)

Schlüsselthemen unserer Namen

Alles Wissen besteht in einer sicheren und klaren Erkenntnis.
René Descartes (französischer Schriftsteller und Philosoph)

Mit dem vorhergehenden Kapitel »Buchstaben-Schlüsselthemen und Bedeutung« können Sie sich z. B. mit Ihrem Namen ein eigenes Blatt oder Bild gestalten. Ich habe meinen Namen an eine gut sichtbare Stelle in meiner Wohnung gehängt, und immer wenn ich daran vorbeigehe, sehe ich die Schlüsselthemen meines Namens und kann diese dadurch immer wieder verinnerlichen:

S Eigene Anerkennung führt zum Erfolg
A Selbstbestimmung und Selbstakzeptanz
B Diplomatisch auftreten – jede Medaille hat zwei Seiten
I Entscheidungen treffen können
N Standhaft bleiben und die eigenen Ziele verwirklichen
E Selbstbewusstsein und Selbstausdruck

S Kreativität entfalten
C Natürliche Begabungen und Ideenreichtum nutzen und leben
H Glücklich sein und lächeln
I Gegensätzliches in Einklang bringen
E Innere Stärke haben
F Spiritualität, Lebenskraft und göttliche Kommunikation pflegen
E Verlässlichkeit und Diskretion zeigen
R Gelassenheit
L Ausdauer, Geduld und Toleranz leben
E Selbstbewusstsein und Selbstausdruck

Oder Sie können die Buchstaben Ihres Namens mit Affirmationen versehen und diese wie im vorangegangen Kapitel energetisieren.

E Ich bin mir meines Selbstes bewusst.
D Ich vertraue und glaube an die göttliche Führung.
I Ich bin mit allem verbunden und bleibe im Gleichgewicht.
T Ich bin stets freundlich und hilfsbereit.
H Ich liebe das Leben und bekomme alles, was ich brauche.
A Ich bin ruhig und gelassen.

W Ich nehme mir die Zeit, die ich für mich brauche.
U Ich setze um, was ich für wichtig und richtig halte.
E Ich schöpfe aus der göttlichen Fülle.
S Ich nutze meine Chancen, und alles Positive fließt mir zu.
T Ich bin frei von alten Vorgaben, Glaubenssätzen und Wertvorstellungen.

Kinder in der Numerologie

Jedes Kind ist ein Abenteuer, das uns in ein besseres Leben führt – eine Chance, das alte Muster zu ändern und ein neues daraus zu machen.
HUBERT H. HUMPHREY (US-POLITIKER)

Lernen Sie mit Hilfe der Numerologie, Ihr Kind besser kennen und verstehen. Wir, als Eltern sollten Vorbild für sie sein und ihnen Unterstützung in der Entwicklung ihrer mitgebrachten Anlagen und Fähigkeiten geben können. Kinder sind Helfer in dieser neuen Zeit und mit der spirituellen Welt noch verbunden. Sie hören intuitiv auf ihre innere Stimme, nehmen und finden ganz unbewusst den für sie richtigen Weg.

Wenn wir selbst spielerisch den Umgang mit Energie üben, unsere Sinne trainieren, Stimmungen fühlen und auf unsere Intuition hören, dann übernehmen unsere Kinder fast schon automatisch diese Fähigkeiten. Unsere Aufgabe ist es, die Liebe und die Vollkommenheit der göttlichen Schöpfung zu fördern und umzusetzen. Heil werden, heißt in bedingungsloser Liebe, aus unserem Herzen heraus zu leben, zu verzeihen und zu vergeben. Wir müssen lernen sowohl unsere weiblichen, als auch unsere männlichen Anteile gleichermaßen zu entwickeln und sie in uns zu verbinden, um so die Polarität zu meistern.

Menschen und Völker würden dann in Harmonie zusammen wachsen und in Freundschaft, Achtung und gegenseitiger Förderung leben. Unseren Kindern sollten wir eine Basis bieten, damit diese sich frei und ihren Talenten entsprechend entfalten können. Disziplin muss im Leben auch geübt werden und ist für das spätere Leben sehr wichtig, deshalb müssen sie lernen, Regeln einzuhalten. Wir als Erwachsene haben die Möglichkeit, ihnen Werte vorzuleben, ohne sie in ihrer eigenen Entfaltung zu hindern. Bereits *Dr. Edward Bach* sagte: »Es sei daran erinnert, dass das Kind, dessen zeitweiliger Beschützer wir sind, eine viel ältere und größere Seele sein kann als wir selbst, dass es spirituell vielleicht sogar über uns steht, so dass Kontrolle auf die Bedürfnisse der jungen Persönlichkeit begrenzt werden sollte.«

Anlagen wie Durchsetzungsfähigkeit, selbstständiges Handeln, eigene Erfahrungen sammeln und ein eigenes Vorstellungsvermögen auszubilden steht unseren Kindern zu. Viele haben zu Hause Aggressionen und Wut, Süchte und Abhängigkeiten, Lieblosigkeit, Neid und Missgunst erlebt. Eltern und Großeltern können und konnten uns in Bereichen wie z. B. Liebe, Harmonie, Kommunikation, Selbstverwirklichung, Freiheit nicht immer als Vorbilder dienen. Bedenken wir, dass unsere Eltern und Großeltern zu einer ganz anderen Zeit aufgewachsenen sind. Teilweise haben sie einen oder sogar beide Weltkriege miterlebt. So waren in den vorangegangen Generationen ganz andere Werte und Dinge wichtig.

Ebenso hindern Ängste, Unbewusstheit, Geld- und Beziehungsprobleme Eltern an der freien Erziehung ihrer Kinder. Von unserer Sippschaft übernehmen wir oft deren religiöse, politische oder andere verschiedene Überzeugungen. Wir kopieren ihr Modell einer Partnerschaft oder entscheiden uns für das krasse Gegenteil. Es ist deshalb unsere Aufgabe, unsere nicht ausgebildeten Talente und Begabungen, die wir durch die Numerologie errechnen können, zu erkennen und zu entwickeln und eigene Überzeugungen und eigene Wahrheiten zu finden. Dies sollten wir als kreativen Teil auf unserem Schicksalsweg sehen!

Namenszahlen für Kinder

Zur Erinnerung: Die Namenszahl des Kindes errechnen Sie mit Hilfe der Tabelle aus der Quersumme aller in Zahlen umgewandelten Buchstaben des Namens.

Die Nr. 1

Bereits als Baby sichern sich 1er-Kinder die volle Aufmerksamkeit. Sie sind schnell mobil und selbständig. 1er-Kinder sind mit sehr viel Selbstvertrauen und Führungsqualität ausgestattet. Frühzeitig entwickeln sie ihre eigene Meinung und vertreten diese auch vehement. Sie legen viel Wert auf einen persönlichen Bereich und haben deshalb auch vorzugsweise ein eigenes Kinderzimmer, gerne mit einem Schild »Eintritt verboten«.

In der Schule wird das Kind nicht nur Klassensprecher, sondern meist auch Schulsprecher werden. Ehrgeizig, wie dieses Kind ist, möchte es natürlich überall auf dem ersten Platz stehen; muss es sich aber mit dem zweiten begnügen, dann braucht es Trost und moralische Unterstützung.

Tip für die Eltern: 1er-Kinder sind schlechte Verlierer und können mit Kritik nicht gut umgehen. Sie müssen lernen, dass sie nicht der Mittelpunkt des Universums sind. Zeigen Sie ihrem Kind, dass es auch geliebt wird, wenn es Fehler gemacht hat. Unterstützen Sie bei Ihrem Kind seine Stärke und Einzigartigkeit. Erkennen Sie seine Entschlossenheit und seinen Pioniergeist an.

Die friedliebende 2

2er-Kinder haben ein freundliches Wesen, lieben Harmonie, sind rücksichtsvoll, anpassungsfähig und friedliebend. Sie reagieren stark auf Streitereien und Spannungen in der Familie und helfen oft dem vermeintlich Schwächeren. 2er versuchen immer, ihr Bestes zu geben, denn sie möchten niemanden enttäuschen. Sie sind bei allen gerne gesehen, haben einen großen Freundeskreis, aber meist nur einen besten Freund. Ihr Wissensdurst ist groß. 2er sind in der Schule und bei den Lehrern sehr beliebt, da sie immer fleißig, aufmerksam und folgsam sind. Diese Kinder lieben es, zu malen und zu basteln. Sie haben meist ein gutes Verhältnis zu den Großeltern.

Tip für die Eltern: 2er-Kinder sind sehr sensibel und empfindsam und suchen deshalb oft Hilfe vor Rabauken und Lärmmachern. Es ist wichtig, diesen empfänglichen Kindern zeitig Sicherheit zu geben und sie zu lehren, wie sie sich selbst einen Schutz aufbauen können.

2er-Kinder verarbeiten viele Eindrücke über ihre künstlerischen Interessen. Bereits frühzeitig wissen sie, welches Instrument sie spielen wollen. Ermutigen Sie Ihr Kind, seinen Hobbys und kreativen und musischen Vorlieben nachzugehen.

Die bezaubernde 3

3er-Kinder haben ein offenes, unwiderstehliches und bezauberndes Wesen und ziehen jeden mit ihrer fröhlichen Art in den Bann. Sie stecken voller Überraschungen und sind stets für einen Streich aufgelegt. 3er-Kinder sind immer offen für Neues, zeigen vielfältige Talente und Interessen. Sie lächeln viel, gehen offen auf andere zu, reden und erzählen über alles, was ihnen in den Sinn kommt. Schon früh lernen sie, zu kokettieren, und wickeln jeden in ihrer Umgebung um den kleinen Finger. 3er-Kinder können sich aus allen Problemen herausreden und finden für alles eine Entschuldigung.

Tip für die Eltern: 3er-Kinder sind meist unruhig und undiszipliniert. Als Schüler vergessen sie u. a. häufig ihre Hausaufgaben, oder sie hören unbewusst, weil in Gedanken versunken, mittendrin auf, die Spülmaschine auszuräumen und gehen anderen Dingen nach. 3er sollten Disziplin üben, lernen bei einer Sache zu bleiben und diese auch zu vollenden. Bleiben Sie als Eltern flexibel und üben Sie sich in Geduld. Unterstützen Sie bei Ihrem Kind Kreativität und Phantasie und helfen Sie ihm dabei, seine wahre Begabung zu finden. So kann es sein volles Potential entfalten und Außergewöhnliches leisten.

Die fleißige 4

Für 4er-Kinder sind ein geregelter Tagesablauf, Traditionen und gleichbleibende Rituale das Wichtigste. Sie lieben Ordnung, und alles muss seinen festen Platz haben. Die Hausaufgaben werden gewissenhaft erledigt, und sie erscheinen auch pünktlich zu Verabredungen oder Turnstunden. 4er-Kindern führen alle aufgetragenen Arbeiten, wie einkaufen gehen, das Zimmer aufräumen oder Müll rausbringen, zuverlässig aus. Sie arbeiten gerne mit den Händen, denn sie sind sehr fingerfertig, motorisch und praktisch veranlagt. Sie basteln, töpfern und schnitzen gerne. Sie beschäftigen sich auch alleine, lieben Bausteine und Puzzle. Kinder mit der Namenszahl 4 sind sehr fleißig und übernehmen schon früh Arbeiten im Haushalt oder gehen mit Nachbars Hunden Gassi und freuen sich über ein Trinkgeld. Dieses wird aber nicht sinnlos ausgegeben, nein, es wird gespart. Sie lieben es, im Garten ihr eigenes Beet zu haben und dort Gemüse oder Blumen anzupflanzen. In der Schule sind 4er-Kinder sehr zielstrebig, üben viel, damit sich ihre Leistungen weiter verbessern und nehmen an Schulprojekten oder Zusatzkursen teil.

Tip für die Eltern: 4er-Kinder können auch eigensinnig sein und neigen zu Wutausbrüchen. Bleiben Sie stark und lassen Sie nicht alles durchgehen. Achten Sie als Eltern darauf, dass sich Ihr Kind nicht überfordert, oder gar pedantisch und kleinlich wird. Helfen Sie mit, dass es aufgeschlossen und flexibel bleibt.

Die neugierige 5

Die kleinen 5er leben mit ihren 5 Sinnen und möchten alles berühren, riechen und schmecken. Sie beobachten lebhaft und neugierig ihre Umgebung. Ihnen entgeht nichts. 5er lieben spontane Unternehmungen, sind sehr aktiv und experimentierfreudig. Ihr großer Forschertrieb lässt sie immer wieder Neues entdecken. Man möchte meinen, das Wort »Warum« sei von 5er-Kindern erfunden worden, jedes Thema wird hinterfragt und genau erörtert. 5er sind mutig, gerne in Bewegung und mögen Sportarten, die Schnelligkeit und ein gewisses Risiko beinhalten. Bewegung ist ein gutes Ventil für die enorme Energie, die die 5 hat. Ruhelos und neugierig fordern 5er Ihre Lehrer immer wieder aufs Neue heraus. Sie stellen viele Fragen, lenken gerne vom Thema ab, dennoch sind sie in der Schule allseits beliebt. Wenn etwas nicht nach ihrem Kopf geht, reagieren 5er-Kinder schnell starrköpfig und widerspenstig.

Tip für die Eltern: 5er-Kindern fehlt es oft an Durchhaltevermögen, und sie würden sich viel lieber immer wieder Neuem zuwenden. Als Eltern müssen Sie Ihr Kind bei Kursen, Projekten und Aufgaben unterstützen und motivieren. Lernen Sie als Erwachsener, es zu tolerieren, dass 5er-Kinder zwei Sachen auf einmal machen können, wie z. B. Vokabeln lernen bei lauter Musik oder gleichzeitig lesen und Fernsehschauen. Kaufen Sie Ihrem Sprössling nicht zu viele Spielsachen, denn sie werden sich nicht lange damit beschäftigen. Bei diesem Kind wird Ihnen sicher nicht langweilig, freuen Sie sich darauf, jeden Tag Neues und Aufregendes kennenzulernen.

Die hilfsbereite 6

6er-Kinder sind sehr harmoniebedürftig und fühlen sich im Kreis der Familie am wohlsten. Sie sind oft kleine Hausmütterchen, helfen eifrig im Haushalt, backen gerne, schneiden Gemüse und üben sich schon früh im Kochen. 6er lieben ihre Geschwister, teilen mit ihnen, freuen sich über Familienfeste oder Verwandtenbesuche und überraschen die Familie am Sonntagmorgen mit einem gedeckten Frühstückstisch. Sie sind bereits als Kleinkinder sehr fürsorglich, aufmerksam, zuvorkommend, gerecht und fair. Im Kindergarten kümmern sie sich darum, dass sich die anderen Kinder fertig anziehen und binden ihnen die Schuhe, ehe sie selbst fertig sind. 6er passen gerne auf ihre Geschwister auf, beschützen auf dem Spielplatz andere Kinder und pflegen den kranken Vogel, bis er wieder gesund ist. Sie sind begeisterte Schmuser und lächeln viel. 6er-Kinder sind höflich, brav, überall beliebt und schreiben vorzugsweise gute Noten. Sie besitzen Teamgeist, haben viele Freunde und laden diese zum Übernachten nach Hause ein.

Tip für die Eltern: 6-Kinder sind sehr verständnisvoll, deshalb kann man ihnen viel erklären, solange es einleuchtend ist. Auftauchende Disharmonien und Spannungen im Umfeld spüren 6er sehr schnell und reagieren darauf mit Weinen und Trotz. Diese Kinder vermeiden jegliche Kritik, tun alles, um geliebt zu werden, und wollen deshalb perfekt sein. Zeigen Sie Ihrem Kind, dass es auch mit Fehlern und Schwächen geliebt wird. Unterstützen Sie Ihr Kind dabei, dass es ohne schlechtes Gewissen genügend Zeit zum Spielen, Singen oder Musizieren hat.

Die wissbegierige 7

7er-Kinder sind mit sich und der Welt zufrieden. Sie ziehen sich gerne zurück, möchten nicht gestört werden und widmen sich ganz vertieft ihrem Spiel. Sie brauchen nicht viele Freunde, mit einem guten Gefährten sind sie vollkommen zufrieden, denn sie sind gerne alleine. 7er sind sehr interessiert, beobachten gut und besitzen einen fast schon analytischen Verstand. Sie wissen, was sie tun, planen voraus, beenden Angefangenes und lassen sich durch nichts und niemanden beeinflussen. 7er-Kinder sind wissbegierig und zeigen schon früh Interesse an Fremdsprachen und Büchern. Sie können meist schon schreiben und lesen, bevor sie in die Schule kommen. 7er-Kinder schmökern gerne, weil sie sich dann in ihre Welt zurückziehen und ihren Gedanken nachgehen können. Man findet sie auch viel im Garten und der Natur. Sie pflücken Blumen und verschenken diese weiter, damit sich auch andere daran erfreuen können. Bereits als Kleinkinder achten 7er auf sich und ihre Kleidung. Sie pflegen ihr Eigentum, verleihen deshalb auch nur ungern ihre Bücher.

Tip für die Eltern: 7er-Kinder träumen gerne vor sich hin. Achten Sie darauf, dass Ihr 7er-Kind sich immer wieder einmal erdet. Lassen Sie es mit Erde oder Sand spielen, barfuß laufen, einen Baum umarmen, Wurzelgemüse essen oder die Farbe Rot visualisieren. Wir empfehlen hier als Edelstein das »Versteinerte Holz«. Als Eltern müssen Sie eine gute Strategie haben, vorbereitet und motiviert sein, damit Sie Ihrem Kind gerecht werden. 7er-Kinder beantworten nur ungern

Fragen und lassen sich auch nicht gerne Befehle erteilen. Vertrauen Sie Ihrem Kind, denn es weiß meist, was es tut.

Die erfolgreiche 8

8er-Kinder stehen gerne an erster Stelle und halten ihre Umgebung in ständiger Bewegung. Sie gründen Banden und Clubs und sind natürlich die Anführer. Sie pflücken Wiesenblumen, um sie Nachbarn zu verkaufen, lassen (Freunde) für sich arbeiten, verkaufen schon früh auf dem Flohmarkt, feilschen und handeln. Monopoly ist ihr Lieblingsspiel. 8er geben viel dafür, Anerkennung und Aufmerksamkeit zu bekommen. Mit guten Manieren, Charme und einem unwiderstehlichen Lächeln schaffen es diese Kinder, dass alle in ihrer Umgebung genau das tun, was sie möchten. In Mannschaftssportarten sind die 8er Kapitän oder Gruppenführer. Sie lieben es, zu gewinnen, und schmücken sich gerne mit Pokalen und Siegerurkunden. Einmaleins, Rechnungswesen oder Buchführung sind die Lieblingsfächer der 8er-Kinder. Schon früh entwickeln diese auch ein effizientes System der Ordnung, denn der Tag ist viel zu kurz, um ihn mit Suchen zu vergeuden.

Tip für die Eltern: 8er-Kinder lieben Statussymbole, Markenkleidung und haben immer die neuesten Handys. Ein Fahrrad vom Discounter? Das Teure ist gerade gut genug. *Acht*en Sie darauf, einen goldenen Mittelweg zu finden und Ihre 8er-Kinder nicht mit Materiellem zu überhäufen. Bei Stress, z. B. wenn viele Schulaufgaben zu bewältigen sind, sollte darauf geachtet werden, dass sich 8er-Kinder nicht mit Süßigkeiten ablenken oder damit belohnen.

Die friedensstiftende 9

9er-Kinder sind wegen ihrer Freundlichkeit und Großzügigkeit überall beliebt und gerne gesehen. Sie sind aktiv, kontaktfreudig und haben viele Freunde, die sie am liebsten zu sich nach Hause einladen. 9er teilen gerne mit anderen und verschenken auch einmal das ein oder andere Spielzeug, weil es die beste Freundin glücklich macht. Uneigennützig und idealistisch, wie sie sind, wollen 9er die Welt ein Stückchen besser machen. Sie schenken ihre Zeit jedem, der Hilfe braucht, und spenden ihr Taschengeld für Arme und Obdachlose, kaufen für kranke Nachbarn ein, nehmen aus reinem Mitgefühl herrenlose Tiere zu sich nach Hause mit und mähen bei der Oma den Rasen. 9er Kinder sind tolerant, mitfühlend, können gut motivieren und schwächere Mitschüler unterstützen, indem sie ihnen Nachhilfe geben. 9er sind bei den Lehrern für ihre höfliche und aufmerksame Art sehr beliebt. Streit wird von 9ern schnell geschlichtet, denn sie fühlen sich am wohlsten, wenn alle gut miteinander auskommen.

Tip für die Eltern: 9er-Kinder reagieren häufig sehr emotional und impulsiv auf Ungerechtigkeiten. Diese ungestümen Ausbrüche bringen sie immer wieder in Schwierigkeiten. 9er-Kinder sind oft launisch, gereizt und empfindlich. Als Eltern sollten Sie selbst ausgeglichen sein, um Ihr Kind dabei zu unterstützen, ruhiger und überlegter zu agieren. 9er-Kinder sind geborene Globetrotter, sie wollen die Welt entdecken und Neues erleben. Zeigen Sie Ihrem Kind andere Kulturen und lassen Sie es Sprachen lernen, damit es international mitmischen kann.

Ortsnamenszahlen

Der Mensch kann wohl die höchsten Gipfel erreichen,
aber verweilen kann er dort nicht lange.
GEORG BERNARD SHAW (IRISCHER DRAMATIKER)

Jeder Wirkungsbereich hat eine gewisse Schwingung, mit der wir in Resonanz treten können. Wir haben uns für diesen Lebensweg, diese Inkarnation, ein bestimmtes Land und eine bestimmte Kultur entschieden, die uns einen optimalen Rahmen zur Entwicklung bieten. Das, was wir z. B. im Urlaub als landestypisch empfinden, ist die Schwingung eines Volkes oder Landes.

Unser persönliches Glück im beruflichen oder privaten Bereich hängt auch davon ab, in welcher Stadt wir wohnen und arbeiten. Es ist ein Unterschied, ob wir in Augsburg, Berlin, München oder in Schick, Schlecht oder Leckerfeld wohnen. Die Berechnung der Namenszahl unserer Straße und der Hausnummer können uns mehr über unser Zuhause und unsere Nachbarschaft verraten. Fühlen wir uns wohl, dann passen sicher auch die Zahlen der Straße und der Hausnummer gut zu unserer Namens- und Schicksalszahl. Wenn nicht, dann überlegen wir, welche Bedeutung in der Quersumme der Straße für uns steckt. Wir können auch Vororte, Haus- und Hofnamen berechnen.

In früheren Jahrhunderten lebten wir vorwiegend an einem Ort. Im Zeitalter des Umbruchs, des Wandels und der steten Neuerungen verändern sich auch unsere persönlichen Werte – das, was uns wichtig ist. Die Konsequenz daraus kann zum Beispiel ein Orts- oder Firmenwechsel sein. Wir haben die Möglichkeit, diesen weitreichenden Schritt vorab mit einer Berechnung zu analysieren. Selbst Urlaubsländer können wir in der jeweiligen Landessprache, berechnen, z. B. Espana für Spanien, Italia für Italien, France für Frankreich usw.

Länder und Orte haben über Jahrhunderte hinweg ihre Eigenarten, z. B. die südländische, relaxte oder die deutsche, disziplinierte Mentalität, entwickelt und besitzen daher gewisse Grundschwingungen. Die Frage, die wir uns stellen, ist:

»*Wie passe ich zu und an diesen Ort?*«.

Die Berechnung erfolgt über die Namenszahl der jeweiligen Stadt, der Straße oder des Landes.

E	U	R	O	P	A
5	3	9	6	7	1

5+3+9+6+7+1 = 31
3 + 1 = 4
Landeszahl: 31/4

Die Zahl 4 symbolisiert die Welt.

Die Themen der 31/4 sind unter anderem Stabilität, Verwirklichung und Entschlossenheit. Das Ziel ist es, Europa zu vereinigen, dafür benötigt man Ausdauer, Disziplin und Konzentration. Gute Politiker müssen mit gesundem Menschenverstand Ideen realisieren und die Verantwortung dafür übernehmen. Es muss überlegt werden, welche Staaten in die Gemeinschaft aufgenommen werden können, damit ein Gleichgewicht besteht und die europäische Währung stabil bleibt. Alle Glaubenssysteme müssen wertfrei, Frauen auf allen Ebenen erfolgreich, Rücksichtnahme auf schwächere Staaten gewährleistet sein. Europa hat durch den Europarat und später noch durch den Europäischen Rat eine feste Struktur auf unserem Kontinent eingeführt. Dazu gehören auch Gesetze und Richtlinien, wirtschaftliche und finanzielle Auflagen. Die äußere wie die innere Ordnung sind wichtig.

Der Sinn für Kunst und Ästhetik ist in ganz Europa spürbar. Es gibt sehr viele Theater, Galerien und Museen, Burgen und Schlösser, viele Naturparks, Flüsse, Seen und Wälder.

Wir blicken noch etwas tiefer und nehmen noch die Zahl 31 in die Analyse mit auf. Die 31 hat eine hochspirituelle Bedeutung. Sie steht für Selbstverwirklichung, Selbständigkeit, Kooperationsbereitschaft, den Weg zum Erfolg und die Balance, zur Einigkeit zu kommen. Das Team (Zahl 3) und das Ich (Zahl 1) kommen zusammen. Die Wünsche und Ziele von Europa können sich so verwirklichen. Wichtig dafür sind: Disziplin und Geduld.

B	U	N	D	E	S	R	E	P	U	B	L	I	K		D	E	U	T	S	C	H	L	A	N	D
2	3	5	4	5	1	9	5	7	3	2	3	9	2		4	5	3	2	1	3	8	3	1	5	4

2+3+5+4+5+1+9+5+7+3+2+3+9+2+4+5+3+2+1+3+8+3+1+5+4 = 99
9+9 = 18
1+8 = 9
Landeszahl : 18/9

Die Zahl 18/9 als Namenszahl zeigt uns hier, dass wir Altes abschließen und uns für einen Neubeginn bereitmachen. Energie und Schwung zeigte sich ganz enorm in den Nachkriegsjahren. Unter den Bewohnern dieses Landes finden sich immer wieder Führungskräfte und Politiker, die mit Kontaktfreude, Idealismus und Dynamik vermittelnd wirken und Verhandlungsgeschick beweisen. Die Energie des Landes unterstützt seine Bewohner mit vielseitigen Begabungen und hoher Spiritualität und brachte eine Vielzahl bedeutender Persönlichkeiten hervor.

Diese Landeszahl zeigt Stärke, Vielseitigkeit und Toleranz. Sie unterstützt die Liebe zu Menschen und die enorme Hilfsbereitschaft, die Deutschland besonders in Krisensituationen immer wieder nach außen zeigt.

B	A	Y	E	R	N
2	1	7	5	9	5

2+1+7+5+9+5 = 29
2+9 = 11
Landeszahl: 11/2

Bayern ist ein wirtschaftsstarker, reicher und technologisch versierter Freistaat. Er wird auf kommunaler Ebene als direkte Demokratie geführt. Viele Bürgerentscheide werden auf den Weg gebracht. Bayern ist ein sehr beliebtes Bundesland, nicht nur wegen der schönen Landschaft und der vielen Sehenswürdigkeiten, sondern vor allem auch für seine gelebte Individualität und Traditionen sowie für die wirtschaftlichen Erfolge. Auch Bildung und Wissen steht für die Zahl 11: Bayern hat sehr viele Universitäten und Hochschulen. Den letzten PISA-Ländervergleich haben die Schüler des Freistaats deutlich für sich entschieden.

Die Zahlen 2 und 9 stehen für Geist und Materie. Sie unterstützen die Bayern in ihrer sozialen Einstellung und ihrer Fürsorglichkeit gegenüber ihren Mitmenschen.

A	U	G	S	B	U	R	G
1	3	7	1	2	3	9	7

1+3+7+1+2+3+9+7 = 33
Ortszahl: 33/6

Die Zahl 33/6 ist die Zahl der Dynamik, vermittelt Lebensfreude und unterstützt den Selbstausdruck. Augsburg ist eine sehr kulturelle, kreative und kunstorientierte Stadt. Sie beherbergt viele Museen und Galerien. Es gab und gibt viele Künstler, Musiker, Schriftsteller und Handwerker. Mit seinem Bischofssitz offenbart Augsburg auch eine hohe spirituelle Kraft. Bekannte Menschen sind in Augsburg geboren, oder berühmte Namen werden mit Augsburg in Verbindung gebracht: Familie Fugger, Hans Holbein der Ältere und Hans Holbein der Jüngere, Elias Holl, Leopold Mozart, Rudolf Diesel, Bertold Brecht, Magda Schneider, Helmut Haller, Elmar Wepper, Eduard Oswald, Bernd Schuster, u.v.a. Augsburg weist gerne auf seine Schönheit und seinen Sinn für Ästhetik und Formenvielfalt hin, insbesondere mit seinen alten Häusern, Gebäuden und Sehenswürdigkeiten. Ihr Pflichtbewusstsein gegenüber dem weniger privilegierten Mitbürger zeigte bereits die Familie Fugger, als sie 1521 die inzwischen älteste noch bestehende Sozialsiedlung der Welt stiftete.

S	T	A	D	T	B	E	R	G	E	N
1	2	1	4	2	2	5	9	7	5	5

1+2+1+4+2+2+5+9+7+5+5 = 43
4+3 = 7
Ortszahl: 43/7

Die Zahl 43/7 steht für Vitalität und hohe Lebensqualität und vermittelt deshalb Lebensfülle auf allen Ebenen, dadurch wächst das Wohlgefühl und Vertrauen, Freude und Entspannung entstehen. Das Ziel, zur Stadt ernannt zu werden, hat Stadtbergen im Mai 2007 erreicht. Stadtbergen ist in eine wunderschöne Umgebung eingebettet, Wiesen und Wälder liegen ihr zu Füßen. Viele Künstler und Schriftsteller sind hier beheimatet.

Die Zahl 43 ist eine erfolgbringende Zahl. Sie zeigt dynamische Intelligenz, Entschlossenheit und bringt vielfältige Talente mit sich.

Die Ortszahlen

Die **Ortszahl 1** steht für Pioniergeist, Mut, Energie und neue Ideen; einen Ort mit Vorbildfunktion. Es ist der ideale Standort, um Erfindungen und Neues einzubringen. Firmengründungen haben hier ein gutes Potential, denn die Bürger dieses Ortes sind für Veränderungen aufgeschlossen. Man fühlt sich hier motiviert und energiegeladen. Meist finden wir an diesem Ort große Unternehmen, gute Schulen und eine hervorragende ärztliche Versorgung.

Die **Ortszahl 2** steht für Verständnis, Hilfsbereitschaft, Geistigkeit, für Träume und Visionen. Das Lernen auf allen Ebenen wird in diesem Ort unterstützt, es gibt Bibliotheken und viele weitere Möglichkeiten, sich Wissen anzueignen. Mit einer guten Integrationsfähigkeit, Verständnis und Klugheit, Feingefühl und Toleranz gelingt ein friedliches Miteinander zwischen den Generationen und den Kulturen.

In diesem Ort findet man vielfach wunderschöne Grünanlagen und Erholungsmöglichkeiten.

Die **Ortszahl 3** steht für Kreativität, Zielstrebigkeit, Erfolg, Genuss und Lebensfreude. Dieser Ort setzt viel um, geht mit Schwung an Projekte heran und erntet dafür Erfolg und Ansehen. Hier finden Sie die verschiedensten Veranstaltungen, Ausstellungen, Vernissagen oder Aufführungen. Die Lebensfreude, die diese Stadt ausstrahlt, kann man auf jedem Fest und auf jeder Veranstaltung finden. Sicherlich entdeckt man hier auch sehr gute Lokale, Bars und Cafés, die gerne besucht werden. Die Menschen hier verstehen es, ihr Leben zu genießen, diskutieren gerne und sprechen über »neue Ideen«.

Die **Ortszahl 4** steht für Ordnung, Struktur und Zuverlässigkeit. Dieser Ort zeigt eine Liebe zur Natur und zu handwerklichen Dingen. Demzufolge werden Sie hier viele Handwerksbetriebe, Bauunternehmen, Gärtnereien und Bauern finden. Hobbys werden gepflegt. Der Spaß und die Freude an der Arbeit führen zu Wohlstand und Erfolg, nicht nur in materieller, sondern auch in spiritueller Hinsicht. Spielotheken o. ä. haben es schwer. Es gibt auch eine Kehrseite: Finanzielle Probleme können leicht dazu führen, dass Projekte und Vorhaben nicht abgeschlossen werden. Gute Samen sollten gesät werden, um reich zu ernten.

Die **Ortszahl 5** steht für Kommunikation, Toleranz und Aufgeschlossenheit. Wissen vermehren, Neues entdecken und Altes sammeln wird in diesem Ort großgeschrieben. Ein idealer Ort z. B. für Reisebüros, für Parfümerien und für die Modeindustrie. Auf das äußere Erscheinungsbild wird großen Wert gelegt. Es ist ein lebhafter Ort mit vielen gesellschaftlichen Aktivitäten und Organisationen. Menschen unterschiedlichster Herkunft sind hier willkommen.

Die **Ortszahl 6** steht für Harmonie, Frieden, Glück und Verbundenheit. Dieser Ort ist eine liebevolle Begegnungsstätte für alle Menschen. Sportlichen Aktivitäten und Bewegungen wird hier gerne nachgegangen. Sie finden hier Sportarten und -stätten jeder Richtung, vom Fußball, über Eishockey, zu Reiten und Schwimmen. Der Ort wird von einer Vielzahl von Künstlern für Vernissagen und Ausstellungen frequentiert, denn die Einwohner lieben die Ästhetik und Kunst. Die Bürger dieses Ortes haben vielfach eine kritische Art des Denkens und ein starkes Pflichtbewusstsein gegenüber ihrer Stadt. Sie gehen Konfrontationen nicht aus dem Weg, deshalb wird man hier auch Bürgerbegehren, Demonstrationen und Einsprüche bei aktuellen Entscheidungen antreffen.

Die **Ortszahl 7** steht für Vitalität und Individualität. Menschen in diesem Ort sind meist ein ruhiges Völkchen. Man hört und sieht nicht viel von ihnen. Insgeheim stellen sie aber einiges auf die Beine, denn sie haben eine praktische Veranlagung, verbunden mit großem Optimismus, Es wird darauf geachtet, dass der Ort sauber und gepflegt ist. Die Einwohner sind meist offen für alle Glaubensgemeinschaften, lieben die Natur und ihre Tiere. In diesem Ort entdecken Sie immer wieder Plätze der Ruhe und der Stille, Geheimnisvolles liegt in der Luft.

Die **Ortszahl 8** steht für Mächtigkeit, Erfolg, Besitz und Geschäftigkeit. Dieser Ort stellt sich gerne dar. Menschen die hier leben, haben hohe Ansprüche an sich und ihre Mitmenschen, wobei man die finanziellen Angelegenheiten im Auge behalten sollte. Sie sind Workaholiker und arbeiten hart, um etwas zu erreichen. Oftmals werfen Nachbarn neidische Blicke über den Zaun. Streitigkeiten enden meist damit, dass man unversöhnlich auseinandergeht. Andererseits besitzt dieser Ort Lebensfreude, und die Einwohner fühlen sich gut aufgehoben. Es haben sich viele nützliche und zweckmäßige Unternehmen niedergelassen. Feste werden gefeiert, man zeigt, was man hat, kunstvolle Arrangements und Zierden sind überall zu entdecken, es wird renoviert und verschönert. Häufig finden Sie hier schöne Kirchen und gut erhaltene, alte Häuser.

Die **Ortszahl 9** steht für Humanität, Toleranz, Teamgeist, Vermittlung und Kontaktfähigkeit. Selbst kleinere Orte haben Partnerstädte und -gemeinden. Es gibt viele Geschäfte oder Straßenfeste, es wird gehandelt und gefeiert. Neues entsteht, Altes wird gefördert, es wird viel bewegt und umgesetzt. Die Einwohner können ihre vielseitigen Begabungen ausleben, dadurch wird ihr Heimatort in Schwung gebracht. Die Gemeinde ist auf das Wohl ihrer Einwohner bedacht. Die Bürger sind entgegenkommend, zeigen Zufriedenheit, haben eine sehr soziale und tolerante Einstellung zu vielen Weltanschauungen und Themen. Sie leisten häufig freiwillige Hilfsdienste und stellen Wohltätigkeitsveranstaltungen auf die Beine. In diesem Ort spürt man Freundlichkeit, Offenheit und Interesse am Mitmenschen.

Firmennamenszahlen

Am Mute hängt der Erfolg.

Theodor Fontane (deutscher Schriftsteller)

Auch ein Firmenname hat verborgene Schwingungen und ist für den Erfolg von großer Bedeutung. Wirkt er sympathisch und ansprechend, oder ist er eher kompliziert?

Der Firmenname sollte nicht nur zu Ihnen und zu dem Thema Ihrer Arbeit passen, sondern auch die richtige Schwingung mitbringen. Für ein Reisebüro ist es vorteilhaft, eine 5 als Namenszahl zu haben, denn sie zeigt Fernweh, das Reisen, das Neue an. Eine Rechtsanwaltspraxis mit der Namenszahl 6 ist auch ideal: Wahrheit, Gerechtigkeit, Konfrontationen…

Der Erfolg einer Firma, eines neuen Produkts oder eines neuen Buches hängt somit auch von der Namenszahl ab. Der Gründungstag eines Geschäftes ist ebenfalls wichtig. Nähere Einzelheiten können Sie dem Kapitel über die Geburtstagszahlen entnehmen.

Bei der Berechnung geht es erst einmal um die Energie, die der Firmennamen für Sie selbst hat, denn Ihre Firma repräsentiert Sie mit Ihren Ideen und Idealen und was Sie mit Ihrer Arbeit verwirklichen möchten. Beziehen wir die vorhandene Rechtsform wie GmbH, AG, usw. mit ein, können wir berechnen, welche Schwingung und Dynamik der Firmenname nach außen in die Welt trägt.

Im Internet ist der eigentliche Firmenname am wichtigsten. Hier deutet man den Namen bzw. die Bezeichnung in der Adresse. Das Kürzel *www* wird nicht mitgerechnet, da dieses für jeden User gültig ist, und auch nicht die Endung wie *com* oder *de*. Die Zahlen 5-5-5 (für *www*) stehen für Kommunikation und für Vernetzung. Bei *com* (3-6-4) steht c/3 für eine Idee, o/6 für Durchsetzung und m/4 stärkt die Verbindungen von Neuem mit der Welt. Bei der Endung *de* (4-5) bedeutet d/4 Orientierung nach außen, und e/5 steht für Vermittlung und Selbstentfaltung.

Namenszahl für Firmen

Die **Firmennamenszahl 1** unterstützt die Vorbildfunktionen, die Führungsqualitäten, den Ideenreichtum, die Inspiration, den Fleiß, den Mut, die Stärke, Ausdauer, Ordnung, Sauberkeit und Zielstrebigkeit jeden Unternehmens. Neuem gegenüber ist man aufgeschlossen und dazu schöpferisch aktiv.

Mögliche Branchen: Konzerne, Ladengeschäfte, Ärzte, Apotheken.

Die **Firmennamenszahl 2** unterstützt die Hilfsbereitschaft, das Mitgefühl für Menschen, die Anpassungsfähigkeit, Einfühlungsvermögen, Toleranz, Diplomatie, Zusammenarbeit und die Phantasie jedes Arbeitsgebietes.

Mögliche Branchen: Dienste am Menschen wie alle medizinischen Bereiche, Altenheime, Sozialstationen, Wohlfahrtsgesellschaften und soziale, freiwillige und humanitäre Projekte. Dienstleistungsunternehmen wie Kosmetiker, Friseur.

Die **Firmennamenszahl 3** unterstützt Kreativität, Vielseitigkeit, Initiative, Phantasie und Optimismus. Die 3 führt häufig zum Erfolg.

Mögliche Branchen: Künstler, Designer, Fotografen, Kunsthandwerk, Tanzakademien, Musikschulen, Handarbeitsbetriebe, Architekturbüros, Medien- und Werbegestaltung.

Die **Firmennamenszahl 4** unterstützt Pflichtbewusstsein, Zuverlässigkeit, Ausdauer, Disziplin, Konzentration und Entschlossenheit. Diese positiven Eigenschaften dienen der Realisierung von anstehenden Projekten, die tatkräftig und mit Geschick umgesetzt werden. Die 4 übernimmt Verantwortung und ist vertrauenswürdig.

Mögliche Branchen: Tätigkeiten, die mit den Händen verrichtet werden: Chirurgie, Osteopathie, Massagen, technisches Zeichnen, Handwerksbetriebe, Gärtnereien, Land- und Forstwirtschaft, künstlerische Bereiche wie Ateliers, Töpfereien, Buchhaltungsbüros.

Die **Firmennamenszahl 5** unterstützt Talente, Kommunikation, Teamarbeit und Aktivität. Sie fördert die Freiheit, die Abwechslung und Vielseitigkeit in den verschiedenen Bereichen. Kontakte und Vernetzungen schaffen neue Verbindungen. Langeweile und Routine gibt es bei der 5 nicht.

Mögliche Branchen: Reisebüro, Außenhandel, Versicherungs- und Werbeagenturen, Verkaufs- und Veranstaltungsmanagement, Call-Center, Organisationen.

Die **Firmennamenszahl 6** unterstützt Verantwortung, Wahrheit und Pflichtbewusstsein. Qualität, Fairness und Objektivität werden groß geschrieben, sie sind förderlich für das Wohlergehen der Firma. Die Namenszahl 6 ist ideal für Familien- und Traditionsgeschäfte und für alles was mit Genuss zu tun hat, wie z. B. gutem Essen.

Mögliche Branchen: Dienstleistungsgewerbe, Architekturbüros, Arzt- und Heilerpraxen, Physiotherapie, Inneneinrichtung, Restaurants, Bars, Diskotheken.

Die **Firmennamenszahl 7** unterstützt Philosophie, Metaphysik, Spiritualität, Intuition, Intelligenz, Vitalität und die Verschwiegenheit. Sie fördert die Beobachtungsgabe und die praktische Umsetzung der Tätigkeitsbereiche. 7ern liegt z. B. auch der Handel mit Luxusartikeln, denn sie lieben die schönen, exklusiven und eleganten Dinge des Lebens.

Mögliche Branchen: Tätigkeitsbereiche, in denen Religion, Metaphysik und Philosophie eine Rolle spielen, wie Pfarreien und religiöse Institutionen und Einrichtungen, Ingenieurbüros, Gartenarchitekten, Gärtnereien, Floristen, Tierarztpraxen, Schulen, Detektivbüros, Agenturen.

Die **Firmennamenszahl 8** unterstützt Organisationstalent und Verantwortungsgefühl. Sie fördert Energie, Disziplin und Durchhaltevermögen. Eine Idee wird von Anfang bis Ende durchgezogen. 8er besitzen den Willen und die Kraft, Geld, Macht und Erfolg zu erhalten. Die 8 lässt realistisch denken und arbeiten.

Mögliche Branchen: große Konzerne und Betriebe, Veranstaltungsbranche, Seminar- und Kursanbieter, Organisationen, Parteibüros, Börsen- und Aktiengeschäfte.

Die **Firmennamenszahl 9** unterstützt Charisma, Motivation und Nächstenliebe. Sie bringt Toleranz und Vielseitigkeit. Die 9 fördert eine schwungvolle Entwicklung und lässt idealistisch die Arbeit verrichten.

Mögliche Branchen: psychologische, medizinische und wissenschaftliche Bereiche, Künstler aller Art, Tanzschulen, Medienarbeit, Werbeagenturen, Coaching, Lebensberatungen, humanitäre und gemeinnützige Unternehmen, weltweiter Handel.

Tiernamenszahlen

An einem edlen Pferd schätzt man nicht seine Kraft, sondern seinen Charakter.
Konfuzius (chinesischer Philosoph)

Wir können den Namen und das Geburtsdatum unseres Haustieres analysieren und damit dessen (verborgene) Fähigkeiten erkennen und fördern. Das kann eine wichtige Hilfe für die Freundschaft zwischen Mensch und Tier sein.

Die Zahlen können, sowohl bei Mensch als auch beim Tier, darauf hinweisen, warum diese traurig, energielos oder unzufrieden sind. Gleichzeitig zeigen uns die Zahlen verschiedene Lösungsmöglichkeiten auf, denn auch Tiernamen haben ihre Bedeutung und Schwingung. Ebenso wie wir Menschen möchten sich die Tiere mit ihrem Namen wohlfühlen und damit identifiziert werden. Wir sollten auch in den Tieren das vorhandene Potential erkennen und nützlich einsetzen.

Ein Dackel mit Namen *Harras* passt nicht wirklich. *Lola* (wie »Lola rennt«) ist auch nicht unbedingt für eine kleine, dicke Katze geeignet. Dieser Name passt eher zu einem schnellen Wind- oder Jagdhund. Bei *Abraxas* denken wir wahrscheinlich sofort an einen Raben und nicht an einen kleinen zierlichen Kanarienvogel. *Sandokan* oder *Adlerfeder* sind typische Pferdenamen. Aber stellen wir uns *Adlerfeder* einmal als Bernhardiner vor? Bei *Merlin* denke ich sofort an einen schwarzen Kater. Manche Namen lösen in unseren Breitengraden inzwischen bestimmte Vorstellungen aus.

Tiere sind die besten Freunde.
Sie stellen keine Fragen und kritisieren nicht.
Mark Twain (amerikanischer Schriftsteller)

Tiere kritisieren nicht, aber sie leiden still oder weniger still vor sich hin. Wenn wir den Tieren aber nun den Namen geben, der zu ihrer Lebensaufgabe passt, dann werden sie zufriedener, leistungsfähiger und glücklicher.

Einem 1er Hund tut man keinen Gefallen, wenn er als reines Haustier gehalten wird. Er sollte in der Rolle eines Führungstiers beansprucht werden, indem er z. B. als Rettungs- oder Blindenhund ausgebildet wird oder beschützend und aufmerksam seine Familie bewacht.

Zahlen für Tiernamen

Tiernamen werden wie »unsere« Namenszahlen berechnet und gewertet. Ebenso wie beim Menschen sollte der Namen mit dem Geburtsdatum (falls bekannt) harmonieren.

Berechnungsbeispiel:

Harras
8 + 1 + 9 + 9 + 1 + 1 = 29
2 + 9 = 11 / 2

Die Namenszahl für Harras ist eine 11.

Namenszahl 1 für Führungs- und Leittiere,
wie z. B. für Rettungs-, Hirten- oder Wachhunde. Die Zahl 1 unterstützt die Tiere dabei, ausdauernd, stark, zielstrebig, selbstbewusst und vorbildlich zu sein.

Namenszahl 2 für Therapietiere,
wie z. B. Hunde und Katzen. Die Zahl 2 unterstützt die Tiere dabei, sensibel, liebevoll, feinfühlig und mit viel Verständnis ihre Herrchen und Frauchen zu beschützen, zu beschmusen und deren Ängste zu mildern. Tiere mit der Namenszahl 2 erkennen intuitiv, wann sie gebraucht werden.

Namenszahl 3 für (Psycho-)Therapietiere
Die Zahl 3 unterstützt die Tiere dabei, einfühlsam und aufmunternd auf traurige, melancholische Personen oder Menschen mit psychischen Problemen »einzugehen«. Ihre Lebensfreude und Fröhlichkeit wirkt ansteckend.

Namenszahl 4 für Arbeitstiere,
wie z. B. Esel, Hirten- und Hütehunde. Die Zahl 4 unterstützt die Tiere dabei, ausdauernd, diszipliniert, konzentriert und verantwortungsvoll ihrer Aufgabe, gerne in der freien Natur, nachzukommen.

Namenszahl 5 für freiheitsliebende Tiere,
wie z. B. Vögel, Katzen und Hunde. Die Zahl 5 unterstützt die Tiere dabei, ihre Freiheit auszuleben. Sie sind oftmals sehr intelligent, vermittelnd, lieben die Abwechslung und streunen gerne. Diese Namenszahl ist ideal für Jagdhunde, für Tiere, die es gewohnt sind, viel draußen sein zu müssen, oder für Tiere, die viel im Auto mitfahren müssen. Sie reisen gerne, lieben die Fahrten und wollen immer wieder Neues erleben.

Namenszahl 6 für Familien- und Zuchttiere,
wie z. B. Pferde, Kühe, Schweine und natürlich alle sogenannten Haustiere. Die Zahl 6 unterstützt die Tiere dabei, sich den Menschen und ihren Wünschen liebevoll anzupassen. Diese Tiere lieben ihr Zuhause, sie sind pflichtbewusst und wollen Leistung erbringen. So wie 5er Tiere gerne streunen, so bleiben 6er Tiere lieber zu Hause in der gewohnten Umgebung, schätzen Familienanschluss und wollen umsorgt und verwöhnt werden.

Namenszahl 7 für alle Tiere, die ihr Leben lieber draußen bzw. in ihrem natürlichen Terrain verbringen,
wie z. B. »freie« Vögel, Reptilien, Nagetiere. Die Zahl 7 unterstützt die Tiere dabei, sensibel, intelligent und vital zu sein. Sie verbringen ihr Leben am liebsten in einem für sie natürlichen Territorium mit naturgegebenen Fressen und den vertrauten Beschäftigungen.

Namenszahl 8 für »edle« Tiere,
wie z. B. (Rasse-)Hunde, Katzen, Pferde. Die Zahl 8 unterstützt die Tiere dabei, sich zu präsentieren, Eleganz zu zeigen und mit Selbstbewusstsein aufzutreten. Oftmals sind 8er Tiere empfindlich und haben genauso hohe Ansprüche wie Herrchen oder Frauchen. Sie lassen sich gerne pflegen, kämmen, striegeln und sind oftgesehene Besucher in Tier-Schönheitssalons.

Namenszahl 9 für alle Tiere.
Wie auch beim Menschen, umfasst die Zahl 9 alle Eigenschaften der vorangegangen Zahlen. Bei den Tieren ist die Zahl 9 so etwas wie die universell einsetzbare Namenszahl. Die Zahl 9 unterstützt die Tiere dabei, mitfühlend, zufrieden, intuitiv, aber auch lebhaft und flexibel zu sein. Oftmals sind 9er die Mittler zwischen Mensch und Tier oder auch unter ihresgleichen.

Voraussetzung für all dies ist, dass die Tiere artgerecht gehalten werden und liebe- und respektvoll behandelt werden.

Tiere und kleine Kinder sind der Spiegel der Natur.
EPIKUR VON SAMOS (GRIECHISCHER PHILOSOPH)

Hausnummern

Das Leben ist ein Geschenk… nimm es an.
Das Leben ist Gelegenheit… ergreife sie.
Das Leben ist ein Rätsel… löse es.
VOLKSWEISHEIT

Mit der Numerologie können wir jeden Bereich unseres Lebens enträtseln und analysieren – aber bitte nicht übertreiben. Dieses Kapitel ist sozusagen eine nette Beigabe zum Lesen und Schmunzeln. Früher konnte man sich seine Kontonummer oder auch seine Telefonnummer, wenn man mochte, noch selbst aussuchen. Heute im digitalen Zeitalter erledigt das der Computer. Für sein neues Zuhause sucht man sich auch nicht die Hausnummer aus, sondern sie ist vorgegeben. Oftmals ist diese Nummer identisch mit unserer Namens- oder Schicksalszahl. Spannend, was uns diese Zahlen immer wieder vermitteln möchten.

Hausnummer 1

Wenn Sie in einem 1er-Haus wohnen, zeigen Sie meist ein extrovertiertes, zielstrebiges Wesen und große Stärke. Oft haben Sie eine forsche und impulsive Art, sich zu äußern. Nicht immer kommt dies bei den Nachbarn gut an. Sie sollten die Worte, die Sie mit anderen Bewohnern oder gar dem Vermieter wechseln, mit Bedacht wählen. Beharren Sie nicht immer stur auf Ihrer Meinung, sondern agieren Sie weise und klug.

Hausnummer 2

Wenn Sie in einem 2er-Haus wohnen, dann gehen Familie und Freunde gerne bei Ihnen ein- und aus. Ihr Zuhause sollte für alle geöffnet sein, die es mit Leben, Freude und positiver Energie erfüllen. Sie sind oftmals sehr hilfsbereit, feinfühlig und verständnisvoll. Allerdings sollten Sie darauf achten, dass Sie nicht in Bequemlichkeit, Trägheit oder gar in eine phlegmatische Lebensweise verfallen.

Hausnummer 3

Wenn Sie in einem 3er-Haus wohnen, bringt die optimistische Energie, die hier herrscht, Schwung in Ihr Leben. Diese positive Schwingung bedeutet meist Erfolg. Sie sind ein angenehmer Nachbar, mit dem man gute und interessante Gespräche führen kann. In Ihrem Haus wird kreativ gearbeitet, immer wieder werden Möbel gerückt oder die Wände neu gestrichen. Achten Sie darauf, dass Sie Ihre Pläne realistisch gestalten, Sie könnten sich dabei sonst finanziell übernehmen.

Hausnummer 4

Wenn Sie in einem 4er-Haus wohnen, gehen Ihnen handwerkliche Tätigkeiten ganz leicht von der Hand. Sie werden immer wieder Dinge finden, die repariert oder umgestaltet werden müssten. Ihre Fähigkeiten sind auch in der Nachbarschaft gefragt – kleine Dienste erhalten die Freundschaft. Zudem verhilft die Schwingung der 4 zu einem grünen Daumen, Ihr Garten und Ihre Pflanzen danken es Ihnen.

Hausnummer 5

Wenn Sie in einem 5er-Haus wohnen, wundern Sie sich nicht, wenn Sie sich für philosophische und religiöse Fragen öffnen. Sie haben ein gutes Verhältnis zu Ihren Nachbarn, denn man unterstützt sich und hilft auch gerne aus. Sie sind sehr kommunikativ und freiheitsliebend. Sie verreisen oft – sei es geschäftlich oder privat und genießen Ihr Leben.

Hausnummer 6

Wenn Sie in einem 6er-Haus wohnen, sind Sie meist sehr häuslich und pflichtbewusst veranlagt. Ihr Haus ist immer tip-top gepflegt. Ihr Liebesleben ist ausgeglichen und harmonisch. Selbst nach vielen Jahren Ehe gibt es bei Ihnen noch Romantik und Zärtlichkeit. Auch als Single sind Sie tiefer Gefühle fähig, oberflächlichen Begegnungen gehen Sie eher aus dem Weg.

Hausnummer 7

Wenn Sie in einem 7er-Haus wohnen, wird Sie eine ganz besondere Aura umgeben. Sind Sie vielleicht eine Kräuterhexe wie im Märchen? – Spaß beiseite. Sie beschäftigen sich viel mit Mystik, sind auch gerne in der Natur oder im eigenen Garten, um dort Erholung zu finden. Sie wirken oft ernst und entsagen manchmal den, wie sie meinen, oberflächlichen Dingen im Leben. Laden Sie Freunde ein, um Freude und Lebendigkeit in Ihrem Heim willkommen zu heißen.

Hausnummer 8

Wenn Sie in einem 8er-Haus wohnen, können Sie gut Kraft schöpfen und zufrieden leben. Dies entschädigt Sie für alle Aktivitäten, Anstrengungen und Einbußen des Alltags. Wird Ihre Hilfe benötigt, stehen Sie anderen verlässlich zur Seite.

Hausnummer 9

Wenn Sie in einem 9er-Haus wohnen, können Sie Ihren Alltag mit Schwung, Begeisterung und Elan meistern. Die 9 unterstützt Sie dabei, Freundschaften zu knüpfen und Vorhaben in die Tat umzusetzen. Konzepte, Pläne und Projekte sollten Sie nicht immer alleine durchziehen. Fragen Sie Ihre Freunde, sie werden Ihnen gerne behilflich sein.

Ebenso können Sie auf nette und unterhaltsame Weise Ihre Konto- und Telefonnummern analysieren, z.B.:

Das Konto mit der Nr.: 700160406, Quersumme 6, wird gewissenhaft geführt, Gebühren und Kontobewegungen akkurat geprüft. Bei größeren Ausgaben wird das »Für und Wider« sorgfältig abgewogen.

Hinter der Telefon-Nr.: 508050, Quersumme 9, kann sich zum Beispiel eine mitfühlende Seele verbergen. Intuitiv und einfühlsam werden die richtigen Worte gesagt, der richtige Rat gegeben.

Wir wünschen Ihnen nun viel Spaß bei der humorvollen und erkenntnisreichen »Übersetzung« von Zahlen in Ihrem Umfeld.

Teil 5: Mit Zahlen eine Verbindung eingehen

Das Hexeneinmaleins

Auszug aus Johann Wolfgang von Goethes »Faust«

Du musst verstehn!
Aus Eins mach Zehn,
und Zwei lass geh'n,
und Drei mach gleich,
so bist du reich.
Verlier die Vier!
Aus Fünf und Sechs,
so sagt die Hex',
mach Sieben und Acht,
so ist's vollbracht:
und Neun ist Eins
und Zehn ist keins.
Das ist das Hexeneinmaleins.

Antworten Sie nicht so vorschnell wie Faust: »Mich dünkt, die Alte spricht im Fieber«, sondern ziehen Sie auch den Rat der Hexe in Erwägung, der lautet: »Die hohe Kraft der Wissenschaft, der ganzen Welt verborgen und wer nicht denkt, dem wird sie geschenkt – er hat sie ohne Sorgen.«

Du musst verstehn!
Erkennen Sie Ihre Möglichkeiten. Ändern Sie sich, dann ändert sich auch Ihr Leben.

Aus Eins mach Zehn:
Machen Sie aus der »kleinen« 1 eine »große« 10. Erweitern Sie Ihren Horizont.

Integrieren Sie alle Zahlen in Ihrem Leben und machen Sie aus sich, was immer Sie wollen.

und Zwei lass geh'n:
Lassen Sie die 2fel hinter sich. Lösen Sie Probleme und führen Sie ein harmonisches Leben.

und Drei mach gleich, so bist du reich:
Mit der geistreichen und vielseitig begabten 3 werden Sie in jeder Hinsicht erfolgreich.

Verlier die Vier:
Halten Sie sich nicht an Ihrem materiellen Besitz fest: Genießen Sie ihn, aber unterwerfen Sie sich ihm nicht. Leben Sie im *Jetzt.*

Aus Fünf und Sechs, so sagt die Hex':
Erleben und verstehen Sie Ihre Mitmenschen. Beschützen Sie Leben, Ihres und das Ihrer Mitmenschen.

mach Sieben und Acht, so ist's vollbracht:
Der Glaube ist die Grundlage des Vertrauens. Die 7 vereinigt den Menschen mit dem Göttlichen. Wir erfahren Erkenntnis und Weisheit. Die bedingungslose Liebe ist das höchste Gut, das der Mensch geben kann. »Liebe deinen Nächsten wie dich selbst.«

und Neun ist Eins:
Die Zahl 9 ist die Zahl der Initiation – der Aufstieg in den nächsten Seinszustand. Das heißt, es gibt keinen Anfang und kein Ende, denn die 9 bleibt immer die 9. Sie ist sich selbst treu.

und Zehn ist keins:
Bei der 10 verbindet sich der Anbeginn, die Zahl 1, mit dem Nichts, der Zahl 0. Der Mensch begibt sich in die göttliche Ordnung.

Das ist das Hexeneinmaleins:
Das Leben ist keine Hexerei! Leben Sie im Jetzt und leben Sie alle Zahlen im positiven Sinne.

Die hohe Kraft der Wissenschaft, der ganzen Welt verborgen!
Die »hohe Kraft der Wissenschaft«, also die Bedeutung der Zahlen, wird sich Ihnen in diesem Buch nun offenbaren.

Wer nicht denkt, dem wird sie geschenkt – er hat sie ohne Sorgen.
Beziehen Sie diese Aussage auf die Intuition, das Bauchgefühl (das Innere Kind) und Ihre innere Stimme. Nehmen wir diese an, so wird unser Ego transformiert, wir erhalten unser Urvertrauen zurück, erlangen Erkenntnis darüber, wer wir wirklich sind und woher wir kommen.

Ganzheitliche Empfehlungen für Körper, Seele und Geist

Tue deinem Körper Gutes, damit deine Seele Lust hat, darin zu wohnen.
Theresa von Ávila (spanische Mystikerin)

Gesundheit ist Harmonie auf den Ebenen von Körper, Seele und Geist. Balance auf allen Ebenen lässt den Energiestrom, auch Chi oder Prana genannt, in uns ungehindert fließen. Krankheit ist Chaos, ist Unordnung, und unser Körper ist in Disharmonie. Wir sind blockiert und verspannt und nicht mehr in unserer Mitte.

Bei unerfüllten (Grund-)Bedürfnissen wie z. B. Zuneigung, Anerkennung, Lob, Spaß, Freude usw. signalisiert jeder Mensch auf seine Art das Verlangen nach diesen Notwendigkeiten. Mit der Zeit werden wir immer angespannter und ängstlicher, wir steigern unsere Gefühle bis zu Wut und Aggression oder gar Depression. Wir dürfen aber nicht erwarten, dass andere diese »Forderungen« abdecken – jeder Mensch sollte sich selbst Achtung erweisen und Eigenverantwortung übernehmen. Überlegen Sie, was Sie für sich tun können. Probieren Sie die nachfolgenden Empfehlungen mit Spaß und Freude aus. Sie werden begeistert sein, wie schnell Sie Ihren inneren Ausgleich finden.

Gönnen Sie sich jeden Tag eine kleine Auszeit

Für uns alle ist es wichtig im Alltag einmal abzuschalten und zur Ruhe zu kommen. Wir brauchen Ruhepausen, in denen wir entspannen und einfach allein mit unseren Gedanken und Gefühlen sein können. Nehmen Sie sich täglich Zeit, um mit Ihrer inneren Stimme zu kommunizieren, in sich hineinzuhören und sich zu fragen, wie es mit Ihren Hoffnungen, Ängsten, Sehnsüchten, Zielen usw. steht. Sie können sich dafür eine Oase des Alleinseins schaffen. Gestalten Sie eine Ecke in Ihrer Wohnung, nur für sich allein, dort können Sie sich Ihre Auszeit nehmen, meditieren oder einfach nur Ihren Gedanken nachgehen. Stellen Sie vorher Türklingel, Telefon und Handy ab. Sie können z. B. nach der Arbeit eine bewusste Pause einlegen; ein Spaziergang hilft ebenso um abzuschalten. Sie können auch besondere Orte der Ruhe aufsuchen, z. B. Museen, Kirchen, »Ihr« Plätzchen im Grünen usw., denn nur aus der Ruhe kommt die Kraft. Mit dieser Energie können Sie dann Ihren Alltag meistern.

Schenk dir selbst täglich eine halbe Stunde Stille,
damit du in deinem Körper deine Seele wiederentdeckst.
Volksweisheit

Meditieren Sie

In einer Gesellschaft, die von Konsum(sucht) und Leistung geleitet wird, ist es nicht immer leicht, sich wirklich und wahrhaftig auf sich selbst zu besinnen und in seine Mitte zu kommen. Der beste Weg dorthin ist die Meditation in all ihren Formen und Varianten.

Die »Medizin« einer echt gelebten Meditation ist das stete Üben, mit dem Jetzt verbunden zu sein. Alles, was wir nicht wirklich sind, löst sich auf und macht Platz für die Entfaltung dessen, was tatsächlich ist. Im Menschen bricht das Urverstrauen wieder durch, das hilft, die vielen Ängste, Zweifel und Unsicherheiten auszubalancieren. Die ureigene Vision, der eigene Lebensweg, die eigenen Talente und die individuelle Kraft können erblühen, auf dass wir uns hier auf Erden verwirklichen.

Gehen Sie mit Ihrer Namensanalyse in die Meditation. Das kann Ihnen helfen, sich Ihres individuellen Entwicklungsprozesses bewusst zu werden. Gehen Sie in die Stille, um sich Gott, dem Kosmos, den Menschen, der Natur und sich selbst zu öffnen. Meditation bedeutet, »in der Mitte zu sein«. Der Geist kann sich beruhigen und wieder sammeln. Sie werden ausgeglichen, gelassen, finden Hoffnung, Zuversicht und Vertrauen. Meditation ist eine Form der Selbsterkenntnis und zugleich das intensivste Mittel zur Bewusst- und Ganzwerdung des Menschen.

Im Jetzt sein, sich wahrnehmen

Es gibt Menschen, die können gleichzeitig essen, Zeitung lesen, in den Fernseher schauen und sich auch noch mit ihrem Gegenüber unterhalten. Es ist allerdings fraglich, ob diese Menschen hinterher wissen, was sie gegessen, gesehen oder gehört haben. Ideal ist es, zu essen, wenn man hungrig ist, und nicht, weil es (wie immer) um 12 Uhr das Mittagessen gibt. Muss man den Film unbedingt noch zu

Ende sehen, obwohl die Augen schon zufallen? Ein Glas Rotwein ist ein Genuss, zwei oder drei Flaschen sind zu viel. Mehr heißt nicht besser. Die richtige Dosis sorgt für ein Wohlgefühl. Wir sollten uns auf das Wesentliche konzentrieren, auf das, was wir im Moment, im Jetzt tun. Wir müssen wieder lernen, nach den Bedürfnissen unseres Körpers zu leben und ihm mehr Aufmerksamkeit schenken.

Kennen Sie den Spruch: »Hör auf deinen Bauch«? Da ist etwas Wahres dran. Sobald ein unangenehmes Körpergefühl auftritt, sollten Sie sich die Zeit dafür nehmen, den Grund zu erkunden. Ihr Bauchgefühl möchte Ihnen damit sagen, dass etwas nicht passt, und da er sehr feinfühlig ist, würde er bereits in einem Augenblick handeln, an dem man Unangenehmes meist noch abwenden könnte. Vertrauen Sie auf Ihre Intuition. Üben Sie Spontaneität, freuen Sie sich – auch über Kleinigkeiten. Seien Sie genauso unbeschwert wie ein Kind, lachen Sie öfter (Kinder lachen viel häufiger als Erwachsene). Lesen Sie sich selbst einmal ein Märchen laut vor. Malen Sie, singen Sie, tanzen Sie, lachen Sie, genießen Sie das Leben!

Jedes Mal, wenn ein Mensch lacht, fügt er seinem Leben ein paar Tage hinzu.
Curzio Malaparte (italienischer Schriftsteller)

Ein Tag ohne Lachen ist ein verlorener Tag.
Charlie Chaplin (englischer Schauspieler)

Aktivieren Sie Ihre Sinne

Haben Sie schon einmal mit geschlossenen oder verbundenen Augen gegessen, seit Ihrer Kindheit wieder einmal Ihre Hand in eine Fühlkiste gesteckt oder einen Edelstein um Antwort gebeten? Waren Sie schon einmal in der Natur und lauschten dort ganz intensiv den verschiedensten Geräuschen? Glauben Sie an Naturwesen wie Elfen, Feen, Zwerge…? Spüren Sie, ob eine Blume gepflückt werden will?

Selbst Kinder machen in der heutigen Zeit viel zu wenig Erfahrung mit ihren fünf Sinnen. Dabei ist die Sensibilisierung aller Sinne einer der Grundpfeiler für die Entwicklung. Auch für die Erwachsenen ist es wichtig, die Sinne zu aktivieren, um das In-sich-Hineinhören wieder zu erlernen. Je mehr Ihre »normalen« Sinne entwickelt sind, desto besser ist auch Ihre außersinnliche Wahrnehmung.

Leben Sie Ihre Kreativität

Kreative Hobbys sind Ventile für den geistigen Ausdruck Ihrer Seele. Kreativität bedeutet aber nicht nur Malen, Zeichnen, Töpfern, Theaterspielen, Musizieren usw. Kreativität ist vielseitiger als manche denken. Kreativität bedeutet, den Alltag zu meistern, Probleme auf seine eigene Art und Weise zu lösen. Stillstand hemmt die Schöpferkraft. Bis zu welcher Entwicklungsstufe und in welcher Geschwindigkeit Sie Ihre Pläne verwirklichen, liegt ganz in Ihren Händen. Mit jedem Gefühl und jedem Gedanken, den Sie auf Ihr Ziel richten, geben Sie ihm Nahrung. Im entspannten Zustand verbinden sich unsere beiden Gehirnhälften, die für Bewusstsein und Unbewusstsein, Kopf und Bauch, analytisches Denken und Intuition stehen. Durch diese Verbindung kann eine schnelle und richtige Antwort auf eine Frage gefunden werden. Sie sollten hierbei den gewünschten Endzustand mit Ihren innigsten Gefühlen verbinden, Ihre Wünsche, Ihre Träume visualisieren, und Sie werden Ihre Antwort durch das Göttliche und die himmlischen Helfer erhalten. Danach dürfen Sie Ihre Visionen gedanklich wieder loslassen, damit sich das Beste für Sie entwickeln kann.

Neues Denken

Ein negativer Gedanke weitet sich schnell aus und entwickelt sich schnell zu etwas Größerem. Sagen Sie innerlich »Stop«! Denken Sie neutral, ohne Emotionen. Negativen Menschen können Sie nicht immer aus dem Weg gehen, weil es Ihr Partner, Ihr Kollege usw. sein kann. Denken Sie daran, dass diese teilweise auf Ihr Verhalten reagieren. Jene Menschen spiegeln Sie (siehe »Spiegelgesetz«). Ihre unbewusste Seite zeigt sich über das Verhalten der anderen, lernen Sie deshalb, bewusster und toleranter zu werden. Akzeptieren Sie Ihre Schattenseiten und übernehmen Sie Eigenverantwortung. Wenden Sie z. B. Affirmationen an.

Mehr Zeit für sich und das eigene Wohlbefinden

Nehmen Sie sich am Morgen kurz Zeit, Ihren Tag durchzuplanen. Was muss erledigt werden, was ist wichtig, was nicht. Erstellen Sie sich eine Liste, die Sie nach und nach abhaken können. Planen Sie Ihre Freizeit gleich mit ein!

Teil 6:
Anhang

Wer war Pythagoras?

Das Gestern ist fort, das Morgen nicht da. Leb' also heute.
Pythagoras (griechischer Mathematiker und Philosoph)

Viel von unserem spirituellen und wissenschaftlichen Verständnis der Zahlen verdanken wir Pythagoras, dem Vater der Mathematik. Er ist uns vor allem durch den »Satz des Pythagoras« $a^2+b^2=c^2$ bekannt, mit dem er in unseren Schulbüchern vertreten ist. Pythagoras stand aber nicht nur für Mathematik, sondern war in erster Linie ein bekannter Philosoph und Weltenlehrer. Er war der Überzeugung »alle Dinge sind Zahlen«. Pythagoras entdeckte die mystische Bedeutung von Zahlen, indem er feststellte, dass die Zahlen 1 bis 9 für universelle Grundsätze, für verschiedene Charaktere, Fähigkeiten und Begebenheiten stehen. Zahlen waren für ihn Verkörperungen des göttlichen Weltbildes und der Öffner zu den kosmischen Gesetzen. Die ersten 4 Zahlen: 1, 2, 3 und 4 stellten für ihn heilige Zahlen dar. Sie symbolisierten die gesamte Schöpfung und verkörperten für ihn die Essenz aller Dinge.

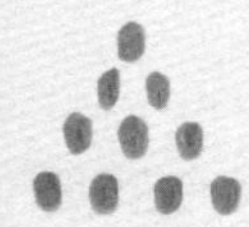

1 ist der Schöpfergott
2 ist das Symbol des Lebens
3 ist die zeitliche Veränderung
4 ist die materielle Welt

Die Summe dieser vier Zahlen ergibt die »vollkommene« Zahl 10.

Pythagoras wurde etwa 580 v. Chr. auf der griechischen Insel Samos geboren. Als junger Mann reiste er nach Ägypten, Babylonien, Persien, Judäa und wurde dort u. a. in verschiedene Mathematiklehren, in die Astronomie, in Naturlehren und in die jüdische Kabbala eingeweiht.

Er ließ sich mit etwa 40 Jahren im heutigen Crotone in Kalabrien (Süditalien) nieder und gründete dort eine einflussreiche Philosophenschule. Pythagoras praktizierte die Gleichberechtigung, und deshalb nahm seine Schule auch Frauen als Schülerinnen auf. Nach einer fünfjährigen Schweigezeit gelangte man in den »inneren Kreis«. Pythagoras lehrte seine Schüler: »Wer schweigt, der hört, was gesprochen wird.« Oder: »Wir sollten entweder still sein oder Dinge aussprechen, die besser sind als die Stille«. Pythagoras leitete seine Schüler dazu an, jeden Tag mit einer Meditation zu beginnen, um sich so mit den kraftvollen und schützenden Energien des Kosmos zu verbinden.

Pythagoras glaubte, das wahre Lehren diene dem Zweck, die Seele des Menschen zu heilen. Der Kern seiner Unterweisungen waren: eine Lehre des Lichtes in der Vielfältigkeit seiner Formen; die Seelenwanderung; die Unsterblichkeit und die Göttlichkeit der menschlichen Seele. Er verschlüsselte die großen Einweihungen und das heilige Wissen in Zahlen und Formen. Dadurch waren die großen Einweihungen sicher geschützt und nur den Eingeweihten zugänglich. In der heutigen Zeit öffnet sich das Wissen hinter den Zahlen und Symbolen und wird den aufnahmebereiten Menschen wieder zuteil. Die Zahlen helfen den Menschen, die göttliche Lehre und die universalen und kosmischen Gesetze zu erkennen, zu verstehen und umzusetzen. Pythagoras betrachtete das Lehren als höchste Form der Therapie. Wann immer er sprach, tat er dies in der Absicht, zu heilen. Er lehrte seine Anhänger, dass man dieses Ziel nur erreichen kann, wenn man sich ganz den ewigen göttlichen Prinzipien verschrieben habe, sie verstehe und auch ausübe.

Die Botschaft von Pythagoras lautet: »Es gibt eine Weltenseele, die alles mit jedem verbindet. Öffne dich der Welt der Zahlen, ihrer mystischen Verknüpfung mit dem Schicksal und dem Leben. Durch das unkörperliche Prinzip der Zahlen, Formen und Symbole finden alle Dinge Erklärung.«

Über das Ende von Pythagoras wird viel gemutmaßt. Es heißt, er sei in seinem Haus, das während einer Revolte gegen die Pythagoräer in Flammen gesetzt wurde, umgekommen. Dieser Verfolgung sollen nicht nur viele Menschen zum Opfer gefallen sein, sondern auch fast alle Schriftstücke der Pythagoräer. Dies würde erklären, weshalb wir heute kaum schriftliche Zeugnisse von Pythagoras Werken besitzen.

»Erkenne dich selbst!«

So lautete der Spruch des Orakels von Delphi, und allein dieser Anweisung diente die Schule von Kroton (Crotone).

Worte zum Abschluss

Mut steht am Anfang des Handelns, Glück am Ende.
DEMOKRIT (GRIECHISCHER PHILOSOPH)

Liebe Leserinnen und Leser,
jedem Menschen wohnt eine natürliche Sehnsucht nach dem »Wer bin ich«, »Was kann ich« und »Wohin führt mein Weg« inne. Die Numerologie kann zur Selbstentwicklung und der Selbsterkenntnis beitragen. Ich hoffe, Sie haben bei Ihren eigenen Berechnungen und Überlegungen interessante Deutungen und lehrreiche Hinweise erhalten und konnten verborgene Talente und Fähigkeiten entdecken.

Hören Sie auf Ihre Intuition, vertrauen Sie Ihrem Herzen und nehmen Sie das Gefühl der inneren Verbundenheit an, damit diese Sie auf der Suche nach dem Sinn des Lebens unterstützen können. Nehmen Sie sich als göttliches, spirituelles Wesen auf dem Weg der Selbstverwirklichung an. Erkennen Sie, wer Sie zur Zeit sind, und entwickeln Sie sich weiter. Lächeln Sie, schenken Sie anderen Liebe und Aufmerksamkeit, und Sie werden diese in vielfacher Form zurückerhalten. Lassen Sie Ihre Vergangenheit los, leben Sie im Jetzt, sehen Sie Ihre Vollkommenheit und gehen Sie Ihren eigenen Weg mit Liebe.

Ich wünsche Ihnen Frieden, Licht und Liebe auf Ihrem Weg.

Ihre Editha Wüst
Stadtbergen

Bei weiteren Fragen können Sie sich gerne an die Autorin wenden:

edithas@seelenwellness.info
www.seelenwellness.info

Wenn du das Ende von dem erreichst, was du wissen solltest,
stehst du am Anfang dessen, was du fühlen solltest.
KHALIL GIBRAN (LIBANESISCH-AMERIKANISCHER PHILOSOPH)

Ich danke der göttlichen Führung, die uns auf unserem spirituellen Weg begleitet und uns immer zu neuen Erkenntnissen lenkt.

Ich möchte auch Frau und Herrn Lentz danken, die von Anfang an Begeisterung gezeigt, an mich und mein Projekt geglaubt haben und eine große Unterstützung im Entstehungsprozess waren.

Vielen Dank an alle Menschen, die auf die eine oder andere Weise dazu beigetragen haben, dass dieses Buch entstanden ist.

Quellennachweis und Literaturempfehlungen

Das einzig Wichtige im Leben sind die Spuren der Liebe,
die wir hinterlassen, wenn wir gehen.
ALBERT SCHWEITZER (ELSÄSSISCHER ARZT UND PHILOSOPH)

Die Wachtmeister Bibel, Pattloch Verlag, München 2002
Adriana: *Numerologie*, Literareon Verlag, München 2006
Auer, Ingrid: *Heilende Engel-Transformationssymbole*, Ekonja Verlag, Amstetten 2006
Banzhaf, Hajo: *Symbolik und Bedeutung der Zahlen*, Goldmann Verlag, München 2006
Bengel, Christine: *Numerologie in der Praxis*, Kailash Verlag, München 2005
Bolling, Traude, Richter, Ingrid: *Hildegard von Bingen*, Aurum Verlag, 2004
Candolini, Gernot: *Das geheimnisvolle Labyrinth*, Pattloch Verlag, 2008
Crawford, Ina: *Geheimnisse der Innenwelt*, Lucis Verlag, Genf 1993
Crawford, Saffi, Sullivan, Geraldine: *Das große astrologische Hausbuch für jeden Geburtstag*, Scherz Verlag, Frankfurt am Main, 2005
Gibran, Khalil: *Der Prophet*, Walter Verlag, Düsseldorf 1994
Gienger, Michael: *Heilsteine 430 Steine von A – Z*, Neue Erde Verlag,
Golmyn, *Das Schicksal in den Zahlen*, Knaur Verlag, München 1992
Heyß, Johann: *Einweihung in die Numerologie*, Windpferd Verlag, 2003
Javane, Faith, Bunker, Dusty: *Zahlenmystik*, Goldmann Verlag, München 1995
Krattinger, Franziska: *Pentagramm des Lebens*, Silberschnur Verlag, Güllesheim 2004
Neumayer, Petra, Stark, Roswitha: *Medizin zum Aufmalen I*, R. Mankau Verlag, Murnau 2008
Neumayer, Petra, Stark, Roswitha: *Medizin zum Aufmalen II*, R. Mankau Verlag, Murnau 2009
Neuner, Werner: *Venus – Die Heilung der Liebe*, meinThemaVerlag, Wien 2009
Numerologie, Eurobooks, Limassol 1999
Reiter, Peter: *Das Seelenhaus*, Verlag Via Nova, Petersberg 2007
Ruland, Jeanne: *Die Gegenwart der Meister*, Schirner Verlag, Darmstadt 2004
Schmidt, K. O.: *Der kosmische Weg der Menschheit*, Drei Eichen Verlag, Hammelburg 1996
Seiler, Benjamin: *ZeitenSchrift* 42/2004 und 43/2004
Simpson, Jean: *Deine Glückszahl, dein Schicksal*, Gondrom Verlag, Bindlach 1996
THEA: *Magische Symbole*, Ludwig Verlag, München 1999

Des weiteren haben uns die neuen Medien geholfen:
www.augustinus.de
www.philos-website.de
www.zitate.net
www.wikipedia.de

Namensanalyse

Vorname und Nachname

_ Namen

_ NZ

_ HZ

_ PZ

Bitte schreiben Sie die Zahlen in direkter Linie unter die Buchstaben.

1	**2**	**3**	**4**	**5**	**6**	**7**	**8**	**9**
A	B	C	D	E	F	G	H	I
J	K	L	M	N	O	P	Q	R
S	T	U	V	W	X	Y	Z	

Namenszahl (alle Buchstaben) NZ: ______

Herzzahl (alle Vokale) HZ: ______

Persönlichkeitszahl (alle Konsonanten) PZ: ______

Schicksalszahl (Quersumme Geburtsdatum) SZ: ______

Geburtstagszahl (Quersumme GeburtsTAG) GZ: ______

Schicksalsweg (HZ + PZ) SW: ______

Der Schicksalsweg muss mit der NZ übereinstimmen!

Lebensziel (SZ + NZ) LZ: ______

Seelen – Motivation (Monogramm) SM: ______

bei Geburt ____ + ____ = ______

ab Heirat / Namenswechsel ____ + ____ = ______

Jahreszahl und Monatszahlen

Persönliches Jahr: ____________

Persönliche Monatszahlen:
Notieren Sie sich die wichtigsten Stichwörter direkt zum Monat dazu.

Januar: ____________

Februar: ____________

März: ____________

April: ____________

Mai: ____________

Juni: ____________

Juli: ____________

August: ____________

September: ____________

Oktober: ____________

November: ____________

Dezember: ____________

Telefon-Nr.: ____________ Mobil-Nr.: ____________ Auto-Nr.: ____________

Straße: ____________ Haus-Nr.: ____________ Ortsname: ____________

Namensanalyse

Vorname und Nachname

_ Namen

_ NZ

_ HZ

_ PZ

Bitte schreiben Sie die Zahlen in direkter Linie unter die Buchstaben.

1	**2**	**3**	**4**	**5**	**6**	**7**	**8**	**9**
A	B	C	D	E	F	G	H	I
J	K	L	M	N	O	P	Q	R
S	T	U	V	W	X	Y	Z	

Namenszahl (alle Buchstaben) NZ: ______

Herzzahl (alle Vokale) HZ: ______

Persönlichkeitszahl (alle Konsonanten) PZ: ______

Schicksalszahl (Quersumme Geburtsdatum) SZ: ______

Geburtstagszahl (Quersumme GeburtsTAG) GZ: ______

Schicksalsweg (HZ + PZ) SW: ______

Der Schicksalsweg muss mit der NZ übereinstimmen!

Lebensziel (SZ + NZ) LZ: ______

Seelen – Motivation (Monogramm) SM: ______

bei Geburt ____ + ____ = ______

ab Heirat / Namenswechsel ____ + ____ = ______

Jahreszahl und Monatszahlen

Persönliches Jahr: ____________

Persönliche Monatszahlen:
Notieren Sie sich die wichtigsten Stichwörter direkt zum Monat dazu.

Januar: ____________

Februar: ____________

März: ____________

April: ____________

Mai: ____________

Juni: ____________

Juli: ____________

August: ____________

September: ____________

Oktober: ____________

November: ____________

Dezember: ____________

Telefon-Nr.: ____________ Mobil-Nr.: ____________ Auto-Nr.: ____________

Straße: ____________ Haus-Nr.: ____________ Ortsname: ____________

Abbildungsverzeichnis

Alle Skizzen/Zeichungen: Sabine Schieferle
21: fuxart/fotolia.com
27: INFINITY/fotolia.com
28: Bharathi Ramaraju/fotolia.com
33: Scrumsrus/fotolia.com
34, 35, 133: Agrippa von Nettesheim
35, 44: Dragon Design, GB
41: Dmitry Sunagatov/fotolia.com
46: Werner Neuner
54: Elena Gaak/shutterstock.com
58: Digipic/fotolia.com
118: WestPic/fotolia.com
127: Vladimir Wrangel/fotolia.com
243: Sabine Schieferle

NEUE ERDE GmbH
Cecilienstr. 29 · 66111 Saarbrücken
info@neue-erde.de

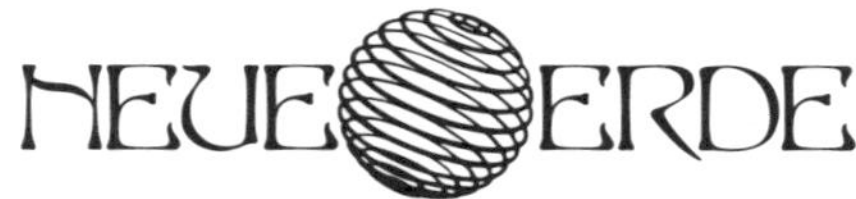